Alemannische Sagen

Herausgegeben von
Ulf Diederichs
und Christa Hinze

rororo
Rowohlt

Veröffentlicht im Rowohlt Taschenbuch Verlag GmbH,
Reinbek bei Hamburg, Februar 1995

Umschlaggestaltung Walter Hellmann
Umschlagillustration Jürgen Mick
Gesetzt aus der Bembo (Linotronic 500)
Gesamtherstellung Clausen & Bosse, Leck
Printed in Germany
1690-ISBN 3 499 35150 1

Alemannische Sagen

Einleitung

Es ist ein ungeheurer Reiz und eine Crux zugleich, die Sagenüberlieferungen der fünf, sechs alemannischen Länder in ein Buch einfangen zu wollen. Eigentlich ist es ein Ding der Unmöglichkeit.

Was bietet allein der Schwarzwald an Zeugnissen alten Volksglaubens, hier und da überlagert und durchbrochen von christlicher Tradition. Wie reich ist dieses Bergmassiv allein an Naturgeistern und beseelten Dingen, an dunklen Waldseen voller Magie, an Burgen und Klöstern, an Historien aus der Zeit der Glaubenskämpfe, des Schwedenkrieges und später französischer Besatzungszeit.

Schauen wir auf eine andere alemannische Sagenlandschaft, den Kanton Uri: drei starke Bände füllen die mündlichen Überlieferungen, und schlägt man im ersten Band das erste Kapitel auf, springen einem sogleich «Helden, Befreier, Bedränger, Geschlechter, starke und originelle Leute, sagenhafte Bauten und Stätten, Brunnen, Steine, Glocken, Veränderung und Untergang von Orten, Alpen, Geländen, Gebäuden und Pestsagen» ins Auge.

Doch von welch unterschiedlichen Absichten sind solche Regionalsammlungen bestimmt: dort eine quellenkritische Darbietung der «Schwarzwaldsagen», eine strikt entwicklungsgeschichtliche Perspektive, der auf organische Einreihung des «Gesagten» bedachte, Tonlagen einebnende Chronikstil (Johannes Künzig, 1930); hier die unversehrte Wiedergabe der Urner Sagen «aus dem Volksmunde gesammelt», nämlich aus dem Munde von Kranken und Alten, Sterbenden wie auch Genesenden. 25 Jahre Seelsorge im Kantonsspital führten zu mehr als 350 Gewährsleuten jeder Altersstufe und jeden Standes und zu entsprechenden Nuancierungen in der Sprache. «Meine Lage war die einer Spinne im Netz», bekennt der Altdorfer Spitalpfarrer Josef Müller im ersten Band seiner «Sagen aus Uri» (1926); die weiteren hat er nicht mehr erlebt.

Um «untrügliche Einführung» in das Denken, Fühlen und Empfinden eines bestimmten Menschenschlags ging es, trotz unterschiedlichen Vorgehens, beiden Sammlern. Und gewiß ist es kein Zufall, daß diese Hinwendung zur Regionalliteratur und Bewußtseinsgeschichte in die unruhigen zwanziger Jahre fiel. Planvoll angelegt vor allem Künzigs «Schwarzwaldsagen», als erster Band einer «Alemannischen Stammeskunde», dem nach dem Willen des Herausgebers Paul Zaunert und des Verlegers Eugen Diederichs zwei weitere Bände folgen sollten: die «Elsässischen Sagen» – die Fritz Bouchholtz mit einiger Verspätung 1944 herausbrachte – und die Hanns Bächtold-Stäubli anvertrauten «Schweizer Sagen», die wohl aus objektiven Gründen nicht zustande kamen. Vorarlberg und Liechtenstein hatten in diesem Gesamtplan noch keinen Platz.

Statt nun einen neuen, zeitgemäßen Plan mit zumindest zwölf alemannischen Textbänden vorzulegen, begnügen wir uns mit diesem einen (mit zwölf Kapiteln). Das erlaubt Auswahl, Kombination und ungenierte Subjektivität. Das ermöglicht ein Neben- und Miteinander der verschiedenen Mundarten, des Niederalemannisch, Hochalemannisch und Schwäbisch, und sogar Ansätze zu einer «Dialektik des Alemannischen». Die besteht ja nicht nur aus Vaterland und Muttersprache, aus lieblicher Landschaft und deren Denaturierung, aus beschaulichem Behagen und aufmüpfigem politischem Impuls; diese Dialektik will sich auch literarisch entfalten. Im Gegenüber von Chronik und Mundartgedicht, von Ortsneckerei und geschildertem Brauch, Volkssage und Kalendergeschichte entsteht ein eigenes Webmuster. Unverblümt sprechen sich die Freude und die Schwierigkeit, ein Alemanne zu sein, in den eingestreuten Bekenntnissen einheimischer Dichter aus: Alemannisch das Thema, und zahlreich die Möglichkeiten seiner Variierung.

Unter den dreihundert Texten sind etliche Motive, die von Mal zu Mal wiederkehren; und wer über die Landesgrenzen hinausblicken will, findet bald die interessantesten Entsprechungen.

Mummelsee, Vierwaldstätter See und Belchensee (Elsaß) bilden solch einen Verbund, und Feurige Männer lassen sich nicht nur an Oberrhein und Bodensee erblicken, sondern auch im Vierwaldstätter See; der Luzerner Stadtschreiber Renward Cysat hat es 1609 selbst bezeugt. Alpdrücken verursacht im Schwarzwald das Schröttele, in Oberschwaben das Schrettele, im Elsaß das Doggele. Alemannisch verschwistert sind auch das Huttenweiblein, das Rockertweibchen, das Kuterwibli oder Kautenweiblein, und erst recht gilt das von den Wildenmannli, Herdmandli, Walsermänndli.

Durch alle Lande braust das Wüetig Heer, auch Mutesheer, Muotesheer, Gundesheer und Türstjagd genannt: ein Winddämon, der an den südgermanischen Gott Wotan und seine Seelenschar erinnert.

Hier zeigt sich ein eigentümliches Spannungsverhältnis zwischen dem magischen Weltbild des *Berglers* und dem aufgeklärten Denken der *Leute im Tal,* der Handwerker und Gewerbetreibenden. Der Landarzt Eduard Renner hat aus praktischer Kenntnis «Über das Magische und das Animistische im Denken und im Erleben der Urner Bergbauern» nachgedacht und ist zu dem Schluß gekommen, daß zumindest in seiner Region das tief erlebte magische Weltbild durchaus mit dem christlichen einhergeht: ein Ärgernis für gläubige Katholiken wie für Rationalisten. Renners gesammelte Beobachtungen («Goldener Ring über Uri», 1941) sind wie ein

Schlüssel zur Gebirgssage. Er «paßt» auch deswegen, weil er sich auf die Oralliteratur stützt und seinerseits Phantasie in Gang setzt – bis hin zu Max Frischs «Wilhelm Tell für die Schule» (1971).

Daß so mancher alpenländische Brauch wie das Schwingen oder das Stoßen, das Jodeln oder der Alpsegen alte Bannformen sind, in denen sich magische Vorstellungen ausdrükken, mag als Beispiel für Renners produktives Umdenken genügen.

Ein vielschichtiges alemannisches Brauchtum steckt auch in der *Fasnet.* «Man hat auch große und herrliche Fassnachten allda gehalten», heißt es von Rottweil in der Chronik des Graf Froben Christof von Zimmer († 1567). Narrengewänder (das *Häs)* und Umzüge, Vermummungen und Maskierungen gehören von «Schmutzig Dunschtig» bis Aschermittwoch und bis zum Basler «Morgenstreich» unbedingt dazu. In Oberschwaben, dem Landstrich zwischen Donau und Bodensee, auf der Baar und im Schwarzwald ist das Fasnettreiben besonders ausgeprägt. Hansele, Gretle, Narro und Hexe waren früher geradezu anarchische Erscheinungen; seit 1945 wird die Fasnet in vielerlei Hinsicht gefördert, auch reglementiert, sie hat sich flächenhaft verbreitet und ist dabei jeder möglichen historischen Spur nachgegangen; Narrenzünfte haben bereits eigene Museen.

Fasnet ist ohne eine festgegründete Kirche nicht denkbar. Deren Ursprünge lassen sich, ebenfalls in Sagenform, bis auf den irischen Mönchen Gallus verfolgen, der um 612 im Südschwarzwald eine Zelle bezog (Text Nr. 93) und dann über den Alamannenherzog Gunzo, dessen Tochter er in Überlingen heilte, das Land um St. Gallen zu eigen erhielt (Nr. 155, 192). Sein Nachfolger, der Alamanne Otmar, machte die Abtei St. Gallen 719 zur benediktinischen Reichsabtei; die Assimilation des Germanisch-Alamannischen an ein nichtinstitutionales, römisch gebundenes Christentum läßt sich damit belegen.

Einen Namen hatten sich die Alamannen früh dadurch gemacht, daß sie die Römer aus ihren oberrheinischen Hochburgen vertrieben. Auch wenn Kaiser Julian bei Straßburg (357), Kaiser Valentinian im Schwarzwald (368) und Kaiser Gratian bei Colmar (378) noch siegreich waren – seit Mitte des 5. Jahrhunderts besaßen sie Schwaben, Schweiz, Elsaß und das Maingebiet (das ihnen der Frankenkönig Chlodwig wieder entriß).

Die politische Grenzlinie zwischen den Stammesherzogtümern Alamannien und Franken zog sich vom Hesselberg über den Asperg zur Hornisgrinde. Anders die Mundart- und Brauchtumsgrenze, sie verläuft von Rastatt über Baden-Baden, Villingen, Stockach, Ravensburg und Wangen. Das erst seit 1800, seit Johann Peter Hebel, greifbare Alemannisch spricht sich nach Meinung einiger Forscher gerad so «wie das Schwäbisch der Hohenstaufenzeit, das Schwäbisch der Minnesinger» (Alfred Weitnauer). Tatsache ist, daß die oberdeutsche Lautverschiebung, die im 13. Jahrhundert aus zit Zeit, aus wib Weib und aus hüs Haus machte, zwar Schwaben erfaßt hat, nicht aber das südliche Baden und den Vorarlberg, die deutschsprachige Schweiz und das Elsaß. So ist dieses «Alemannien» vor allem durch eine gemeinsame Sprache definiert.

Werfen wir noch einen Blick auf die Buchgattung «Sagen». Erst die Brüder Grimm machten spröde Historie, barocke Chronik und abgelegenen Dialekt allgemein verständlich und genießbar; sie gaben Anstöße für das Sagensammeln im Vorarlberg (1847), in Baden (1851), im Elsaß (1852), in der Schweiz (1856). Zum anderen ist Hebel, unvergleichlich genau und poetisch in seiner Mundart, zu rühmen: auch er ein mächtiger «Beweger», und nicht zuletzt als Kalendermann.

Blickt man genauer auf die Tradition des Kalendermachens, auf die Bestandteile *Vorausschau* (Praktik, astrologisches Prognosticon) und *Rückschau* (der unvermeidlich «Hinkende Bote»), dann wird man gewahr, daß sich nirgends so häufig wie im Alemannischen das Volks- und das Hochliterarische miteinander verbinden. Das beginnt schon 1572 mit Fischarts Satire «Aller Praktick Großmutter», führt 1670 zu «Des Abenteuerlichen Simplicissimi Ewigwährender Calender» (vgl. Nr. 144, 145), zu Zschokkes «Schweitzer Boten» und Gotthelfs «Neuen Berner Kalender». Nicht zu vergessen den «Basler Hinkenden Boten», auf dessen Vorbild sich der «Lahrer Hinkende Bote» (seit 1801, jetzt im 184. Jahrgang) und eben Hebels «Der Rheinländische Hausfreund» berufen.

Mag auch ein Kalender anders organisiert sein als ein Sagenband, für beide gilt Hebels Wort: «wie viel weiser es sey, den Geschmack seines Publikums zu benutzen, als zu verachten und beleidigen». Notwendig strenger muß die Wissenschaft sein. Und so sind wir Robert Wildhaber, Leza Uffer und Johannes Künzig, die nicht mehr leben, für ihre Kritik und manchen Ratschlag dankbar.

Die Herausgeber

«Der Dialekt ist der aus der badischen Landgrafschaft Sausenberg zwischen der Schweitz und dem Breisgau und mit dem Schweitzerischen Breisgauischen und Oberelsaßischen bis auf unwesentliche Variationen der nemliche, und ich darf Denselben nicht erst sagen, wie kennbar sich in ihm die alte alemannische Volkssprache erhalten haben möge»
Johann Peter Hebel an den Germanisten Gräter,
Carlsruhe den 8. 2. 1802

«Erst allmählich wurde mir klar, daß meine gleichmäßige Liebe zu beiden Heimaten meiner Kindheit (Schwaben und die Schweiz, zu welcher später noch der Bodensee hinzukam) nicht eine persönliche Laune von mir war, sondern daß es eine Landschaft, Atmosphäre, Volksart und Kultur gab, die ich schon früher von zwei verschiedenen Seiten her kennengelernt und mitgelebt hatte, die aber in sich Eins war. Seither rechne ich mich zu den Alemannen, und bin nicht betrübt, sondern froh darüber, daß unser Alemannien nicht ein politisch abgegrenzter Staat ist und nicht auf Landkarten und in Staatsverträgen zu finden ist«
Hermann Hesse im Alemannenbuch, Bern 1919

«Über Wilhelm Tell: es ließe sich darlegen, warum dieser Armbrust-Vater mit Sohn von Zeit zu Zeit demontiert werden muß: nicht weil er nie existiert hat – das kann man ihm nicht verargen –, sondern weil er, lebendig als eine Gestalt der Sage, die eine skandinavische ist, und so wie Friedrich Schiller ihn mit deutschem Idealismus ausgestattet hat, einem schweizerischen Selbstverständnis heute eher im Weg steht»
Max Frisch bei der Entgegennahme des Großen Schillerpreises der Schweizerischen Schiller-Stiftung, Zürich, im Januar 1974

In Hebels Land

Enge und Weite

Hebel ist seit der Kindheit mit dem Schwarzwald innig vertraut gewesen und hat bis zum 14. Lebensjahr einen Teil des Jahres regelmäßig in Hausen verbracht, dem Heimatdorf der Mutter im vorderen Wiesental. Aber ebenso stark bleibt er mit der Rheinebene verbunden. In Basel 1760 geboren, in Basler Schulen aufgewachsen, früh von erasmischem Geist angerührt, nach einem kurzen Zwischenspiel in der Schopfheimer Lateinschule Gymnasiast in Karlsruhe, Pfarrkandidat in einem Rebdorf des Markgräfler Landes, Seminarlehrer in Lörrach, von 1791 bis zu seinem Tod 1826 Professor, dann Gymnasialdirektor, zuletzt Prälat und Mitglied der Ständeversammlung in Karlsruhe.

Der Vater überhaupt kein Alemanne, sondern ein kurpfälzisch aufgeweckter und umgetriebener Weber und Soldat, der zuletzt am Oberrhein hängenblieb und dort früh starb. Etwas Weltläufig-Vagabundisches gehört zu den Kennzeichen von Hebels «Kalendergeschichten». Sie spielen in der Mehrzahl auf der großen Völkerstraße des Rheins, führen nicht in abgelegene Gebirgsdörfer wie Gotthelfs Erzählungen oder Stifters «Bunte Steine». Der Ton ist ein anderer, und von ihm gilt immer noch, was Goethe über die «Allemannischen Gedichte» schrieb: er ist Widerklang und Widerspiegelung des «Landwinkels» im badischen Oberland, wo Hebel gelebt hatte und der sich auszeichnet durch – «Heiterkeit des Himmels, Fruchtbarkeit der Erde, Mannigfaltigkeit der Gegend, Lebendigkeit des Wassers, Behaglichkeit der Menschen, Geschwätzigkeit und Darstellungsgabe, neckische Sprachweise.» 1

Robert Minder

«Das ist», sagte Lucien Herr, der Bibliothekar aus Straßburg, «die andere Hälfte meiner Jugend, meine ganze Kindheit; wenn ich das höre, bin ich zu Hause, gibt es keinen Unterschied mehr zwischen zwei Sprachen. Da bin ich völlig in dem alten Europa, da ist alles echt und wahr und genau und gemessen unter seiner Hand und das Kleine herrlich, und das Größte vermag es auch auszusprechen. Hat jemals in der Dichtung einer das Gewitter, den mächtigen Vorgang der Natur, in Worten so verwirklicht wie er? Die zwei ersten Zeilen sind das Herrlichste, das ich kenne. In derartigem ist La Fontaine durch seine Ironie zu trocken. Hören Sie das!» Und wieder fing der Oberelsaßer an:

«In dem chleine Hus isch er g'wandlet i und us». Haus der Familie Hebel in Hausen im Wiesental. Lithographie Josef Jakob Dambachers in: Der Rheinländische Bildermann, 11. Heft, Carlsruhe 1829

Der Vogel schwankt so tief und still,
er weiß nit, woner ane will.
Es chunnt so schwarz, und chunnt so schwer,
und in de Lüfte hangt e Meer
voll Dunst und Wetter. Los, wie's schallt
am Blauen, und wie's widerhallt?

In große Wirble fliegt der Staub
zum Himmel uf, mit Halm und Laub,
und lüg mer dört sel Wülkli a!
I ha ke große G'falle dra!
Lüg, wiener's usenander rupft,
wie üsereis, wenn's Wulle zupft.

«Ich wußte schon, daß er den meint, er spricht mir immer von ihm», sagte Monsieur Augustin, der Antiquar; «es tönt wie chinesisch, aber der Rhythmus ist schön, als sei es Homer». – «Auch ich kann es kaum verstehn», äußerte nun Rilke ganz traurig und wie betroffen, «das ist alemannisch.»

[Nach einigem Nachdenken:] «Ich werde mich in diesen Hebel vertiefen, aber dazu brauche ich eine ganze Zeit – nur mit ihm allein und vielleicht lieber hier in Paris als in Deutschland, wo man ihn in eine falsche Heimatkunst einspannen wird, wie man jetzt bei allem gerade das Äußerlichste und Zufälligste zum Wesentlichsten zu machen versucht, denn, nicht wahr: nicht daß dieser Mann in Dialekt gedichtet hat, sondern daß der Dialekt in ihm dichterisch geworden ist, das ist das Entscheidende. Sagen Sie doch noch einmal den Vers, den Sie so besonders schön fanden.»

Und wieder setzte Lucien Herr mit seiner tiefen Stimme ein und skandierte leicht mit der Hand:

Der Vogel fliegt so tief und still
und weiß nit, woner ane will.

«Ich verstehe das ›ane‹ nicht», sagte Rilke. «Nun, das heißt», erwiderte etwas ungeduldig der Bibliothekar:

«Der Vogel fliegt so tief und still
und weiß nicht, wo er hin will.

Das ist gar nichts mehr und hat keinerlei poetischen Gehalt. In dem ›ane‹ liegt es. Darum kann man nicht trennen, die Sprache und der Dichter sind eins, sie bilden ein Phänomen zusammen. Auf das Individuum kommt es eben überhaupt nicht an, sondern nur auf die Koinzidenz zwischen Mensch und Ausdrucksmittel, Zeit und Ort – es ließe sich nur algebraisch ausdrücken. Und nun muß ich wieder zu meiner Jugend.»

Er erhob sich, gab allen die Hand, warf einen weiten Radmantel über und verschwand. 2

Der Karfunkel

Wo der Ätti si Tuback schnätzlet, se lueget en d'Marei
fründlig und bittwis a: «Verzehlis näumis, o Ätti,
weisch so wieder, wie necht,
    wo's Chüngi het welle vertschlofe!»
Drüber rucke's Chüngi und's Anne Bäbi und d'Marei
mit den Chunklen ans Liecht, und spanne d'Saiten,
    und striche
mittem Schwärtli 's Rad, und zupfen enander am Ermel.
Und der Jobbi nimmt e Hampfle Liechtspöhn, und setzt si
nebene Liechtstock hi, und seit: «Das willi verrichte.»
Aber der Hans Jerg lit e lange Weg überen Ofe,
lueget aben und denkt: «Do obe höri's am beste,
und bi niemes im Weg.» Druf, wo der Ätti si Tuback
gschnitte het, und 's Pfifli gfüllt,
    so chunnt er an Liechtspohn,
und hebt 's Pfifli drunter, und trinkt in gierige Züge,
bis es brennt. Druf druckt er 's Füür mit de Fingeren abe,
und macht 's Deckeli zue. «Se willi denn näumis verzehle»,
seit er, und sitzt nieder, «doch müender ordeli still si,

aß i nit verstuun, eb's us isch, und du dört obe,
pack die vom Ofen abe!
  Hesch wieder niene ke Platz gwüßt?
Isch's der z'wohl, und glust's die wieder no nem Karfunkel?
Numme ken, wie sell ein gsi isch, woni im Sinn ha.
's isch e Plätzli näumen, es goht nit Ege no Pflueg druf,
Hurst an Hurst scho hundert Johr und giftigi Chrüter,
's singt kei Trostle drinn, kei Summervögeli bsuecht sie,
breiti Dosche hüete dört e zeichnete Chörper.
's wär ke ungschickt Bürschli gsi, sel seit me, doch seig er
zitlich ins Wirtshus g'wandlet,
  und über Bibel und Gsangbuch
sin em d'Charte gsi am Samstig z'oben und Sunntig.
Flueche het er chönne, ne Hex im rueßige Chemi
hätt sie bsegnet und bettet,
  und d'Sternen am Himmel hen zittert.
's het e mol im grüene Rock e borstige Jäger
zuegluegt, wie sie spiele. Mit unerhörte Flüeche
het der Michel Stich um Stich und Büeßli verlore.
«Du vertlaufsch mer nit!», seit für si selber der Grüenrock;
d' Wirtene het's no ghört, und denkt:
  «Isch's öbbe ne Werber!»
's isch ke Werber gsi, der werdet's besser erfahre,
wenn der Michel g'wibet het, und 's Güetli verlumpet.
Was het 's Stroßwirts Tochter denkt? Sie het em us Liebi
Hand und Jawort ge, doch nit us Liebi zum Michel,
nei zu Vater und Mütter, es isch ihr Willen und Wunsch gsi.
Sellen Oben isch's in schwere Gidanke vertschlofe,
selli Mittnacht het's e schwere bidütseme Traum gha.
's isch em gsi, es chömm vo Staufe füren an d'Landstroß;
an der Landstroß goht e Chapeziner und bettet.
«Schenket mer au ne Helgli, Her Pater, went der so guet si!
Bini nit e Bruut? 's cha si, 's het gueti Bidütig.»
Landsem schüttlet si Chopf der Pater, und unter der Chutte
lengt er e Hampfle voll Helge. «Do zieh der selber ein use!»

Der Ätti erzählt. Holzschnitt nach Zeichnung von Ludwig Richter.
Aus den von R. Reinick ins Hochdeutsche übertragenen
«Allemannischen Gedichten», Leipzig 1851

Seit's, und wo nes zieht, so lengt's in schmutzigi Charte.
«Hesch echt 's Ecksteí-Aß? 's bidütet e rote Charfunkel;
's isch ke guete Schick.» – «Jo weger», seit es, «das hani.»
Wieder seit der Pater: «Se zieh denn anderst, o Brütli!
Hesch echt siebe Chrütz?» – «Jo weger», seit es und süfzget. –
«Tröst di Gott, zieh anderst! Es chönne no besseri drinn si.
Hesch e bluetig Herz?»
– «Jo weger!» seit's und erschrickt drob. –
«Jez zieh no e mol, 's cha si, di Heilige chunnt no! –

Der Weinmonat Oktober. Kupferstich von Conrad Meyer, aus: Abriß und Beschreibung der XII Monate nach ihren Haubtwerken, Neujahrsblatt der Bürgerbibliothek Zürich 1653

Isch's der Schuflebueb?»
– «Es wird wol, bschauet en selber!» –
«Jo de hesch en! Tröst di Gott! Er schuflet di abe.»
So het's im Kätterli traumt, und so het's selle mol gschlofe.
Stroßwirts Tochter, was hesch denkt,
und hesch mer en doch g'no?
Jo, es het so müeßen und gseit: «Ins Here Gotts Name!
No de siebe Chrützen und hinterem bluetige Herze
chunnt mi Heilige, will's der Her, und schuflet mi abe.»
Z'erst hätt's möge go. Zwor mengmol het no der Michel
gspielt und trunke, bis gnueg, und gfluecht,
und 's Kätterli ploget.
Mengmol isch er in si gange, wenn 's en mit Träne
bittet het, und bette. Ne mol se seit er: «Jez willi

mit der akkordieren, und d'Charte willi verflueche.
Soll mi der Teufel hole, so bald i eini me a'rüehr!
Aber ins Wirtshaus gangi, sel willi, sel chani nit mide.
Grums und hül, so lang 's der g'fallt, ich cha der nit helfe!»
Het er 's erst nit gehalte, sen isch er im andere treu gsi.
Woner ins Wirtshus chunnt, se sitzt mi borstige Grüenrock
hinterem Tisch, selb dritt, und müschlet d'Charten,
  und rüeft em:
«Bisch mer e Kammerad, se chumm,
  se wemmer eis mache!»
«Ich nict», seit der Michel, «Bas Margret,
  leng mer e Schöppli!»
«Du nit?», seit der Grüen. «Chumm numme, bis de di
  Schoppe trunke hesch, und 's goht um nüt,
  mer mache für Churzwil!»
«He», denkt binem selber der Michel,
  «wenn es um nüt goht,
«sel isch jo nit g'spielt», und setzt si nebene Grüenrock.
'S chunnt e Chnab ans Fenster mit lockiger Stirnen,
  und rüeft em:
«Meister Michel, uf e Wort! Der Stroßewirt schickt mi.»
«Schick en wieder», seit er, «i weiß scho, was er im Chopf
  het! Wer spielt us? und was isch Trumpf? und gstoche das
  Eckstei!»
Druf und druf! Z'letzt seit der Grüen: «Was bisch du ne
  Glückschind! Möchtsch nit umme Chrützer mache?»
  – Sel isch jez eitue,
denkt der Michel, gspielt isch gspielt und seit «Es isch eitue!»
«Chömmet», rüeft der Chnab,
  und pöpperlet wieder am Fenster,
«Nummen uf en einzig Wörtli!» – «Loß mi ung'heit jez!
Chrütz im Baum, und Schufle no, und no ne mol Schufle!»
Und so goht's vom Chrützer bis endli zu der Dublone.
Wo sie ufstöhn, seit der Grüenrock: «Michel, i cha di
jez nit zahle. Magsch derfür mi Fingerring bhalte,

bis i en wieder lös. Es sin verborgeni Chräfte
in dem rote Karfunkel. O lueg doch, wie ner ein a'blitzt!»
's drittmol chlopft's am Fenster: «O Michel, chömmet,
wil's Zit isch!»
«Loß en schwetze», seit der Grüenrock,
«wenn er nit goh will!
Nimm du do mi Fingerring, und wenn de ke Chrützer
Geld deheim, und niene hesch, es cha der nit fehle.
Wenn der Ring am Finger steckt,
und wenn de in Sack lengsch
alli Tag emol, se hesch e bairische Taler.
Nummen an kem Firtig, i wott der das selber nit rote.
Chasch mi witers bruche, se rüef mer nummen! I hör di.
Heißi nit Vizli Buzli, und hani d'Ohre nit bimer?»
Sieder briegget d'Frau deheim im einseme Stübli,
und list in der Bibel und im verrissene Betbuech,
und der Michel chunnt und schändet: «Findi di wieder
an dim ewige Betten und dunderschießige Hüle?»
Lueg do, was i gunne ha, ne rote Charfunkel!»
's Kätterli verschrickt: «O Jesis», seit es, «was siehni!
's isch ke guete Schick!» – und sinkt dernieder in Ohnmacht.
Wärsch doch nümme verwacht,
wie menge bittere Chummer
hättsch vertschlofen, armi Frau, wo diner no wartet!
Jez wird's tägli schlimmer. Uf alle Merte flankiert er,
alli Chülbene bsuecht er, und wo me ne Wirtshus bitrittet,
z'nacht um Zwölfi, Vormittag und z'oben um Vieri,
sitzt der Michel dört, und müschlet trüeglichi Charte.
's Chind verwildert, 's Güetli schwindet, Acker um Acker
chunnt an Stab, und d'Frau vergoht in bittere Träne.
Goht er öbbe heim, git's schnödi Reden und Antwort:
«Chunnsch du Lump?» Und so und so. – Mit trunkene
Lippe fluecht der Michel, schlacht si Frau. Jez mueß er zum
Pfarer, jez vor Oberamt,
und mittem Haschierer im Turn zue.

Goht er schlimm, se chunnt er ärger, wennem der Vizli
Buzli wieder d'Ohre striicht, und Gallen ins Bluet mischt.
So währt's siebe Johr. Emol se bringt en der Buzli
wieder usem Turn, und «Allo, göhn mer ins Wirtshus,
eb de heim chunnsch mit de Streiche, wo sie der ge hen!
Was der d'Frau zum Willkumm g'chocht het,
    wird di nit brenne.
Los, de duursch mi, wenn i dra denk,
    es möcht mi versprenge,
wie's der goht, und wie der d'Frau di Lebe verbittert.
So ne Ma, wie du, wo 's Tags si Taler vertue cha.
Glückli bisch im Spiele, doch no nem leidige Sprüchwort,
mittem Wibe hesch's nit troffe, chani der sage.
Wärsch ellei, wie hättsch's so gut, und lebtisch so rüeihig!
'S pin'get di, me sieht der's a, und d'Odere schwelle.
Trink e Schlückli Brenz, er chüelt der öbbe di Jast ab!»

Aber d'Frau deheim, mit z'semmegschlagene Hände
sitzt sie uffem Bank, und luegt dur Tränen an Himmel.
«Siebe Johr und siebe Chrütz!», so schluchzget sie endli,
«'s wird mer redli wohr, und Gott im Himmel weil's ende!»
Seit's und nimmt e Buech und bettet in Todesgidanke.
Drüber schnellt der Michel d'Tür uf,
    und fürchterli schnauzt er:
«Hülsch au wieder? Du hesch's nötig, falschi Canali!
Surchrut choch mer!»
    's Kätterli seit: «'s isch niene ke Füür meh.»
«Surchrut willi! Lueg, i dreih der 's Messer im Lib um.» –
«Lieber hüt as morn. De bringsch mi untere Bode
ei Weg wie der ander,
    und 's Büebli hesch mer scho g'mordet.» –
«Di soll der Dunder und's Wetter in Erdsboden abe
    verschlage!»
Seit's und zuckt, und sinnlos schwanket 's Kätterli nieder.
«O mi bluetig Herz», so stöhnt's no lisli, wo's umfallt.

«Chumm, o Schuflebueb, do hesch mi, schufle mi abe!»
Jez der Michel furt, vom schnelle Schrecken ergriffe,
lauft ins Feld, der Bode schwankt,
 und 's raßlet im Nußbaum.
«Vizli Buzli, rot mer du!» So rüeft er. Der Buzli,
hinterem Nußbaum stoht er und chunnt, und frogt en:
 «Was fehlt der?»
«D'Kätheri hani verstoche, jez rot mer, was i soll mache!» –
«Isch das alles?», seit der Buzli, «Weger de chasch ein
doch verschrecken, aß me meint, was Wunder passiert seig!
Närsch, jez chasch im Land nit blibe, 's möcht e Verdruß ge.
Isch nit dört der Rhi? Und chumm, i will di bigleite,
's stoht e Schiff am Gstad!» – Jez stiege sie ehnen im Sunggäu
frisch ans Land, und quer dur's Feld. Im einseme Wirtshus
brennt e Licht. «Mer wen doch luege, wer no do isch»,
seit der Grüen, «wer weiß, do chasch der d'Grille vertribe!»

Aber im Wirtshus sitze no spoti nächtligi Gselle,
und 's goht vornen a mit Banketieren und Spiele.
«Chrütz isch Trumpf! Und no ne mol!
 Und chönnetder di do?
Gstoche die! und no ne Trumpf! Und – gstoche das Herzli!»
's isch scho halber zwölfi. Will echt mit lockiger Stirne
jez ke Chnab erschine? Nei weger! Michel, es endet!
Oh, wie spielsch so söllich ungschickt! G'stoche das Herzli,
lengt em tief in d'Seel, und alli mol, wenn er e Stich macht,
wiederholt's der Grüen, und wirft im Michel e Blick zue.
Drüber warnt's uf zwölfi. Mit alliwil schlechtere Charte
spielt er alliwil schlechter, und zahlt anfange mit Chride.
Druf het's zwölfi gschlage.
 Jez lengt er mit g'ringletem Finger
frisch in Sack: «Wer wechslet no ne bairische Taler?»
Schlechti Münz, Her Michel! Er lengt in glasigi Scherbe,
tuet e Schrei, und luegt mit Gruus und Schrecke der Grüen a.
Aber der Buzli leert si Brenntewigläsi und schmatzget:

Kartenspieler. Holzschnitt von F. W. Gubitz, aus: Jahrbuch des Nützlichen und Unterhaltenden, 17. Jahrg. 1851

«Michel, chumm jez furt, der Wirt würd wellen ins Bett goh!
's chömme hüt viel Gäst, sie hen e lustige Firtig.
Isch nit Ludwigstag, der fünfezwenzigst Augusti?
Dreih am Ring, so lang de witt, de bringsch en nit abe!»
Oh, wie het der Michel g'lost – e lustige Firtig;
Oh, wie het er d'Füeß am Tischbei unte verchlammert!
's hilft nit lang, und tuet nit guet. Mit ängstlichem Bebe
stoht er uf, und seit ke Wort, und göhn mit enander,
vornen a der Grüen, und an de Ferse der Michel,
wie ne Chalb im Metzger folgt zur bluetige Schlachtbank.
Öbbe ne Büchseschuß vom Wirtshus stellt en der Buzli.
«Michel», seit er, «lueg, es stoht kei Sternli am Himmel!
Lueg, der Himmel hangt voll Wetter über und über!
's goht kei Luft, es schwankt kei Nast, es rüehrt si ke Läubli,
und du bisch mer au so still. I glaube, de witt bette,
oder machsch der d'Ürten und isch der 's Lebe verleidet?
Wie de meinsch! Di Wahl isch schlecht, i mueß der's bikenne.
Se, do hesch e Messer! I ha's am Blotzemer Mert g'chauft!
Hau der d'Gurgele selber ab, se chost's di ke Trinkgeld!» –

So het der Ätti verzehlt, und mit engbrüstigem Otem
seit druf d'Muetter: «Bisch bal fertig? Mach mer die Meidli
nit so z'förche, 's sin doch nummen erdichteti Märli!» –

«Jo, i bi jo fertig!», erwidert der Ätti, «dört lit er
mit sim Ring im Dorneghürst, wo d'Trostle nit singe.»
Aber d'Marei seit: «O Muetter, wer wird em denn förche!
Denksch, i merk nit, was er meint, und was er will sage?
Jo, der Vizli Buzli, das isch die böse Versuechig.
Lockt sie nit, und füehrt sie nit in Sünden und Elend,
wenn e Mensch nit bette mag, und folgt nit, und schafft nüt!
Und der lockig Chnab isch gueti Warnig im Gwisse.
«Oh, i chenn mi Ätti wohl, und sini Gidanke!» [3]

Johann Peter Hebel

Die Kunst

Im oberdeutschen Haus wird der Ofen von der Küche aus geheizt. Die zum Ofen gehörige, im alemannischen Gebiet weitverbreitete «Kunscht» (Kunst), eine steinerne Sitzbank mit Wandlehne neben dem Ofen, erhält ihre Wärme vom Herd her. Wenn dort gekocht wird, zieht der Rauch durch die Hohlräume der Kunst in den Kamin.

Meist führen einige Stufen, ein Trippel, wie man in der Baar sagt, zur Kunst hinauf. Auf der warmen Steinbank sitzen vor allem die alten Leute gerne. Dann werden Kunst und Ofen zum Trocknen von Wäsche und Gegenständen aller Art verwendet. Um den Ofen herum sind dazu besondere «Stängle» angebracht. Kunst und Ofenbank, die den Ofen auf zwei oder drei Seiten umgibt, sind die gemütlichsten Plätzchen der Stube. Wenns draußen stürmt und friert und der behäbige Kachelofen mit der Kunst zusammen behagliche Wärme ausstrahlt, dann ist Zeit, daß der Ätti erzählt. [4]

Eugen Fehrle

Die Schlangen-Jungfrau

Um das Jahr 1520 war einer zu Basel im Schweizerlande mit Namen Leonhard, sonst gemeintlich Lienimann genannt, eines Schneiders Sohn, ein alberner und einfältiger Mensch, dem dazu das Reden, weil er stammerte, übel abging. Dieser war in das Schlauf-Gewölbe oder den Gang, welcher zu Augst über Basel unter der Erde her sich erstreckt, ein- und darin viel weiter, als jemals einem Menschen möglich gewesen, fortgegangen und hineingekommen und hat von wunderbarlichen Händeln und Geschichten zu reden wissen. Denn er erzählt und es gibt noch Leute, die es aus seinem Munde gehört haben, er habe ein geweihtes Wachslicht genommen und angezündet und sei mit diesem in die Höhle gegangen. Da hätte er erstlich durch eine eiserne Pforte und danach aus einem Gewölbe in das andere, endlich auch durch etliche gar schöne und lustige grüne Gärten gehen müssen. In der Mitte aber stünde ein herrlich und wohlgebautes Schloß oder Fürstenhaus, darin wäre eine schöne Jungfrau mit menschlichem Leibe bis zum Nabel, die träge auf ihrem Haupt eine Krone von Gold und ihre Haare hätte sie zu Felde geschlagen; unten vom Nabel an wäre sie aber eine greuliche Schlange.

Von dieser Jungfrau wäre er bei der Hand zu einem eisernen Kasten geführt worden, auf welchem zwei schwarze bellende Hunde gelegen, also daß sich niemand dem Kasten habe nähern dürfen, sie aber hätte ihm die Hunde gestillt und im Zaum gehalten, und er ohne alle Hinderung hinzugehen können. Danach hätte sie ein Bund Schlüssel, das sie am Hals getragen, abgenommen, den Kasten aufgeschlossen, silberne und andere Münzen herausgeholt. Davon ihm dann die Jungfrau nicht wenig aus sonderlicher Mildigkeit geschenkt, welche er mit sich aus der Schluft gebracht; wie er denn auch diese hat vorgezeigt und sehen lassen. Auch habe die Jungfrau zu ihm gesprochen, sie sei von königlichem Stamme und

Prospect der Rheinbrücke zu Basel. Kupferstich von David Herrliberger, aus: Neue und vollständige Topographie der Eydgnoßschaft, III. Teil, Zürich 1773

Geschlecht geboren, aber also in ein Ungeheuer verwünscht und verflucht, und könne durch nichts erlöst werden als wenn sie von einem Jüngling, dessen Keuschheit rein und unverletzt wäre, dreimal geküßt werde; dann würde sie ihre vorige Gestalt wieder erlangen. Ihrem Erlöser wolle sie dafür den ganzen Schatz, der an dem Orte verborgen gehalten würde, geben und überantworten. Er erzählte weiter, daß er die Jungfrau bereits zweimal geküßt, da sie denn alle beide Mal, vor großer Freude der unverhofften Erlösung, mit so greulichen Gebärden sich gezeigt, daß er sich gefürchtet und nicht anders gemeint, sie würde ihn lebendig zerreißen; daher er zum dritten Mal sie zu küssen nicht gewagt, sondern weggegangen wäre. Hernach hat es sich begeben, daß ihn etliche in ein Schand-Haus mitgenommen, wo er mit einem leichtsinnigen Weibe gesündigt. Also vom Laster befleckt, hat er nie wieder den Eingang zu der Schlauf-Höhle finden können, welches er zum öfteren mit Weinen beklagt. [5]

«In jener Welt wird scharf g'rechnet»

Sisch emol einer heimgange usm Wirtshus. Wo ner rusgange isch, isch einer mit em gloffe. D'haim isch d' Türe zua gsi, nu isch er dr Gang nuff un der isch hinnerm nei. Woner is Bett gläge isch, isch der au zu nem gläge unhet en allewil zupft, wo er het einschlofe welle. Am anere Tag hot ers em Pfarrer gseit. Dr Pfarrer het em g'rote, wenn er widr kummt, no soll er froge, was er weil. In der Nacht isch er widrkumme. Nu isch er mit em in de Wald gange un het ihm gholfe de Lochestai setze. Wo ner heimkomme isch, het er zu sim Bruder gseit: «In jener Welt wird scharf g'rechnet!» Nu isch er ins Bett gläge un het nit mer gässe un in drei Tag isch er gstorbe. 6

Teures Späßlein

Man muß mit Wirten keinen Spaß und Mutwillen treiben, sonst kommt man unversehens an den Unrechten. Einer in Basel will ein Glas Bier trinken; das Bier war sauer, zog ihm den Mund zusammen, daß ihm die Ohren bis auf die Backen hervorkamen. Um es auf eine witzige Art an den Tag zu legen und den Wirt vor den Gästen lächerlich zu machen, sagte er nicht: «Das Bier ist sauer», sondern: «Frau Wirtin», sagte er, «könnt ich nicht ein wenig Salat und Öl zu meinem Bier haben?» Die Wirtin sagte: «In Basel kann man für Geld alles haben», strickte aber noch ein wenig fort, als wenn sie's wenig achtete, denn sie war eben am Zwickel. Nach einigen Minuten, als unterdessen die Gäste miteinander diskurrierten und einer sagte: «Habt ihr gestern das Kamel auch gesehen und den Affen?», ein anderer sagte: «Es ist kein Kamel, es ist ein Trampeltier», sagte die Wirtin: «Mit Erlaubnis», und deckte eine schneeweiße Serviette vom feinsten Gebilde auf

Badische Wirtsstube. Lithographie Josef Jakob Dambachers zu: Hebels Rheinländischer Hausfreund, Carlsruhe 1829

den Tisch. Jeder glaubte, der andere habe ein Bratwürstlein bestellt oder etwas, und: «Es ist doch ein Kamel», sagte ein dritter, «denn es ist weiß; die Trampeltiere sind braun.» Unterdessen kam die Wirtin wieder mit einem Teller voll zarter Kukümerien aus dem markgräfischen Garten, aus dem Treibhaus, fein geschnitten, wie Postpapier, und mit dem kostbarsten genuesischen Baumöl angemacht, und sagte zu dem Gast mit spöttischem Lächeln: «Ist's gefällig?» Also lachten die andern nicht mehr den Wirt aus, sondern den Gast, und wer wohl oder übel seinen Spaß mit zehn Batzen fünf Rappen Baseler Währung bezahlen mußte, war er. 7

Johann Peter Hebel

Erinnerung an Basel

Z'Basel an mi'm Rhi
jo dört möchti si!
Weiht nit d'Luft so mild und lau,
und der Himmel isch so blau
an mi'm liebe Rhi.

In der Münsterschuel,
uf mim herte Stuehl,
magi zwor jez nüt meh ha,
d'Töpli stöhn mer nümmen a
in der Basler Schuel.

Aber uf der Pfalz
alle Lüte gfallt's.
O wie wechsle Berg und Tal,
Land und Wasser überal
vor der Basler Pfalz!

Uf der breite Bruck,
für sie hi und z'ruck,
nei, was sieht me Here stoh,
nei, was sieht me Jumpfere goh,
uf der Basler Bruck!

Eins isch nimme do,
wo ischs ane cho?
's Scholers Nase, weie weh
git der Bruck kei Schatte meh.
Wo bisch ane cho?

Wie ne freie Spatz,
uffem Petersplatz,
fliegi um, und 's wird mer wohl,
wie im Buebe-Kamisol,
uffem Petersplatz.

Uf der grüene Schanz,
in der Sunne Glanz,
woni Sinn und Auge ha,
lacht's mi nit so lieblig a,
bis go Sante Hans.

's Seilers Rädli springt;
los, der Vogel singt.
Summervögeli jung und froh
ziehn de blaue Blueme no.
Alles singt und springt.

Und e bravi Frau
wohnt dört usen au.
«Gunnich Gott e frohe Mueth!
Nehmich Gott in treui Huet,
liebi Basler Frau!» 8

Johann Peter Hebel

Drei Geschichten aus dem Wiesental

In Zell hatte ein Adelsberger Mann für seine niedergekommene Frau ein Fäßlein guten Wein gekauft und wollte es in der Nacht heimtragen. Unterwegs sah er aus der Ferne einige

Frauen herbeikommen, die er an ihren weißen Schleiern als Fronfastenweiber erkannte. Schnell verbarg er das Fäßlein in dem Weggraben und sich selbst eine Strecke davon hinter einer Staude. Als die Weiber zu dem Fäßlein kamen, lagerten sie sich um dasselbe, tranken lustig daraus und entfernten sich erst nach einer guten Weile. Betrübt ging nun der Mann zu dem Fäßlein, welches er halb ausgetrunken wähnte; allein beim Aufladen fand er es nur wenig leichter geworden. Zu Hause zapfte er lange Zeit daraus, und als es gar nicht leer werden wollte, schaute er endlich hinein: da war nichts mehr darin. Ohne das Hineinsehen wäre aber das Fäßlein niemals leer geworden.

In Steinen im Wiesental trieb der Ganggalaris sein Wesen, der neckte die Leute, wo er nur konnte. Wenn der alte Bäkker, in dessen Haus der Geist spukte, mit Holz nach Basel fahren wollte und morgens früh um drei Uhr seine Pferde gefüttert und aufgeschirrt hatte, ging er nochmals in die Stube, seinen Kaffee zu trinken. Kam er dann in den Stall, um abzufahren, hatte seine Rößlein das Geschirr verkehrt an. Das hatte der Ganggalaris getan. – Einmal rief der Nachtwächter im Ort wie üblich: Loset, was ich euch will sage, d'Glocke het- und als er weiter singen wollte: – zwölfi gschlage!, da bekam er eine hinter die Ohren, daß er seinen Spruch umwandelte und sagte: «Wenn numme der Teufel und sechs Wetter de Ganggalaris verschlieche (verschlügen)!» Ein andermal hatten die größeren Maidli ihren gewohnten Liechtgang und da ging's immer lustig zu. Es wurde nicht nur gesponnen, sondern auch gespielt, getanzt und Gespenstergeschichten erzählt. Eines der Mädchen wurde ganz übermütig, riß im Mutwillen das Fenster auf und rief in die Nacht hinein: «Ganggalaris, chumm ine!» Kaum gesagt, streckte er auch schon seinen Kopf zum Fenster herein. Voller Schrecken aber warf das Mädchen das Fenster zu. Seit die Scheuer abgerissen wurde, wo der

Handelsjude. Lithographie Josef Jakob Dambachers zu: Hebels Rheinländischer Hausfreund, Carlsruhe 1829

Ganggalaris sich aufhielt, ist der alte Neckgeist verschwunden.

Vor sechzig Jahren lebte in Käsen ein Mann, welcher die Goldtinktur aus Amerika mitgebracht hatte. Er arbeitete nichts, lag Tag und Nacht in den Wirtshäusern und spielte um Goldstücke, die sein gewöhnliches Geld waren. Wenn er solches bedurfte, kaufte er auf dem Werk zu Hausen Eisenstäbchen, verwandelte sie durch Bestreichung mit der Tinktur in Gold und ließ sich daraus in Basel Münzen schlagen. 9

Glimpf geht über Schimpf

Ein Hebräer aus dem Sundgau ging jede Woche einmal in seinen Geschäften durch ein gewisses Dorf. Jede Woche einmal riefen ihm die mutwilligen Büblein durch das ganze Dorf nach: «Jud! Jud! Judenmauschel!» Der Hebräer dachte: Was soll ich tun? Schimpf ich wieder, schimpfen sie ärger, werf ich einen, werfen mich zwanzig. Aber eines Tages brachte er viele neugeprägte weißgekochte Baselrappen mit, wovon fünf soviel sind als zwei Kreuzer, und schenkte jedem Büblein, das ihm zurief «Judenmauschel!», einen Rappen. Als er wiederkam, standen alle Kinder auf der Gasse: «Jud! Jud! Judenmauschel! Schaulem lechem!» Jedes bekam einen Rappen, und so noch etliche Mal, und die Kinder freuten sich von einer Woche auf die andere und fingen fast an, den gutherzigen Juden liebzugewinnen. Auf einmal aber sagte er: «Kinder, jetzt kann ich euch nichts mehr geben, so gern ich möchte, denn es kommt mir zu oft, und euer sind zu viel.» Da wurden sie ganz betrübt, so daß einigen das Wasser in die Augen kam, und sagten: «Wenn Ihr uns nichts mehr gebt, so sagen wir auch nicht mehr Judenmauschel!» Der Hebräer sagte: «Ich muß mir's gefallen lassen. Zwingen kann ich euch nicht.» Also gab er ihnen von der Stund an keine Rappen mehr, und von der Stund an ließen sie ihn ruhig durch das Dorf gehen. 10

Johann Peter Hebel

Der Denglegeist, eine Hebel'sche Erfindung?

«Wo der Dengle-Geist in mitternächtige Stunde
uffeme silberne Gschirr si goldeni Sägese denglet
(Todtnaus Chnabe wüsse's wohl), am waldigen Feldberg,
wo mit liebligem Gsicht us tief verborgene Chlüfte
d' Wiese luegt...»

Der Denglegeist ist durch Hebels «Die Wiese» und «Geisterbesuch» weltbekannt geworden. Was durch Nachfragen bei Bewohnern der Umgegend des Feldberges in Erfahrung gebracht werden konnte, paßt indes nicht im entferntesten zu der lieblichen Beschreibung. Nach einer Aussage ist der Dengele «schwarz und sieht aus wie der Tod», nach anderen ist er wie ein großer Holzhauer und trägt die Sense geschultert. Sogar zum gewöhnlichen Klopfgeist, zum Dangelmann, der durch sein Klopfen Tod ankündigt, ist er sicher schon um 1830 herabgesunken. – Die meisten Leute wußten indes gar nichts Näheres anzugeben, weder von seinem Aussehen noch von seinen Tagen. Von einem Begleiter, dem Puhu, wie im Wiesental die feurigen Männer heißen, wissen die Leute nichts.

Man darf daher wohl annehmen, daß Hebel den Dengele dichterisch frei behandelt hat. Wie er in dieser Beziehung dachte, ergibt sich aus folgendem: «Indessen ist es nun mit unserem Volksaberglauben wie es ist, und die Zeit, die ihn uns gegeben hat, läßt sich nicht mehr zurückspinnen. Aber ich glaube, es wäre dem Beruf weiser Volkslehrer angemessener, ihn einzuschränken, ihn wo möglich zu verschönern und zu veredeln und durch besonnene Leitung unschädlich zu machen...» 11

Hermann Flamm

Das Münstertal

Vor Zeiten war im Münstertal eine Grube, welche große Ausbeute an gewachsenem Silber lieferte. Durch diesen Reichtum wurden die Bergleute so übermütig, daß sie einem lebenden Ochsen die Haut abzogen. Zur Strafe hierfür wurde die Grube unsichtbar, worauf die Bergleute allmählich in Armut gerieten.

In den Bergen, die das Tal begrenzen, halten sich Bergmännchen auf. Den Bergknappen, welchen sie wohlwollen, erleichtern sie das Geschäft dadurch, daß sie im Innern des Gesteins nach außen ihnen entgegenarbeiten. Ihre dumpfen Hammerschläge werden von den Knappen mit Freuden vernommen.

Im Belchen liegt ein goldner Klotz auf einem silbernen Sägbock, und in dem See im Innern dieses Berges schwimmen ein goldner Wiesbaum und ein goldnes Kegelspiel umher.

Der Bach, welcher das Tal durchfließt, verschlingt jedes Jahr neun Menschen und heißt deshalb der Neunmagen. 12

Hebels mystischer Berg

Hebels Besteigung des großen Belchen – ein abenteuerliches Unternehmen für jene Zeit – hatte dem Dreißigjährigen gewaltige Eindrücke hinterlassen. Seine zwei oder drei Begleiter – Theologen und Hungerleider wie er – begründeten mit ihm den Kult des «Belchismus», als dessen Gott sie Proteus erwählten, den Gott des Nichts und der Habenichtse. Aber Proteus kannten sie aus den «Georgica», und neben Diogenes und Parmenides wurde Vergil der oberste Schutzgeist der «Belchianer». Die Geheimsprache, die sich der schöngeistige Zirkel in jenen kurzen Jahren zulegte, hat wenig mit Dialekt zu tun und weit mehr mit surrealistischen und dadaistischen Wortspielen, wenn aus Saum eine Maus herausgezaubert wurde und aus Gras ein Sarg. 13

Robert Minder

Die Burg Rötteln

Auf diesem verfallenen Bergschloß liegt viel Geld vergraben, bei dem ein Fräulein in weißem Kleid und Schleier umgeht. Am Tag sitzt sie oft auf der Burgbrücke und spinnt, oder sie lustwandelt in der Umgebung des Schlosses. Von da hat sie einmal Kindern vergebens gewinkt, zu ihr zu kommen. Beim Mondschein wurde schon ein Unsichtbarer gehört, der, wie unter einer Last keuchend, zu der Burg ging. In dieser erscheinen in manchen Nächten gespenstische Lichter, auch schwebt zuweilen aus dem nahen Wald eine einsame Flamme herbei und fährt an der steilen Mauer hinauf und zu einem Erkerfenster hinein. Auf dem Burghof hat schon ein Mann eine mannsdicke, baumlange Schlange in der Sonne liegen sehen, und in früherer Zeit sind manchmal nachts feurige Drachen von dem Schloß nach der Chrischonakapelle oder von dieser nach jenem geflogen. Dort befindet sich ein Kegelspiel, welches derjenige, der es fortnimmt, nicht behalten kann, sondern wieder herbringen muß. Was man in den Felsenkeller tut, wird in der Nacht von unbekannter Gewalt herausgeworfen. Von der Burg geht ein unterirdischer Gang, unter dem Wiesenfluß hinweg, in das Brombacher Schlößlein; er ist aber gegenwärtig großenteils verschüttet. 14

Schloß Rötteln. Kupferstich aus: Daniel Meisner, Politisches Schatzkästlein, 1. Buch, 4. Teil, Frankfurt 1625

Die Vergänglichkeit

Gespräch auf der Straße nach Basel zwischen Steinen und Brombach*, in der Nacht

Der Bueb seit zum Ätti:
Fast allmol, Ätti, wenn mer's Röttler Schloß
so vor den Auge stoht, se denki dra,
öb's üsem Hus echt au e mol so goht.
Stoht's denn nit dört, so schuderig, wie der Tod
im Basler Totetanz? Es gruset eim,
wie länger as me's bschaut. Und üser Hus,
es sitzt so wie ne Chilchli uffem Berg,
und d'Fenster glitzeren, es isch e Staat.
Schwetz, Ätti, goht's em echterst au no so?
I mein emol, es chönn schier gar nit si.

* Zwischen Brombach und Steinen starb am 16. Oktober 1773 Hebels Mutter- unter den Augen ihres dreizehnjährigen Sohnes

Zwei Holzschnitte aus: Der Todten-Tanz, wie derselbe in der weitberühmten Stadt Basel als ein Spiegel menschlicher Beschaffenheit … gemahlet, Basel 1843

Der Ätti seit:
Du guete Burst, 's cha frili si, was meinsch?
's chunnt alles jung und neu, und alles schliicht
sim Alter zue, und alles nimmt en End,
und nüt stoht still. Hörsch nit, wie 's Wasser ruuscht,
und siehsch am Himmel obe Stern an Stern?
Me meint, vo alle rüehr sie kein, und doch
ruckt alles witers, alles chunnt und goht.

Je, 's isch nit anderst, lueg mi a, wie d'witt.
De bisch no jung; Närsch, ich bi au so gsi,
jez würd's mer anderst, 's Alter, 's Alter chunnt,
und woni gang, go Gresgen oder Wies,
in Feld und Wald, go Basel oder heim,
's isch einerlei, i gang im Chilchhof zue –

briegg, alder nit! – und bis de bisch wien ich,
e gstandne Ma, se bini nümme do,
und d'Schof und Geiße weide uf mi'm Grab.
Jo wegerli, und 's Hus wird alt und wüest;
der Rege wäscht der's wüester alli Nacht,
und d'Sunne bleicht der's schwärzer affi Tag,
und im Vertäfer popperet der Wurm.

Es regnet no dur d'Bühni ab, es pfift
Der Wind dur d'Chlimse. Drüber tuesch du au
no d'Auge zue; es chömme Chindeschind,
und pletze dra. Z'letzt fuults im Fundement,
und 's hilft nüt me. Und wemme nootno gar
zweitusig zählt, isch alles z'semme gkeit.
Und 's Dörfli sinkt no selber in si Grab.
Wo d'Chilche stoht, wo 's Vogts und 's Here Hus,
goht mit der Zit der Pflueg –

Der Bueb seit:
Nei, was de seisch!

Der Ätti seit:
Je, 's isch nit anderst, lueg mi a, wie d' witt!
Isch Basel nit e schöni, tolli Stadt?
's sin Hüser drin, 's isch mengi Chilche nit
so groß, und Chilche, 's sin in mengem Dorf
nit so viel Hüser. 's isch e Volchspiel, 's wohnt
e Richtum drinn, und menge brave Her,
und menge, woni gchennt ha, lit scho lang
im Chrützgang hinterm Münsterplatz und schloft.
's isch eitue, Chind, es schlacht e mol e Stund,
goht Basel au ins Grab, und streckt no do
und dört e Glied zum Boden us, e Joch,
en alte Turn, e Giebelwand; es wachst
do Holder druf, do Büechli, Tanne dört,

und Moos und Farn, und Reiger niste drin –
's isch schad derfür! – und sin bis dörthi d'Lüt
so närsch wie jez, se göhn au Gspenster um.
D'Frau Faste, 's isch mer jez, sie fang scho a,
me seit's emol, – der Lippi, Läppeli,
und was weiß ich, wer meh? Was stoßisch mi?

Der Bueb seit:
Schwetz lisli, Ätti, bis mer über d'Bruck
do sin, und do an Berg und Wald verbei!
Dört obe jagt e wilde Jäger, weisch?
Und lueg, do niden in de Hürste seig
gwiß's Eiermeidli g'lege, halber fuul,
's isch Johr und Tag. Hörsch, wie der Laubi schnuuft?

Der Ätti seit:
Er het der Pfnüsel! Seig doch nit so närsch!
Hüst, Laubi, Merz! – und loß die Tote go,
sie tüen der nüt meh! – Je, was hani gseit?
Vo Basel, aß es au e mol verfallt. –
Und goht in langer Zit e Wandersma
ne halbi Stund, e Stund wit dra verbei,
se luegt er dure, lit ke Nebel druf,
und seit si'm Kamerad, wo mittem goht:
«Lueg, dört isch Basel gstande! Selle Turn
seig d'Peterschilche gsi, 's isch schad derfür!»

Der Bueb seit:
Nei, Ätti, isch's der Ernst? Es cha nit si!

Der Ätti seit:
Je 's isch nit anderst, lueg mi a, wie d'witt,
und mit der Zit verbrennt die ganzi Welt.
Es goht e Wächter us um Mitternacht,
e fremde Ma, me weiß nit, wer er isch,

er funklet, wie ne Stern, und rüeft: «Wacht auf!
Wacht auf, es kommt der Tag!» – Drob rötet si
der Himmel, und es dundert überal,
z erst heimlig, alsg'mach lut, wie sellemol,
wo Anno Sechsenünzgi der Franzos
so uding gschosse het. Der Bode schwankt,
aß d'Chilchtüm guge; d'Glocke schlagen a,
und lüte selber Bettzit wit und breit,
und alles bettet. Drüber chunnt der Tag;
o, b'hüetis Gott, me brucht ke Sunn derzue,
der Himmel stoht im Blitz, und d'Welt im Glast.
Druf gschieht no viel, i a jez nit der Zit;
und endli zündet's a, und brennt und brennt,
wo Boden isch, und niemes löscht. Es glumst
wohl selber ab. Wie meinsch, sieht's us derno?

Der Bueb seit:
O Ätti, sag mer nüt me! Zwor wie goht's
de Lüte denn, wenn alles brennt und brennt?

Der Ätti seit:
He, d'Lüt sin nümme do, wenn's brennt, sie sin –
wo sin sie? Seig du frumm, und halt di wohl,
geb, wo de bisch, und bhalt di Gwisse rein!
Siehsch nit, wie d'Luft mit schöne Sterne prangt!
's isch jede Stern verglichlige ne Dorf,
und witer obe seig e schöni Stadt,
me sieht si nit vo do, und haltsch di guet,
se chunnsch in so ne Stern, und 's isch der wohl,
und findsch der Ätti dört, wenn's Gottswill isch,
und 's Chüngi selig, d'Muetter. Öbbe fahrsch
au d'Milchstroß uf in de verborgni Stadt,
und wenn de sitwärts abe luegsch, was siehsch?
e Röttler Schloß! Der Belche stoht verchohlt,
der Blauen au, as wie zwee alti Türn,

und zwische drin isch alles use brennt,
bis tief in Boden abe. D'Wiese het
ke Wasser meh, 's isch alles öd und schwarz,
und totestill, so wit me luegt – das siehsch,
und seisch di'm Kamerad, wo mitder goht:
«Lueg, dört isch d'Erde gsi, und selle Berg
het Belche gheiße! Nit gar wit dervo
isch Wisleth gsi; dört hani au scho glebt,
und Stiere gwettet, Holz go Basel g'füehrt,
und brochet, Matte g'rauft, und Liechtspöh' g'macht,
und g'vätterlet, bis an mi selig End,
und möcht jez nümme hi.» – Hüst Laubi, Merz!

Johann Peter Hebel

Franzosenzeit

Wo da Erzherzog Karl vo Östrich d' Franzose unterm Moreau g'schlage gha het, dano sind sie halt in Schwarzwald ia cho uf am Rückzug, un's Volk het grusig miaßa drunter lida. 's Volk ist über die Inquartierig un über d' Franzosa verbittarat gsi. Hinter dena flüchtige Franzosa ist an französischa Zivilkommissäri herg'fahra. De het g'seit, wenn sie ung'schora uf Sant Bläsi chömat, dano rauchis un brennis. Z' Bonndorf sind sie halt sowieso verbittarat gsi uf dia verdammta Republikaner usam Frankrich enadura. Un wo dä Großsprecher halt so gsprocha hät, dano hät's halt erst Füür gä. Des ist it amol an Franzos gsi, des ist an Wirtssohn gsi von Lörrach, un do hent sie halt denkt – a paar so Kerle z' Bonndorf enna: «Dem wemmer's scho instricha!» Dia sind am halt no ganga, un dört, wo d' Ebnetar un Bonndorfer Gemarkig usgoht, dört hent sa 'n halt ang'halta. Sie hent an us da Chaise usg'heit un hent an totg'schlage. Dia zwei Roß hent sie gno, un ihn hent sie bloßnackt i d' Kohlhalder Wiesa abag'worfa. Dano sind halt d' Lüt herg'rennt un hent de Kerli g'schauat. Dano ischt i da Kohlhalda una an alta Ma gsi; de het wegam Ärgernis dia Sach it chönna säh und ist ganga und het unter da Kohlhalda sin Lichnam in Wald ia ana Rottanne hera vergrabe.

Nu, dia Sach isch guat. 's isch a Johr ganga, no sind halt d' Franzosa wieder mit Macht über da Rhi dura cho. Mir do hent ena halt wieder miaßa folga. Dano ischt halt dia Sach untersuacht wora. An französischa Offizier und an Dolmetsch sind uf da Platz cho. Dano het de alt Ma ihn wieder miaßa usgraba bis uf a Hand, wo s'am abg'schlaga gha hent. Und do isch er fürchterli anbrüalat wora: «Em Amtma sin Chopf ist scho hi, und wenn Sie kein Befehl zum Vergrabe gha hent, ist Ihr Chopf au hi!» Min alta Ma isch halt verschrocka, des cha mar eim denka; er het g'seit, da Tobias heig die Tota au vergraba. Dano hent sie g'seit, für dermol wellat sen laufa lo. Dä tot Zivilkommissäri hent sie dano uf Bonndorf gführt uf da Gottsacker – und 's git jetzt no alti Lüt bi üs, wo wissat, wo s'an vergraba hent.

Ältere Leute wußten zu erzählen, es sei im Jahre 1796 eine Abteilung versprengter französischer Reiter von Kleinkems her auf dem beschwerlichen Bergpfad, der bei dem Dorf Istein an dem Felsen aufwärts führt, an den schmalen Steg gekommen. Der liegt in einer Höhe von zehn Metern unmittelbar über dem Rhein, der den Fuß des Felsens unterwühlt. Hinter sich den verfolgenden Feind, vor sich das schmale Brett über den schauerlichen Abgrund – entschlossen sich die Reiter kurzerhand, abzusteigen und den Pferden die Augen zu verbinden. Jeder führte sein Roß am Zügel hinter sich, und so kamen sie glücklich über die gefährliche Brücke. 16

Die genasführten Chasseure. Lithographie Josef Jakob Dambachers zu: Hebels Rheinländischer Hausfreund, Carlsruhe 1829

Hebel, der Chronist

Aus einem Brief des damals 36jährigen Johann Peter Hebel an seinen Freund Karl Christian Gmelin, Carlsruhe, den 6ten November 1796:

Als der Rückzug der Franzosen aus Schwaben anfing, und ein großer Theil der Armee im scheußlichsten Zustande nebst der ganzen unschäzbaren Menge der Beute und des Raubs aller Art eine Woche lang von Rheinfelden herab durch Lörrach und über den Tüllinger Berg nach Hüningen zog, fieng uns doch insgesamt zu grauen an, zumal da wir auf fleißige Erkundigungen immer hören mußten, daß der schlimmste Theil der Armee, die Arrieregarde unter General Tarreau noch zurück sey, die wie ein Kehrbesen hinter der Armee her alles rein mache. Lange harrten wir auf diese Ungeheuer, und trösteten uns mit des Enfans guten Versicherungen, daß er die Stadt gewiß bewahren, und für die Dorfschaften thun wolle was möglich sey. Indeßen hatte sich die fr. Hauptarmee durch die Hölle ins Breisgau geworfen, und so lange diese nicht über den Rhein zurück war, muste Tarreau nicht nur bei den Waldstätten und über das Gebirg bis ins Wiesenthal stehen bleiben, sondern es kam auch noch eine Colonne von 10000 Mann die bereits nach Hüningen marschirt war, von denen wir glaubten befreyt zu seyn, wider zurück, um ienen zu verstärken, und die Passage nach Hüningen gegen die von den Waldstätten her nachdrückenden Kayserlichen für die Hauptarmee offen zu erhalten. Zum Glück war Moreaus Bleiben im Breisgau von keiner langen Dauer, aber auch zur Besorgniß für Lörrach und das Wiesenthal waren auch die Kayserlichen schon disseits Rheinfelden eine starke Stunde von Lörrach als Morr. noch einen vollen Tag zum Rückzug über die Hüninger Brücke brauchte. Dies brachte den General Tarreau zu dem Entschluß Lörr. zu besetzen und den Tüllinger Berg, das Käferholz und die Straße, welche aus dem Wiesenthal über die ThumringerAnhöhe gegen den Rhein führt, mit Kanonen zu besetzen, um die von Rheinfelden her an der entgegengesetzten Anhöhe herabkommenden Kayserlichen zu empfangen, und wärs dazu gekommen, so wäre Lörrach ohne Zweifel ein beklagenswürdiges Opfer des Krieges geworden. Alles fieng an zu flüchten und davon zu laufen. Des Enfans selber rieth nun dazu. Zum Glück hatten wir den Schweitzerboden nahe genug.

Zweimal war ich schon mitten durch die wilden wüthenden Horden nach Riehen gewandert und zurückgekehrt. Das 3te mal blieb ich. Der Tag an dem man den Angriff erwartet hatte, war vergangen. Nun stand noch eine bange Nacht bevor. Der nächtliche Blick von Riehen ins Wiesenthal war fürchterlich, zu beiden Seiten waren die Anhöhen mit mehr denn 200 Wachfeuern besezt. Das ganze Gebirg schien zu brennen, und das ganze Thal war in Rauch verhüllt, frey und groß und wachsam standen die Schweitzerischen Kontingente von Basel und Solothurn und Bern am Ausgang des Thals auf ihren Gränzen um ihr Vatterland, und was zu ihnen geflüchtet war gegen alle Anfechtungen von beiden Seiten im Fall der Noth zu schützen. Können Sie sichs vorstellen, wie uns zu Muthe war als wir am frühen Morgen die Nachricht bekamen, daß in der Nacht die Franzosen in aller Stille abzogen, und frühe um 5. Uhr die ersten Kayserlichen ohne Schuß und Schwertstreich in L. eingerückt seyen. Aber Geduld die Nachwehen kommen. Fürs erste liefen, als die Kommunicationen im Land herum wieder geöfnet waren, die traurigsten Nachrichten von allen Orten her ein. Die Rheinstraße herauf hatte die Moreauische Armee Hertingen, Tannenkirch, Mappach, Eimeldingen, Kirchen ausgeplündert. Auggen und Müllheim hatten von der Straße herauf bis in die Mitte beider Dörfer beträchtlich gelitten. Von Badenweiler weiß ich nichts. Im Wiesenthal wurde Schopfheim, Steinen, Brombach hart mitgenommen. Doch blieb Ihr Herr Schwieger Vatter verschont. Der Stadt Lörrach hat des Enfans Wort gehalten. Nur ein Haus ward geplündert, und ein leeres Gebäude, das bisher zur Caserne gedient hatte angezündet, aber bald und ohne Schaden wieder gelöscht. Noch nicht das Schlimmste! Denn die Kayserlichen, die wir als Freunde erwarteten, kamen nun als Feinde, und scheinen nur auf eine andre Art, als die Franzosen das Land vollends ruinieren zu wollen. Anfänglich verübten die Gemeinen die nemlichen Gewaltthätigkeiten wie die Franzosen, bald wurde zwar die Ordnung und Mannszucht wider hergestellt. Aber nun fangen die unerschwinglichsten Requisitionen aller Art an, die fast noch härter sind als die französischen und schwerer drücken, da das Land durch diese schon fast erschöpft ist. 17

Johann Peter Hebel

Freiburg
und der Breisgau

Ursprung der Zähringer

Die Sage ist, daß die Herzöge von Zähringen vor Zeiten Köhler sind gewesen, und haben ihre Wohnung gehabt in dem Gebirg und den Wäldern hinter Zähring dem Schloß, da es dann jetzt steht, und haben da Kohlen gebrannt. Nun hat es sich begeben, daß der Köhler an einem Ort im Gebirg Kohlen brannte, Grund und Erde nahm, und damit den Kohlhaufen, um ihn auszubrennen, bedeckte. Als er nun die Kohlen hinwegtat, fand er am Boden eine schwere geschmelzte Materie; und als er sie besichtigte, da ist es gutes Silber gewesen. Also brannte er künftig immer an dem Ort seine Kohlen, deckte sie mit demselben Grund und Erdboden und fand Silber wie zuvor. Dabei konnte er merken, daß es des Berges Schuld wäre, behielt es geheim, brannte von Tag zu Tag Kohlen da und brachte einen großen Silberschatz zusammen.

Nun hat es sich damals ereignet, daß ein König vertrieben wurde vom Reich und floh auf den Berg im Breisgau, genannt der Kaiserstuhl, mit Weib und Kindern und allem Gesinde, litt da viel Armut mit den Seinen. Ließ darauf ausrufen, wer da wäre, der ihm wollte Hilfe tun, sein Reich wieder zu erlangen, der sollte zum Herzog gemacht und eine Tochter des Kaisers ihm gegeben werden. Als der Köhler das vernahm, fügte sich's, daß er mit einer Bürde Silber vor den König trat und begehrte: er wolle sein Sohn werden und des Königs Tochter ehelichen, auch dazu Land und Gegend – wo jetzt Zähringen, das Schloß, und die Stadt Freiburg steht – zu eigen haben; alsdann wolle er ihm einen solchen Schatz von Silber geben und überliefern, damit er sein ganzes Reich wiedergewinnen könne. Als der König das vernahm, willigte er ein, empfing die Last Silber und gab dem Köhler, den er zum Sohn annahm, die Tochter zur Ehe und die Gegend des Landes dazu, wie er begehrt hatte. Da fing der Sohn an und ließ sein Erz schmelzen, überkam großes Gut damit und baute Zähringen samt dem Schloß. Da machte ihn der römische König, sein Schwäher, zu einem Herzog von Zähringen. Der Herzog baute Freiburg und andre umliegende Städte und Schlösser mehr; und wie er nun mächtig wurde, zunahm an Gut, Gewalt und Ehre, wurde er stolz und frevelhaft. Eines Tages rief er seinen eignen Koch und gebot, daß er ihm einen jungen Knaben briete und zurichtete; denn ihn gelüste zu schmecken, wie gut Menschenfleisch wäre. Der Koch vollbrachte alles nach des Herrn Befehl und Willen, und als der Knab gebraten war und man ihn zu Tische trug dem Herrn, und er ihn sah vor sich stehen, da fiel Schrecken und Furcht in ihn, und er empfand Reu und Leid um diese Sünde. Da ließ er zur Sühne zwei Klöster bauen, mit Namen das eine zu St. Ruprecht, und das andere zu St. Peter im Schwarzwald, damit ihm Gott der Herr barmherzig verzeihen möge und vergeben. 18

Bertolf von Zähringen

Eines Tages wandelten ein paar Männer in der Gegend des Berges Giber, der, irren wir nicht, in Sizilien liegt und ein gewaltiger Vulkan ist, und hörten eine Stimme, die rief: «Macht den Ofen zurecht!» Dieser Ruf wurde noch zweimal wiederholt; nach dem dritten Mal fragte eine andere Stimme: «Wofür denn?» und die erste Stimme antwortete: «Unser

Alt Breisach. Lithographie von W. Nilson, nach Zeichnung von Follenweider. Aus: Heinrich Schreiber, Die Volkssagen der Stadt Freiburg und ihrer Umgebung, Freiburg 1867

guter Freund kommt, der Herzog von Zähringen, der uns soviel Dienste schon bewiesen hat.» Das machte die Männer aufmerksam und sie zeichneten den Tag und die Stunde auf, wo sie die Stimme gehört hatten, und meldeten alles dem Kaiser Friedrich, zugleich fragend, ob Herzog Bertolf vielleicht um die Zeit gestorben wäre. Bald darauf hörten sie, daß das in der Tat so war.

Bertolf aber war ein unmenschlicher Tyrann und so geizig, daß keiner ihm darin gleich kam. Als er im Sterben lag, trug er seinen Vertrauten auf, all seine Reichtümer auf einen Haufen zu werfen und zu verbrennen. Da fragten ihn mehrere, warum er das wolle, und er antwortete: «Wenn ich all die Schätze so lasse wie sie sind, können sich meine lachenden Erben leicht darin teilen; sind sie aber zusammengeschmolzen, dann schlagen sie sich tot darum.» 19

Der Herr von Kyburg

Es stand einst ein altes Schloß Kyburg im Breisgau – jetzt nennt man es noch Kybfelsen –, auf dem Bronnberg links von dem schönen Dreisamtal, dem späteren Schloß von Freiburg gegenüber. Da kam der Herzog von Zähringen aus seiner kleinen Feste auf Besuch zu dem Herrn, der sein Schwager war, und weil ihm der lustige Vorhügel rechts im Dreisamtal – den man jetzt den Schloßberg über Freiburg nennt – gar wohl gefiel, so bat er seinen Schwager um Erlaubnis, dort nur ein Jagdhaus zu bauen. Und als er diese Erlaubnis erhielt, da rief des Herrn Frau, die dazukam, voll Schrecken aus: «Wohl sagt mein Bruder, daß er ein Jagdhaus bauen will; denn er wird jagen, und durch dieses Haus Euch und die Eurigen aus diesen Landen treiben und Eurer Ehren berauben!» Was auch kurz darauf erfolgt ist. 20

Die Dreisam

An der Landstroß, die dur des Tal und witer dur's felsig Hölletal nuf
un in's Schwobeland nus zieht, lit Zarte – me sieht's wohl.
In ere gringen Entfernung vu dem chunnt Burg; ober dem fließt
us der Wagesteig her en Bach, i cha sin Name nit nenne,
herwärts von Buechebach mit dem Ybach z'semme, der sel isch
usem Ybetal hercho. Tummlet hen si si beede,
hen ufem Weg enander das un deis jez z'verzehle,
aber's vermehrt si d'G'sellschaft e chlei Viertelstündli vor Burg drus
mit eme Brüederle, des usem Hölletal vu de Felse
un vum Hirzsprung hinte vor über Felsen und Stei stürzt.

Großi Freud hen die drü (Drei), sie fallen enander um
d'Häls, un
wechsle höflige Rede; keis will vorm andere 's Erst si.
Un der Höllebach seit: «Min Name chan i nit b'halte;
bini nit im Himmelreich gsi, un wandle mer jez nit
in dem schöne Tal? So loset denn, was i will vorschla:
Sin mer z'semme nit drü? so wemmer denn Drüzsemme
heiße».
«Seig's so», hen die andere gseit un dusse vor Zarte
het me si täuft, jez heiße sie Drüzsem, un Dreisam uf
hochdütsch. –
Des henner guet g'macht, ihr Flüßli! Z'Friburg wird men i
lobe,
eu wird d'Stadt ufstoh, me wird ich's Bürgerrecht schenke,
und in alle Gasse wereter därfe hantiere! 21

Hermann Flamm

Die Goldgrube bei Zähringen

Als die Herzöge von Zähringen das Freiburger Münster zu bauen begannen, fanden sie in ihrem Burgberg eine reiche Goldgrube – nach anderen eine Silbergrube –, deren Ausbeute ihnen die großen Baukosten bestreiten half. Kaum war das Gebäude vollendet, so war die Goldgrube verschwunden. Um sie wieder aufzufinden, ließ ein späterer Burgherr durch seine Bergleute große Arbeiten vornehmen, wobei sie in ein unterirdisches Gewölbe kamen, in dem ein brennendes Licht auf einem Tisch stand. An diesem saß eine schneeweiße Frau, mit einem Bund Schlüssel in der Hand, welche den Eintretenden zurief: «Entfernt euch augenblicklich und laßt euer unnützes Suchen, das Gold wird niemals wieder gefunden.» Voll Schrecken eilten die Bergleute davon, seitdem hat niemand mehr gewagt, die Grube aufzusuchen. 22

Der unterirdische Gang in das Münster

Die Herzöge liebten Sicherheit und Bequemlichkeit. Darum ließen sie von ihrer schönen Burg auf dem Schloßberg, wo sie gewöhnlich Hof hielten, einen Gang unter der Erde in das Münster machen und stiegen so ungesehen von Feinden, oder wenn es kalt war und an hohen Festtagen aus dem Hahnenturm herauf und setzten sich in ihren Chorstuhl.

An diesen Gang stößt auch das Gewölbe, in welchem die uralten Münsterschätze und Münsterbriefe aufbewahrt werden, ein unermeßlicher Reichtum. Der Gang aber ist vom Berg herunter verschüttet; im Münster findet man ihn bei dem Stein mit a.b.c.

Ich weiß von einem Fabrikpfleger (oder wie sie ihn nennen: Hüttenherrn) am Münster, welcher lange nach diesem Stein gesucht und dabei den Hahnenturm beinah baufällig gemacht hat. Da wurde es ihm aber verboten, was er seinen Oberen nie verzeihen konnte. Noch auf dem Totenbett versicherte er, er sei schon nahe daran gewesen, den rechten Stein mit dem a.b.c. zu finden. 23

Silberglöckchen

Das silberne Glöckchen im Freiburger Münster ist ein Geschenk der Herzöge von Zähringen, mit welchem in die von ihnen gestiftete Frühmesse geläutet werden mußte. Dies geschah jeden Morgen von dreiviertel nach vier bis um fünf Uhr. Der helle Klang des Glöckchens drang bis zum Bergschloß Zähringen, und sobald die Herzöge ihn hörten, schwangen sie sich aufs Pferd und ritten durch den unterirdischen Gang, der von ihrer Burg bis hinter den Hochaltar des Münsters zog. Die Wegstunde legten sie gerade während des viertelstündigen Geläutes zurück und kamen so zur rechten

Zeit in die Kirche. In der Halle vor der Hauptpforte ließen sie ihre Pferde an eiserne Ringe binden, die noch heute dort zu sehen sind. 24

Das Nonnenbild

Als Luthers Irrlehre anfing in Freiburg bekannt zu werden, hieß es in deinem dortigen Frauenkloster, daß allen Nonnen, welche noch Zähne hätten, das Heiraten erlaubt würde. Da sprang eine alte häßliche Nonne aus der Mitte der andern hervor, zeigte mit dem Finger in ihren weit geöffneten Mund und rief: «Auch ich habe noch hier einen Stumpen!» Zum Spott hierfür wurde ihr Bild in dieser Stellung in Stein ausgehauen und unter die wasserspeienden Fratzen außen am Münsterchor gesetzt, wo es noch zu sehen ist. 25

Maria hilft

Ein elternloser Junge, der bei einem Freiburger Handwerker in der Lehre stand, wurde von diesem trotz seines guten Betragens aufs übelste behandelt. In einer stürmischen Regennacht warf er ihn hinaus auf die Straße. Da betete der Knabe zu der Muttergottes im Münster und schlief hierauf ein. Als am Morgen der Meßner das Münster aufschloß, fand er den Lehrjungen auf den Stufen des Frauenaltars in ruhigem Schlaf liegen. Nachdem er ihn geweckt und dieser über sein Hiersein sich ebenso gewundert hatte wie jener, erkannten beide, daß die Muttergottes dies Wunder gewirkt habe. Das wurde bald in der Stadt bekannt und darauf der Junge zu einem ordentlichen Mann in die Lehre getan. 26

Das Freiburger Münster. Nach Daguerreotypie aufgenommen, gezeichnet und auf Stahl gestochen von H. Worms. Stuttgart 1850: Hoffmann'sche Verlags Buchhandlung

Der heilige Bernhard als Kammerjäger

Auf seiner Reise nach Konstanz kehrte der heilige Bernhard zu Freiburg, im obern Eckhause der Kaiser- und Münstergasse, ein. In der Stube, die er da bewohnte, gibt es seitdem keine Mäuse mehr. 27

Pferde schauen zum Speicher hinaus

Die Frau aus dem jetzt Stutz'schen Haus am Münsterplatz zu Freiburg war begraben worden, reich mit Geschmeide geschmückt. Der Bediente und die Köchin, welche eine Liebschaft miteinander hatten, beschlossen, die Kleinode zu entwenden, damit sie genug Geld bekämen, um sich zu heiraten. Zu dem Ende schlichen sie tief in der Nacht auf den Kirchhof und öffneten Grab und Sarg ihrer Herrin. Da kam diese, welche nur scheintot gewesen, zu sich und richtete sich in die Höhe. Entsetzt flohen der Bediente und die Köchin nach Hause, sagten aber niemand etwas von dem Vorfall. Bald nachher schellte die Frau an der Haustür, ihr Mann machte das Fenster auf und fragte:

«Wer ist drauß?»

«Die Frau aus dem Haus», antwortete sie.

«Die ist tot und begraben», erwiderte er, und darauf sie: «So gewiß bin ich es, als unsere Schimmel zum Speicherloch heraussehen.»

Kaum hatte sie dies gesagt, so trappten die beiden Pferde die Treppen hinauf auf den Speicher und schauten zur Giebelöffnung hinaus. Da ließ der Mann seine Frau eilig herein, voll Freude, daß sie noch lebe. Weil der Bediente und die Köchin fürchteten, sie seien auf dem Kirchhof von ihrer Herrin erkannt worden, taten sie vor ihrem Herrn einen Fußfall und bekannten ihr Vergehen. Statt sie zu bestrafen, dankte er ihnen für die Wiedererlangung seiner Frau und beschenkte sie so reichlich, daß sie sich heiraten konnten. Auch ließ er zum ewigen Andenken die Schimmel in Holz nachbilden und innen an die Giebelöffnung stellen, die seitdem nicht zugemauert werden kann. Seine Frau lebte noch sieben Jahre, sprach aber wenig und lachte gar nicht mehr; dagegen betete sie viel und spann und wirkte ein großes leinenes Tuch für das Münster. Das brachte sie gerade fertig. Es ist aus einem Stück, mit Bildern aus dem Leben des Heilands geziert, und wird noch heutigentags als Fastentuch gebraucht. 28

Das Bild am Schwabentor

Das Bild am Freiburger Schwabentor zeigt einen schwäbischen Landmann bei einem vierspännigen Wagen, der mit zwei Fässern beladen ist, und neben dem eine Katze läuft. Über die Begebenheit, welche das Bild darstellt, werden verschiedene Geschichten erzählt, eine davon ist folgende:

Ein reicher Schwabenbauer hörte von der Schönheit Freiburgs und beschloß, es sich zu kaufen. Zu dem Zweck lud er sein Geld in zwei Fässer, fuhr damit nach Freiburg und fragte: «Was kostet das Städtlein?» Daß es tausendmal mehr wert sei als sein Geld, setzte ihn in große Verwunderung, worüber ihn die Freiburger tüchtig auslachten und noch mehr verspotteten, als die Fässer geöffnet wurden und darin statt Geld Sand zum Vorschein kam. Die Frau des Bauern hatte nämlich das Geld heimlich aus den Fässern geleert, dafür den Sand hineingefüllt, und hierdurch den Beweis geliefert, daß in Schwaben auch gescheite Leute zu finden sind. 29

Freiburg im Breisgau. Kupferstich. Aus: Daniel Meisner, Politisches Schatzkästlein, 1. Buch, 2. Teil, Frankfurt 1625

Das Brunnenmännlein

Wie jedermann weiß und sehen kann, ist das alte Wahrzeichen von Freiburg: Ein Münster ohne Dach, überall Brunnen und Bach.

Was aber nur ältere Leute wissen, ist, daß es mit dem Brunnenmännlein eine eigene Bewandtnis hat. Es können's alle finden, die durch die Straßen gehen, Einheimische und Fremde. Doch das Suchen ist oft vergeblich, denn am Tag ist das steinerne Männlein unscheinbar. Aber gehe in der Heiligen Nacht, genau um zwölf Uhr hin, sage niemanden etwas davon und halte den Atem an dich, vergiß aber nicht, einen ordentlichen Krug mitzunehmen; denn dann fließt aus dem Brunnen statt Wasser Wein, und wenn das nächste Jahr gut wird, ein köstlicher Eilfer, und das Männlein hält eine blühende Traube in der Hand. Gib aber acht, daß nicht zwei zusammenkommen; denn sonst streiten sie schon in Gedanken um den Vorzug, und in diesem Fall bekommt keiner etwas. 30

Der Geisbrunnen

Der Geisbrunnen (gewöhnlich Silberbrunnen genannt) auf dem Schloßberg hat weit und breit das köstlichste Wasser; es trinken viele davon, zumal am ersten Maimorgen, und wissen doch seinen Namen nicht. Da wird viel gelacht und erzählt, so daß man am Ende noch weniger weiß als am Anfang. Wer aber am Geisbrunnen etwas Rechtes erfahren will, der lasse sich die Mühe nicht reuen und gehe in der Neujahrs-Mitternacht hin, so wird er ein Männlein da finden, das nicht viel Worte macht, aber viel andeutet. Denn, wenn das Jahr gut wird, hält es drei Ähren in einer und drei Trauben in der andern Hand und nickt freundlich zu; wird aber das Jahr schlecht, so sind die Hände des Männleins leer und es macht dabei ein saures Gesicht. So kannst du immerhin erfahren, wie es mit dem neuen Jahr stehen wird, und sicherer, als aus dem hundertjährigen Kalender. 31

Hexen in Freiburg

Im Wirtshaus wurde eines Tags gestritten, ob es in der Stadt viel oder wenig Hexen gebe. Ein Scharfrichter, welcher bisher zugehört, sagte, er wette einige Kronentaler, daß mehr Hexen da seien als in einen vierspännigen Leiterwagen gehen, und er wolle den Beweis dafür liefern. Nachdem die Wette geschlossen war, ließ er sich von dem Hausknecht auf des Wirtes vierspännigem Leiterwagen durch alle Straßen der Stadt fahren. In jeder zwang er durch seine große Zauberkunst die dort wohnenden Hexen, sich auf den Wagen zu setzen, welcher nach und nach so voll wurde, daß manche nur noch auf der Langwiede Platz fanden. Als er alle auf dem Wagen hatte, fuhr er an das Wirtshaus, zeigte, daß er die Wette gewonnen, und jagte die Hexen wieder auseinander. 32

Stadttier

Als eines Abends in Freiburg ein betrunkener Student an das hohe Kruzifix bei der Martinskirche kam, machte er, um es zu verhöhnen, die Hosen hinunter und zeigte ihm den bloßen Hintern. Da wurde er zur Strafe in ein Kalb verwandelt, das seitdem unter dem Namen des Stadttiers in den Straßen spukt. Es sucht an dem Kreuz die Gestalt des Heilands zu erreichen, und wenn ihm dies gelänge, wäre es erlöst 33

Der böse Pfenning

Als die Landstände des Breisgaus zur Tilgung der Landesschulden ein neues Umgeld vom Wein (nämlich einen Pfenning von der Maß) zu erheben beschlossen hatten, fand die Einführung dieser Abgabe an vielen Orten, namentlich auch in Freiburg nicht wenig Widerstand von seiten der Wirte, die von dem «bösen Pfenning» (so nannten sie die neue Auflage) nichts wissen wollten. Endlich, als kein Weigern half und der erste Verfalltag erschien, fanden sich die Wirte mit dem Vermelden ein: «da sei der böse Pfenning!» Man zählte nach; an der Summe fehlte zwar nichts, allein – sie bestand aus lauter abgewürdigter Münze. 34

Hexe als Hase

An zwei Tagen sah ein Jäger aus Freiburg im Wald des Schloßbergs einen Hasen und schoß nach ihm, aber beide Male blieb dieser ruhig stehen, blickte den Mann spottend an und entfloh erst dann, als jener auf ihn zueilte. Da mutmaßte der Jäger, daß Hexerei im Spiel sei, lud sein Gewehr mit ge-

Freiburg und Umgebung. Stahlstich von Le Keux, nach Zeichnung von L. Mayer. Aus: Gustav Schwab, Wanderungen durch Schwaben, Leipzig 1837

weihtem Pulver und schoß damit auf den Hasen, als er ihn zum dritten Mal gewahrte. Statt des Hasen stand nun ein Portiunkulaweiblein auf dem Kopfe da, welches eine blutende Schußwunde in der Brust hatte und, als der Jäger es anrührte, tot zu Boden fiel. 35

Drei Kirchlein unter einem Dach

Der heilige Bernhard, der auf seiner Reise nach Konstanz sich auch in Freiburg aufhielt, nahm seinen Weg über den Josephsberg und meinte, als er gerade nach dem idyllisch gelegenen Günterstal hinunterschaute, dort werde gewiß noch ein Kloster erstehen, was bald auch geschah.

Damals stand vielleicht schon dort oben die Josephkapelle, die dem «Bergli» den Namen gab: die drei Kirchlein unter

Höllental. Stahlstich von Umbach, nach Zeichnung von L. Mayer.
Aus: Gustav Schwab, Wanderungen durch Schwaben, Leipzig 1837

einem Dach nach dem Vorbild der «Santa casa» zu Loretto. Es wird erzählt, der kaiserliche General habe im heißen Schlachtgetümmel das Kirchlein der Mutter Gottes im Stillen gelobt, wenn es ihm gelänge, den Feind zurückzudrängen. Und er fand Erhörung; fromme Bürgerinnen aus Freiburg wollen die Jungfrau Maria hoch über dem Pulverdampf schweben und die Kugeln mit ihrem Mantel auffangen gesehen haben. Erschreckt wichen da die Feinde zurück. 36

Die Wißneck

Bei Kirchzarten, einem der ältesten Orte des Schwarzwaldes, liegen auf einem Vorsprung links der Landstraße ins Höllental die Trümmer des einst berüchtigten Raubnestes, der Wißneck. Der letzte Wißnecker sah einst den Markenbauern unweit des Schlosses mit einem prächtigen Gespann sein Feld pflügen, und gleich war die Habgier des Ritters geweckt. Er befahl dem Bauern, seine Pferde auszuspannen. Demütig bat ihn dieser, er möge ihn nur noch bis zum Ende des Ackers fahren lassen. Die Bitte wurde ihm arglos gewährt, und der Ritter begleitete das Gespann bis zur bezeichneten Stelle. Dort ergriff der Markenbauer seinen Karst und erschlug den Wißnecker. So soll das Raubnest herrenlos und dann von den Bauern zerstört worden sein (tatsächlich ist die Wißneck am 14. Mai 1525 von den Bauern unter Hans Müller von Bulgenbach verbrannt worden). Heute noch sucht man nach den verborgenen Waffen und Schätzen. 37

Der Hunnenfürst mit dem goldenen Kalb

Bei einem Einfall in Deutschland kamen die Hunnen nach Schlatt, zerstörten das Frauenkloster bei dem Heilbrunnen und den größten Teil des Dorfes. Zwischen diesem und dem Rhein trafen sie das Heer der Deutschen und erlitten eine völlige Niederlage. Ihr Fürst fiel in der Schlacht; er wurde von ihnen in einen goldenen Sarg gelegt, den ein silberner und zuguterletzt ein hölzerner umschloß, und mit seinen Schätzen und einem lebensgroßen goldenen Götzenkalb drei Stunden von der Hochstraße beerdigt. Über dem Grab errichteten sie einen mächtigen Hügel und rechts und links, in geringen Entfernungen, je einen kleineren, damit die Feinde nicht wissen sollten, wo der Fürst begraben sei. Noch immer ist dieser mit allen den Kostbarkeiten unaufgefunden. Auf dem Schlachtfeld kann man in manchen Nächten Kampfgeschrei und Waffengetös unsichtbarer Streiter hören. 38

Fronfastennacht

In einer Fronfastennacht stellte sich ein Mann in Kirchhofen unter die Linde hinter der Kirche, um die Fronfastenweiber vorbeireiten zu sehen. Bald darauf zogen sie auf Besen vorüber; eine von ihnen aber ritt zu ihm hin, indem sie sagte: «Ich will einen Nagel in den Pfosten dort schlagen.» Im Nu stak ihm ein schuhlanger Eisennagel im Kopf, welchen er nur dadurch herausbrachte, daß er sich im nächsten Jahr in der gleichen Fronfastennacht abermals unter den Baum stellte, wo das Weib wieder zu ihm kam und den Nagel herauszog. Zum Andenken wurde der Kopf des Mannes in Stein ausgehauen und am Sigristshaus eingemauert, wo er noch zu sehen ist. 39

Die große Stadt Kems

In alter Zeit kam ein großes christliches Heer an den Schliengenerberg, dort teilte es sich in zwei kleinere, und das eine zog nach Frankreich auf das Ochsenfeld, das andere in die Stadt Kems, die auch Tumsel (Thonsul) und Ehrenstatt genannt wird. Sie hatte vier Stunden im Umfang; wo jetzt in Krozingen die Kirche steht, da stand das Schloß, wo die Ulrichskapelle steht, war die Pfarrkirche; die sogenannten ‹Weingärten› waren die Rebäcker eines dabei gelegenen Frauenklosters; an der Stelle des Laufbrunnens auf dem Moos befand sich der Marktbrunnen und nicht weit davon, wo nun ein Sumpf, ein prächtiges Münster.

Ohne daß man weiß warum, sind die Stadt und die beiden Heere zugleich in die Erde versunken. Bei bevorstehendem Krieg ertönt aus der Tiefe Trommelschlag und das Geläut der Münsterglocken. Einst aber, wenn die Christen, zu einem kleinen Haufen zusammengeschmolzen, den letzten

Rettungskampf gegen die Ungläubigen wagen, kommen die zwei Heere ihnen zu Hilfe und hauen den Feind in Stücke. 40

Das Huttenweiblein

Eine Bäuerin von Sölden pflegte Sonn- und Feiertags mit Holzhippe und Hutte auf den waldigen Schönberg zu gehen und Holz zu lesen. Wegen dieser Entheiligung muß sie seit ihrem Tod auf dem Berg und in dessen Umgegend spuken und wird, weil sie eine Hutte trägt, das Huttenweiblein genannt. Sie ist alt und klein, stützt sich auf einen Stock und hat ein Strohhütlein auf; ihre Jacke und Handschuhe sind mit Pelz besetzt, der eine ihrer Strümpfe ist weiß, der andere rot. Übrigens kann sie sich in viele andere Gestalten verwandeln.

Einer Frau aus Freiburg, die, ehe sie in die Frühmesse ging, im Sternwald Himbeeren sammelte, begegnete das Huttenweiblein und sagte zu ihr: «Hättest du keine guten Gedanken gehabt, so wollte ich dich gezeichnet haben!»

Eines Abends traf ein Geflügelhändler, der nach Pfaffenweiler heim wollte, bei Kirchhofen ein schönes Reh, welches das Huttenweiblein war. Auf sein Locken kam es herbei und ließ sich von ihm streicheln. Das ist etwas für die Küche! dachte er bei sich und wollte ihm eine Schnur um den Hals binden; aber da wurde es so riesenhaft, daß er voll Schrecken davon lief. Die ganze Nacht rannte er in der Irre umher und erkannte erst am Morgen, daß er auf der Eschholzmatte bei Freiburg war. 41

Burgruine Staufen. Kupferstich von Andreas und Josef Schmuzer 1734, nach Zeichnung von Jonas

Kuchenhänsle

Der sogenannte Kuchenhänsle war Burgherr zu Staufen und die Plage seiner Untertanen. Häufig ließ er sie an den Pflug spannen und so bis Altbreisach ackern.

Auf die Jagd war er so erpicht, daß er selbst an Sonn- und Feiertagen während des Gottesdienstes ihr nachging. Ein Krozinger Acker, auf dem er beim Jagen häufig seine Küche errichtete, heißt davon noch jetzt der Kuchengarten. Zur Beichte und Kommunion ging der Burgherr nicht, und als er es einmal mußte, nahm er die heilige Hostie aus dem Mund, hängte sie an einem Baum des Waldes auf und durchschoß sie. Endlich erhielt er seinen Lohn, indem er vom Zimmerpeter (Zimmermann Peter) in Staufen, dessen junge Frau er verführen wollte, mit der Axt erschlagen wurde. Seitdem spukt er bei Tag und Nacht weit und breit in der Gegend. Von einer Meute Jagdhunde umgeben, reitet er bald auf einem dreibeinigen Schimmel, bald fährt er in einer mit vier Rappen bespannten Kutsche, die von einem schwarzen Mann gelenkt und von zwei solchen Reitern begleitet wird. Pfeilschnell geht es über den Boden oder durch die Lüfte, und dabei ertönt der Ruf des Kutschers, das Getrappe der Rosse, das Gerassel des Wagens, das Gebell der Hunde. 42

Das Ende des Doktor Faustus

Es ist auch umb die Zeit der Faustus zu oder doch nit weit von Staufen, dem Stetlin im Breisgau, gestorben. Der ist bei seiner Zeit ein wunderbarlicher Nigromanta gewest, als er bei unsern Zeiten hat mögen in deutschen Landen erfunden werden, der auch sovil seltzamer Hendel gehapt hin und wider, das sein in vil Jaren nit leuchtlichen wurt vergessen werden. Ist ain alter Mann worden und, wie man sagt, ellengclichen gestorben. Vil haben allerhandt Anzeigungen und Vermuetungen noch vermaint, der bös Gaist, den er in seinen Lebzeiten nur sein Schwager genannt, hab ine umbbracht. Die Buecher, die er verlasen, sein dem Herren von Staufen, in dessen Herrschaft er abgangen, zu handen worden, darumb doch hernach vil Leut haben geworben und daran meins Erachtens ein sorgclichen und ungluckhaftigen Schatz und Gabe begert.

Soweit die Zimmerische Chronik aus den Jahren 1564/66. Ende des 19. Jahrhunderts erzählt man die Sage so:

Es war um die Herbstzeit des Jahres 1548, als ein Bauer mit seinem Buben vom Felde nach dem Städtlein Staufen heimkehrte. Sie hatten lange gearbeitet und es dunkelte schon, als sie zu dem Johanniter-Bannkreuz an dem Krozinger Sträßlein kamen. Da hörten beide ein gewaltiges Rauschen in der Luft, als ob ein Sturmwind einherbrauste, und als sie sich erschrocken umsahen, fuhr ein seltsam Wesen in der Abenddämmerung daher, das sie sich nicht zu erklären wußten. – Der Bub aber meinte, es sei ein ungeheurer Vogel gewesen, mit großen, schwarzen Feggen. Vater und Sohn entsetzten sich der Weis vor der Erscheinung, daß sie zum Johanniterkreuz flohen und dort im inbrünstigsten Gebet Stärkung suchten. Als sie aber gen Staufen kamen, war die Nacht schon hereingebrochen; der Bauer hatte noch im Leuen, der beim Ratshof liegt, ein Gewerb auszurichten von dem St. Blasianischen Statthalter aus dem Schlosse zu Krozingen, denn es wurden damals im Leuen die St. Blasien zustehenden Gülten und Zehnten eingehoben und war auch, wie heute noch über dem Leuenschild, das Blasianisch Zeichen.

Als nun der Bauer in die Stube trat, saßen am Kachelofen zwei Fremde, davon einer eine schwarze Schaube trug und ein Birettlein wie ein Doktor, wo doch der andere Mantel, Kappen, Hut und Schwert, auch Stiefel und Sporen hatte, wie ein reisiger Knecht. Da ward es dem Bäuerlein gar seltsam zu Mute, wie er in die Stube kam und ihn der vermeintlich Doktor fragte: «He, Bauer, hast Du auf dem Wege vom Krozinger Schloß anher nit einen großen schwarzen Vogel gesehen?» und der andere hinzufügte: «Und bist mit Deinem Buben zu den Johannitern verlaufen – glaub nur, die können Dir auch nit helfen, denn die meisten Ihrer sind mein!»

Und hat dazu gelacht, daß es in der Stube gegellt. – War es aber dem Bäuerlein darum seltsam, weil doch niemand außer ihm und seinem Buben von dem Vogel und daß sie zu dem Johanniterkreuz geflohen, wissen konnte.

Sind aber die beiden Fremden im Leuen geblieben an die zehen Tag und haben keinen Umgang gehabt mit irgend wem. Da begab es sich vor St. Gallentag, daß der Doktor mit dem andern, den er seinen Schwager nannte, auf der Kammer zwischen zwölf und ein Uhr des Nachts in schweren

Streit und Wortwechsel geriet, so daß alles im Hause aus dem Schlafe erwachte und der Gastwirt sich erhob um Fried zu stiften, da es aber urplötzlich stille ward, davon abstand. Als aber der Morgen kam und zur Suppe keiner der Fremden erschien, erhob sich der Wirt und ging auf die Kammer. Dort fand er den Doktor kölschblau im Gesicht mit umgedrehtem Halse tot auf dem Boden liegend – von dem Schwager war keine Spur, aber ein übergroßer Gestank war zu vermerken, der in dem Gemach in viel Zeiten geblieben. Fand aber der Wirt in einem Wetschger ein Geldlein, daß es gerade zur Zeche langte und allerhand abenteuerliche Bücher und Inschriften, wie: «Den schwarzen Raben, die Mirakelkunst, den

Bildsequenz zu Fausts schrecklichem Ende, von J. Nisle (6 von 84 Szenen zum Widman'schen Faust). Aus: J. Scheible, Doctor Johann Faust, Stuttgart 1846 (Das Kloster, Bd. 11)

dreifachen Höllenzwang» und andere mehr, die alsbald die Herrschaft an sich nahm. Es soll aber der Fremde so im Leuen plötzlich verstorben, der weltbekannte Dr. Faustus, der ander aber, so aussah wie ein Kürisser und den er für seinen Schwager ausgegeben, der obersten Teufel einer, der Mefistophel gewesen sein, der damals dem Fausten, nachdem der aufgestellte Pakt von 24 Jahren Dauer abgelaufen, das Genicke abgebrochen und die arme Seel der ewig Verdammnis überantwortet habe. 43

Der Esel im Weingarten

Es haben ums Jahr 1500 die Bauern in Ihringen ein recht närrisches Urteil gefällt, als einem Müller dort der Esel in einen Weingarten entlaufen war und Trauben gefressen hatte. Vom Inhaber des Weingartens erging deshalb Ladung vor Gericht; Red und Antwort ist gehört worden. Da haben die Richter als Recht erkannt, wofern der Esel im Weingarten niedergesessen und den Schaden getan habe und das genugsam bewiesen werden mag, soll der Müller nach Erkenntnis für ihn büßen; wofern aber der Esel nit niedergesessen, sondern allein passando, im Vorbeigehen, die Trauben versucht habe, soll es für ein Ehrtrinkle geachtet werden. Also ist der Kläger noch mit der Nachforschung bemüht, weil er gründlich nit beweisen kann, ob der Esel gesessen oder gelegen, oder wie er die Trauben gefressen. 44

Rhein und Kaiserstuhl. Kupferstich aus: Daniel Meisner, Politisches Schatzkästlein, 1. Buch, 3. Teil, Frankfurt 1625

Billeisen

In dem Dorf am Kaiserstuhl, welches die Schweden verheert und seine Bewohner teils umgebracht, teils versprengt hatten, blieben zwei Burschen versteckt und fristeten ihr Leben durch Kleie. Am Jahrestag der Kirchweihe verschafften sie, durch Aneinanderreiben von Stücken Holz, sich Feuer und kochten einen Kleienbrei. Den dadurch erzeugten Rauch hatten kaum die Schweden, die in der Nähe lagerten, bemerkt, da sprengten sie ins Dorf, zogen die Burschen aus dem Versteck und schleppten sie an ihren Pferden ins Lager. Dort wurden sie, voneinander entfernt, an Pfähle gebunden und sollten des andern Tags umgebracht werden. In der Nacht gelang es einem der Burschen, welcher Billeisen hieß, eine Hand loszubringen, damit sein Messer aus der Tasche zu ziehen und die Stricke zu durchschneiden. Auf dem Bauche kroch er dann aus dem Lager und entkam glücklich. Von allen Bewohnern des Ortes ist er allein in der Gegend übrig geblieben, und von ihm stammt das Geschlecht der Billeisen zu Mördingen, das als Dorf statt Harthausens gegründet wurde, in dessen Nähe es vorher ein Kloster gewesen. 45

Der Brautbrunnen

In stattlichem Zug, wobei mehrere Wagen mit Lebensmitteln beladen, zog ein Fräulein von Landeck zu ihrer Hochzeit gegen Sponeck. Bei dem Brunnen, welcher zwischen Eichstetten und Bötzingen am Wege quillt, bekam sie Lust, von dem frischen Wasser zu trinken. Sie ließ halten und von der Sänfte, worin sie getragen wurde, bis zum Brunnen Brotlaiber legen, damit sie, ohne ihren Brautstaat zu beschmutzen, sich dahin begeben könne. Als sie dann ausstieg und auf das Brot trat, sieh! da öffnete sich die Erde und verschlang sie. Seit der Zeit spukt ihr Geist an dem Brunnen, der von ihr der Brautbrunnen heißt. Sie läßt sich um Mitternacht und Mittag sehen und spricht die Vorübergehenden an, ihr von dem Wasser zu trinken zu geben.

Das Brünnlein wurde etwa um 1850 zugeworfen; der Akker, an dem es sich befand, wird noch der «Britte-Brunnen» genannt. 46

Frosch hopp mi an!

Das obere Wyhlbachtal war in früheren Zeiten von den Edlen von Üsenberg als Fischteich verwendet worden; der Weg von Endingen nach Bahlingen bildete den Damm dazu und ein hohler Eichstamm die Abflußröhre vom oberen nach dem unteren Wyhlbachtal.

Burkhard von Üsenberg sah einst am Teich ein mit Fischen beladenes Pferd stehen, das von einem vermummten Mann geführt wurde. Der Ritter stellte den Mann zur Rede, doch der leugnete, die Fische zu unrecht geholt zu haben und schwur:

«Herr Ritter han i veruntreut den Tich,
so kömmet us dem Wasser, ihr Frösche, so glich.
Wäret zum Tüfel und hoppet mi an,
daß i nimmer ka weiter gan!»

Flugs kamen aus dem Teich die Frösche in Menge, und voll Schrecken über das Gottesgericht gestand der Fischdieb sein Unrecht und verschied auf der Stelle. Da man aber gerade mit dem Bau des Freiburger Tores beschäftigt war, ließ Burkhard an dem der Stadt zugekehrten Bogen ein Männlein einhauen und darunter einen Frosch im Sprung, den «Frosch hopp mi an», zur Warnung vor Lug, vor Frevel und Trug. Der «Frosch hopp mi an» geht heute noch um und ist den Traubendieben gefährlich. 47

Die Hochburg

Das stattliche Bergschloß Hochberg ist längst im Verfall, und sein unterirdischer Gang auf die Burg Landeck verschüttet. In dem Schloß geht eine weiße Jungfrau mit einem Bund Schlüssel bei einem verborgenen Schatz um. Wenn der Mond scheint, pflegt sie aus einem Erker zu schauen und manchmal zu singen; auch wandelt sie allnächtlich hinab in das Brettental, wäscht sich am Bach und kämmt und zöpft ihre langen Haare. Beim Hinuntergehen ist sie fröhlich; bei dem Rückgang hinauf aber weint sie. Von dem nahegelegenen Meierhof ging eines Sonntags ein Hirtenjunge zum Schloß und erblickte durch ein Mauerloch einen großen Saal, der ganz mit roten Teppichen ausgeschlagen war. Darin saßen an einer Tafel zwölf Männer, deren Kleider von Gold und Silber schimmerten. Vor jedem stand ein goldener Becher in der Mitte der Tafel eine große, prachtvolle Kanne und um sie her eine Menge Speisen in kostbaren Geschirren.

Ohne Zagen ging der Junge hinein und ließ es sich auf die stillschweigende Einladung der Männer trefflich schmecken. Danach holten diese zwei schwere goldene Kugeln und neun solche Kegel herbei, winkten dem Jungen aufzusetzen und fingen an zu kegeln. Als sie eine Zeitlang gespielt hatten, gab einer von ihnen, ohne zu sprechen, dem Jungen vier Goldstücke als Lohn, und einen Augenblick später war der Saal mit Männern, Tafel, Kegelspiel verschwunden, und der Junge vor der Burg im Freien. Eilig begab er sich auf den Meierhof, erzählte das Vorgefallene, indem er die Goldstücke zeigte, und erfuhr mit Erstaunen, daß er drei Tage auf dem Schloß gewesen. Nun mußte er zwar mit den Leuten wieder dahin, aber alles Suchen nach dem Saal war vergebens.

Die zwölf Männer sind in die Burg verwünscht; allein sie kommen, wenn Deutschland in der größten Not ist, wieder heraus und befreien es von seinen Feinden. 48

Breisach im Breisgau. Kupferstich aus: Daniel Meisner, Politisches Schatzkästlein, I. Buch, 2. Teil, Frankfurt 1625

Der Schwarzwälder im Breisgau

Z'Müllen an der Post
tausigsappermost!
Trinkt me nit e guete Wi!
Goht er nit wie Baumöl i,
z'Müllen an der Post!

Z'Bürglen uf der Höh,
nei, was cha me seh!
O, wie wechsle Berg und Tal,
Land und Wasser überal,
z'Bürglen uf der Höh!

Z'Staufen uffem Märt
hen si, was me gehrt,
Tanz und Wi und Lustberkeit,
was eim numme 's Herz erfreut,
z'Staufen uffem Märt!

Z'Friburg in der Stadt
sufer isch's und glatt,
richi Here, Geld und Guet,
Jumpfere wie Milch und Bluet,
z'Friburg in der Stadt.

Woni gang und stand,
wär's e lustig Land.
Aber zeig mer, was de witt,
numme näumis findi nit,
in dem schöne Land.

Minen Auge gfallt
Herischried im Wald.
Woni gang, se denki dra,
's chunnt mer nit uf d'Gegnig a
z'Herischried im Wald.

Imme chleine Huus
wandlet i und us –
gelt, de meinsch, i sagder, wer?
's isch e Sie, es isch kei Er,
imme chleine Huus. 49

Johann Peter Hebel

Von der Ortenau
bis Rastatt

Die Mordnau

Im Jahr Christi 600 ist aus England ein trefflicher Mann gekommen, von königlichem Stamm und mit Namen Offo. Er kam in der Meinung, daß er den Teutschen christlichen Glauben einpflanzen könnte, darum stiftete er das Kloster Schuttern und eine Meile Wegs davon baute er an der Kinzig eine Burg, die Offonis Burg genannt wurde, die jetzige Reichsstadt Offenburg. Diese Stadt war im Jahr Christi 1330 dem Markgrafen von Baden wieder abgelöst vom Bischof von Straßburg, der sie vom Reich verpfändet bekam.

Das Städtchen Gengenbach, eine Meile von Offenburg an der Kinzig gelegen, hat Pirminius, ein Bischof von Straßburg, im Jahr Christi 724 erbaut. Die Gegend, in der diese Städtchen liegen, hieß die Mordnau. Sie liegt an einem Gebürg und die Kinzig rinnt hindurch. Sie hat vor Zeiten die Ortnau geheißen, aber der Mörder wegen, deren es darin viele gab, besonders im Dorf Humsfelden, das am Rhein liegt, hat es den Namen die Mordnau bekommen. Es ist ein kleines, aber ganz fruchtbares Ländchen, darinnen guter Wein und kräftig Korn wächst. Hier wächst auch so viel Hanf, daß man auf ein Jahr 20 oder 30000 Gulden erlösen kann. 50

In der Ortenau unweit Offenburg liegt Staufenberg, das Stammschloß Ritter Peter Dimringers, von dem die Sage lautet: Er hieß eines Pfingsttags früh den Knecht das Pferd satteln und wollte von seiner Feste gen Nußbach reiten, daselbst Metten zu hören. Der Knappe ritt voran, unterweges am Eingang des Waldes sah er auf einem Stein eine wunderschöne, reichgeschmückte Jungfrau mutterallein sitzen; sie grüßte ihn, der Knecht ritt vorüber. Bald darauf kam Herr Peter selbst daher, sah sie mit Freuden, grüßte und sprach die Jungfrau freundlich an. Sie neigte sich ihm zu und sagte: «Gott danke dir deines Grußes.» Da stieg Peter vom Pferd, sie bot ihm ihre Hände und er hob sie vom Stein auf, mit Armen umfing er sie; sie setzten sich beide ins Gras und redeten, was ihr Wille war. «Gnade, schöne Fraue, darf ich fra-

Offenburg in der Ortenau. Holzschnitt aus: Sebastian Münster, Cosmographia, 5. Buch, Basel 1628

gen, was mir zu Herzen liegt, so sagt mir, warum Ihr hier so einsam sitzet und niemand bei Euch ist?» – «Das sag ich dir, Freund, auf meine Treue: Weil ich hier deiner warten wollte; ich liebe dich, seit du je ein Pferd überschrittest; und überall im Kampf und im Streit, im Weg und auf Straßen hab ich dich heimlich gepflegt und gehütet mit meiner freien Hand, daß dir nie ein Leid geschah.»

Da antwortete der Ritter tugendlich: «Daß ich Euch erblickt habe, nichts Liebers konnte mir geschehen, und mein Wille wäre, bei Euch zu sein bis an den Tod.» – «Dies mag wohl geschehen», sprach die Jungfrau, «wenn du meiner Lehre folgst: willst du mich lieb haben, darfst du fürder kein ehelich Weib nehmen, und tätest du's doch, würde dein Leib den dritten Tag sterben. Wo du aber allein bist und mein begehrst, da hast du mich gleich bei dir und lebst glücklich und in Wonne.» Herr Peter sagte: «Frau, ist das alles wahr?» Und sie gab ihm Gott zum Bürgen der Wahrheit und Treue. Darauf versprach er sich ihr zu eigen, und beide verpflichteten sich zueinander. Die Hochzeit sollte auf der Frauen Bitte zu Staufenberg gehalten werden; sie gab ihm einen schönen Ring, und nachdem sie sich tugendlich angelacht und einander umfangen hatten, ritt Herr Peter weiter fort seine Straße.

In dem Dorf hörte er Messe lesen und verrichtete sein Gebet, kehrte alsdann heim auf seine Feste, und sobald er allein in der Kemenate war, dachte er bei sich im Herzen: Wenn ich doch nun meine liebe Braut hier bei mir hätte, die ich draußen auf dem Stein fand! Und wie er das Wort ausgesprochen hatte, stand sie schon vor seinen Augen, sie küßten sich und waren in Freuden beisammen.

Also lebten sie eine Weile, sie gab ihm auch Geld und Gut, daß er fröhlich auf der Welt leben konnte. Nachher fuhr er aus in die Lande, und wohin er kam, war seine Frau bei ihm, so oft er sie wünschte.

Endlich kehrte er wieder heim in seine Burg. Da lagen ihm seine Brüder und Freunde an, daß er ein ehelich Weib nehmen sollte; er erschrak und suchte es auszureden. Sie ließen ihm aber härter zusetzen durch einen weisen Mann, auch aus seiner Sippe. Herr Peter antwortete: «Eh will ich meinen Leib in Riemen schneiden lassen, als daß ich mich verehelIche.» Abends nun, wie er allein war, wußte es seine Frau schon, was sie mit ihm vorhatten, und er sagte ihr von neuem sein Wort zu. Es sollte aber damals der deutsche König in Frankfurt gewählt werden; dahin zog auch der Staufenberger unter viel andern Dienstmännern und Edelleuten. Da tat er sich so hervor im Ritterspiel, daß er die Augen des Königs auf sich zog, und der König ihm endlich seine Muhme aus Kärnten zur Ehe antrug. Herr Peter geriet in heftigen Kummer und schlug das Anerbieten aus; und weil alle Fürsten darein redeten und die Ursache wissen wollten, sagte er zuletzt, daß er schon eine schöne Frau und von ihr alles Gute hätte; aber um ihretwillen keine andere nehmen dürfte, sonst müßte er tot liegen innerhalb drei Tagen. Da sagte der Bischof: «Herr, laß mich die Frau sehen.» Da sprach er: «Sie läßt sich vor niemand als vor mir sehen.» – «So ist sie kein rechtes Weib», redeten sie alle, «sondern vom Teufel; und daß Ihr die Teufelin minnet mehr als reine Frauen, das verdirbt Euren Namen und Eure Ehre vor aller Welt.» Verwirrt durch diese Reden sagte der Staufenberger, er wolle alles tun, was dem König gefalle; und alsbald wurde ihm die Jungfrau verlobt unter kostbaren königlichen Geschenken.

Die Hochzeit sollte nach Peters Willen in der Ortenau gehalten werden. Als er seine Frau wieder das erste Mal bei sich hatte, machte sie ihm klägliche Vorwürfe, daß er ihr Verbot und seine Zusage dennoch übertreten hätte, so sei nun sein junges Leben verloren «und zum Zeichen will ich dir Folgendes geben: wenn du meinen Fuß erblicken wirst und ihn alle anderen sehen, Frauen und Männer, auf deiner Hochzeit, dann sollst du nicht säumen, sondern beichten und dich zum Tod bereiten». Da dachte aber Peter an der

Pfaffen Worte, daß sie ihn vielleicht nur mit solchen Drohungen berücken wolle und es eitel Lüge wäre.

Als nun bald die junge Braut nach Staufenberg gebracht, ein großes Fest gehalten wurde und der Ritter ihr an der Tafel gegenüber saß, da sah man plötzlich etwas durch die Bühne stoßen, einen wunderschönen Menschenfuß bis an die Knie, weiß wie Elfenbein. Der Ritter erblaßte und rief: «Weh, meine Freunde, Ihr habt mich verderbet und in drei Tagen bin ich des Todes.» Der Fuß war wieder verschwunden, ohne ein Loch in der Bühne zurückzulassen. Pfeifen, Tanzen und Singen lagen danieder, ein Pfaff wurde gerufen, und nachdem Peter Dimringer von seiner Braut Abschied genommen und seine Sünden gebeichtet hatte, brach sein Herz. Seine junge Frau ging ins Kloster und betete zu Gott für seine Seele, und in allen deutschen Landen wurde der mannhafte Ritter beklaget.

Im 16. Jahrhundert, nach Fischarts Zeugnis, wußte das Volk der ganzen Gegend noch die Geschichte von Peter dem Staufenberger und der schönen Meerfei, wie man sie damals nannte. Noch jetzt ist der Zwölfstein zwischen Staufenberg, Nußbach und Weilershofen zu sehen, wo sie ihm das erste Mal erschienen war; und auf dem Schloß wird die Stube gezeigt, wo sich die Meerfei soll unterweilen aufgehalten haben. 51

Feenweg

Als noch auf das Bergschloß Staufenberg bloß ein Fußpfad führte, wohnte dort ein reicher Freiherr, der nur ein einziges Kind, eine schöne Tochter, hatte. Um sie bewarben sich viele Edle; aber er wollte sie nur demjenigen geben, der ihm in einer Stunde einen guten Fahrweg auf die Burg herstelle. Betrübt über die Unerfüllbarkeit dieser Bedingung, wandelte ein junger Ritter am waldigen Fuß des Schloßbergs und da begegnete ihm die dortige Fee Melusine. Sie fragte ihn, warum er so traurig sei, und als sie es erfahren hatte, bestellte sie ihn gegen Mitternacht wieder her, wo ihm geholfen werden würde. Nachdem er zur bestimmten Zeit sich eingefunden, hieß ihn die Fee die Herstellung des verlangten Weges getrost beginnen; er tat es und merkte bald, daß eine Menge Unsichtbarer ihm Hilfe leistete. In einer Stunde war der Fahrweg zum Schloß fertig und voll Freude und Hoffnung ritt der Ritter auf seinem Schimmel hinauf. Gleichwohl wurde ihm das Fräulein von ihrem Vater verweigert, und er dadurch so empört, daß er ihn erschlug und in den tiefen Burgbrunnen hinabwarf. 52

Geist als Schlange

Einer hochschwangeren Frau von Kippenheim, die mittags in den dortigen Weinbergen schlief, kroch in den offenen Mund eine Schlange. Ihr Kind, welches neben ihr lag und gerade erwachte, wollte die Schlange noch am Schwanz pakken und zurückziehen, allein sie schlüpfte schnell der Frau in den Leib, wo sie ihr jedoch keine Beschwerden machte. Als diese bald darauf eines Kindes genas, hatte es die Schlange so fest um den Hals liegen, daß man sie nur durch ein Milchbad davon losbrachte. Sie wich aber nicht von des Kindes Seite, lag stets bei ihm im Bett und fraß aus seiner Schüssel. Weil sie ihm dabei nichts zuleide tat und das Kind sie sehr lieb hatte, ließen die Eltern auf den Rat Geistlicher und Weltlicher beide ungestört beisammen.

Sechs Jahre waren so verflossen, als einst die Schlange die allzugroßen Brotstücke einer Milchsuppe nicht fressen wollte und dadurch das Kind so böse machte, daß es ihr den Löffel auf den Kopf schlug mit den Worten: «Friß auch Mokken (Brocken), nicht lauter Schlappes (Brühe)!» Danach fing die Schlange an zu trauern und hatte sich, zur großen Betrübnis des Kindes, in kurzem verloren. Man suchte sie im ganzen Haus, endlich in dem großen Steinhaufen, der seit dem Schwedenkrieg unerforscht im Hof gelegen. Darin fand man unten einen Kessel voll Goldstücke und daneben die Schlange tot liegen. Auf einmal war sie weg und es stand ein schneeweißer Mann da und sprach: «Ich war die Schlange und das Kind zu meiner Erlösung bestimmt; nun habt ihr das Geld und ich bin erlöst!» Nach diesen Worten war er verschwunden. 53

Hexenbutter

Zu einer Frau in Kippenheim, welche im Ruf der Hexerei stand, kam eines Tages ein Nachbar, als sie eben Butter stieß. Er bat sie, ihm eine Sille zu leihen, die zu holen sie auch hinausging, nachdem sie ihm empfohlen hatte, das Butterfaß ja ruhig stehen zu lassen. Diese Mahnung bewog ihn gerade, das Faß aufzuheben und genau zu besichtigen, unter welchem er einen roten Lappen liegend fand. Von dem schnitt er ein Stück ab und steckte es ein, dann legte er das übrige wieder unter das Faß und ging, als er die Sille erhalten, gleich nach Hause.

Dort schüttete er den wenigen Rahm, welchen er vorfand, in sein Butterfaß, legte darunter das Stück Lappen und hatte, nach kurzem Stoßen, einen großen, goldgelben Butterklumpen gewonnen. Den zeigte er seiner Frau, indem er ihr den ganzen Hergang erzählte; aber sie wollte mit solcher Butter nichts zu schaffen haben und auch nicht leiden, daß ihr Mann sie den nächsten Tag zum Markt bringe. Als sie darüber beim Nachtessen noch stritten, kam ein grüngekleideter Herr in die Stube und fragte den Mann: «Nun, guter Freund, wie hat ihm heute das Butterstoßen gefallen?» – «Recht gut, ich habe sehr viele und schöne Butter gewonnen», antwortete der Mann, worauf der Herr, welcher der Teufel war, ein großes Buch hervorzog und sagte: «So unterschreibe Er sich jetzt auch hierin mit seinem Blut!» Obgleich durch dies Begehren heftig erschreckt, behielt doch der Mann so viel Fassung, daß er den Bösen auf den andern Abend bestellte, wo er die Sache überlegt haben werde.

Nachdem der Teufel mit dem Buch fortgegangen war, eilten die Leute zum Pfarrer, erzählten ihm alles und fragten, was sie tun sollten. «Statt Eures Namens schreibt die Worte: Jesus von Nazareth, König der Juden, mit Eurem Blut ein», gab der Pfarrer zur Antwort. Am nächsten Abend kam richtig der Teufel, um zu hören, ob der Mann sich unterzeichnen wolle, worauf dieser sich in den Finger schnitt und anfing, die erwähnten Worte mit seinem Blut in das Buch zu schreiben. Kaum hatte er aber deren erstes: Jesus – beendigt, so erhielt er vom Satan einen solchen Schlag, daß er ohnmächtig niederfiel; dann fuhr jener brüllend zum Fenster hinaus und riß dessen ganzen Kreuzstock mit. Das Buch ließ er zurück und am andern Tag brachte der Mann es dem Pfarrer, der es verbrannte und dadurch die vielen Leute, welche darin eingeschrieben waren, von ihrem Bund mit dem Teufel befreite. 54

Das Kruzifix auf dem Lahrer Kirchhof

Als die Lahrer den katholischen Glauben verlassen hatten, wollten sie das hohe Kruzifix auf ihrem Gottesacker, obgleich es ein Meisterwerk und aus einem Stein gehauen, nicht mehr dulden. Sie zerteilten es in einige Stücke und führten diese nachts an einen abgelegenen Ort; aber am Morgen fanden sie das Kreuz, ohne eine Spur der Zerstücklung, an seiner alten Stelle aufgerichtet. Noch zweimal wurde es in Stücken weggebracht, das letzte Mal sogar ins Wasser geworfen; allein stets stand es wieder am Morgen unversehrt auf seinem Platz. Da getrauten sich die Lahrer nicht mehr, es hinwegzutun, ja, sie gaben es selbst dann nicht her, als ihnen dafür vom Abt zu Schuttern so viele Kronentaler geboten wurden, als sich vom Kloster bis zum Kruzifix in einer ununterbrochenen Reihe würden legen lassen. 55

Die begrabene Weinflasche

In Lahr wird am Ende der Kirchweih eine festzugemachte Flasche Wein unter Trauer und Klage in die Erde gegraben, und zwar mitten im Ort auf einem Hof. 56

Räuberischer Einsiedler

Bei dem Leutkirchlein, das eine halbe Stunde von Oberschopfheim einsam im Felde liegt, wohnte ehemals ein Einsiedler, der im Ruf großer Frömmigkeit stand. Wenn die Leute häufig in später Nacht seine Zelle erleuchtet sahen, so glaubten sie, er obliege noch dem Gebet und der Betrachtung.

An einem Winterabend kam in einer Spinnstube zu Oberschopfheim die Sprache darauf, wer wohl den Mut habe, jetzt zu dem Klausner zu gehen und etwas von ihm mitzubringen. Ein Mädchen, das in der Einsiedelei bekannt war, unternahm es und kam in der sternhellen Nacht bald zu dem Kirchlein. Sie ging in die Zelle, fand darin ein brennendes Licht, aber nicht den Einsiedler, obgleich es schon elf Uhr war. Nachdem sie ihn in der ganzen Klause vergebens gesucht hatte, schaute sie nach ihm zur Haustür hinaus und sah ihn mit einem Toten auf der Achsel herbeikommen. Schnell versteckte sie sich in einen Winkel des Ganges, von wo sie wahrnahm, daß der Einsiedler in seine Waschküche ging, dort den Leichnam bis aufs Hemd auszog und ihn dann in ein Loch unter einer Bodenplatte versenkte. Während er diese wieder darauflegte, schlich das Mädchen unbemerkt zur Haustür hinaus und lief dann über Hals und Kopf in die Spinnstube.

Dort fiel sie aus einer Ohnmacht in die andere, daß sie erst nach mehreren Stunden das Geschehene erzählen und es der Obrigkeit anzeigen konnte, die darauf den Klausner festnehmen und seine Wohnung von oben bis unten durchsuchen ließ. In dem Bodenloch, welches das Mädchen noch zu finden wußte, entdeckte man die Überbleibsel vieler Ermordeter und in andern Schlupfwinkeln einen großen Wert an geraubtem Gut. Davon erhielt das Mädchen die eine und die Herrschaft die andere Hälfte. Der Einsiedler wurde als Raubmörder hingerichtet, und als er nachher in der Klause spukte, von einem frommen Priester beschworen und in einen abgelegenen Waldbezirk gebannt. 57

Der große Hecker

Friedrich Hecker, der schon auf dem badischen Landtag 1842 von sich reden gemacht hatte, wurde zum legendären Volksheld der Deutschen Revolution.

«Seht, da steht der große Hecker / Eine Feder auf dem Hut / Seht, da steht der Volkserwecker / Lechzend nach Tyrannenblut! / Wasserstiefeln, dicke Sohlen / Säbeln trägt er und Pistolen ... » So beginnt das bekannteste Lied der 48er. Nach dem mißglückten Aufstandsversuch der Badener im April 1848 floh Hecker in die Schweiz und emigrierte im September gleichen Jahres nach Nordamerika, wo er später im Sezessionskrieg als Oberst der Unionstruppen kämpfte. 58

Die Felsenhöhle

Nach der ehemaligen Abtei Allerheiligen geht, von Oberachern aus, der Weg durch ein wildes Tal. Nicht weit davon liegt, an einer einsamen Waldstelle, ein mächtig großer Fels, der durchaus wie eine alte Kirche gestaltet ist. Wie man erzählt, war dies eine der ersten christlichen Kirchen der Gegend und von einem edlen Alemannen gestiftet. Er hinterließ sieben Töchter, welche ebenso schön wie fromm waren und auf der väterlichen Burg in Stille und Eingezogenheit lebten.

Es war um die Zeit, als der Hunnenkönig Attila mit seinem furchtbaren Heer an den Rhein kam, um nach Gallien zu gehen. Er ließ eine Menge Flöße verfertigen, auf welchen der Rheinübergang erfolgen sollte. Von den Scharen, die ausgeschickt wurden, das nötige Holz herbeizuschaffen, kam eine durch Zufall auf die Burg, auf welcher die sieben Schwestern wohnten. Die rauhen Krieger ehrten ebensowenig die Tugend wie die Wehrlosigkeit und ließen ihren frechen Begierden freien Zügel. Die Jungfrauen sahen hier nur die Wahl zwischen Tod und Schande; auch waren sie bereits entschlossen, den Tod vorzuziehen, als ein alter, treuer Diener ihnen riet, gegen Abend durch einen unterirdischen Gang nach der Kirche zu flüchten, welche ihr Vater erbaut hatte. Er wollte bis dahin die ungeschlachten Gesellen beim Trunke festhalten und meinte, sie würden's doch nicht wagen, das Haus des Herrn zu entweihen.

Die sieben Schwestern nahmen den guten Rat dankbar an und erreichten auch glücklich die Kirche; aber ein treuloser Knecht, der ihre Flucht entdeckt hatte, verriet den Hunnen

Das Guckkasten-Lied vom großen Hecker.

(Nach bekannter Melodei zu singen.)

1.
Seht, da steht der große Hecker,
Eine Feder auf dem Hut,
Seht, da steht der Volkserwecker,
Lechzend nach Tyrannenblut!
Wasserstiefeln, dicke Sohlen,
Säbeln trägt er und Pistolen,
Und zum Peter sagte er:
„Peter sei du Statthalter!“

2.
„Peter“, sprach er, „du regiere
„Constanz und den Bodensee,
„Ich zieh' aus und commandire
„Unsre tapfre Armée;
„Mit Polacken und Franzosen
„Wird der Herwegh zu mir stoßen,
„Und der stirbt lebendig eh'r,
„Als daß er ein Hundsfott wär'.“

3.
Pflästerer und Schieferdecker,
Alles, niederig und hoch,
Alles jauchzte unserm Hecker,
Als er aus zum Kampfe zog.
Handwerksburschen, Literaten,
Tailleurs, Bauern, Advokaten,
Alles folgte rasch dem Zug,
Als er seine Trommel schlug.

4.
Rumbidibum, so hört' man's schlagen,
Rumbidibum Dumdumdumdum;
Und bei Straf' ließ Weißhaar sagen
Rings im ganzen Land herum:
„Thut euch schnell zusammenraffen,
„Gebt mir Mannschaft, Pferde, Waffen,
„Oder ich bring' Alles um;
„Rumbidibum Dumdumdumdum.“

5.
Durch die Baar that man jetzt wandern,
Und hernach in's Wiesenthal,
Und daselbst stieß man bei Kandern
Auf Soldaten ohne Zahl.
Edler Gagern, wackre Hessen,
Wollt ihr euch mit Hecker messen?
Gagern, du kommst nicht zurück,
Vivat hoch die Republik!

6.
Gagern wollt' parlamentiren,
Doch das ist nicht Hecker's Art;
„Ich, sprach er, „soll retiriren,
„Ich mit meinem rothen Bart!?“ —
Ach! nun hört' man Schüsse knallen,
General Gagern sah man fallen —
Und der tapf're Hinckeldey
Saß zu Pferde auch dabei.

7.
Und als Gagern war gefallen,
Fing man leider auf dem Rhein,
Zur Bekümmerniß uns Allen,
Unsern edeln Struwel ein;
Man that ihn in Eisen legen,
Aber von des Heckers wegen
Ließ der Oberamtmann Schey
Den Gefang'nen wieder frei.

8.
Kaiser, Weishaar, Struwel, Peter,
Alle trieb man allbereits
Gleichsam als wie Uebelthäter
In die schöne, freie Schweiz.
Doch der Peter, der kam wieder,
Legt die Statthalterschaft nieder,
„Denn, sprach er, ich werde alt,
„Und verlier' sonst mein' Gehalt.“

9.
Hecker, sag, wo bist du, Hecker?
Legst die Hände in den Schooß?
Auf nun, du Tyrannenschrecker,
Jetzt geht es auf Freiburg los.
Badner, Hessen und Nassauer
Stehen dorten auf der Lauer.
Doch wir kommen schon hinein,
Denn neutral will Freiburg sein.

10.
All die schönen Stadtkanonen,
Großer Hecker, sie sind dein;
Und man ladet blaue Bohnen
Nebst Kartätschen schnell hinein.
Langsdorf will recognosciren,
Läßt sich auf den Münster führen,
Und guckt durch ein Perspektiv,
Ob es gut geht oder schief.

11.
Oben her vom Güntersthale,
Hinter Wald und Hecken vor,
Kam im Sturm mit einem Male,
Siegel's wildes, tapf'res Corps.
Aber uns're Hessenschützen
Ließen ihre Büchsen blitzen,
Und das Corps zog sich zurück,
Aus war's mit der Republik!

12.
Denn hinein zu allen Thoren
Stürmte jetzt das Militär,
Und die Freischaar war verloren
Trotz der tapfern Gegenwehr;
Alle, die sich blicken ließen,
That das Militär erschießen;
Alle Führer gingen durch,
Und erobert war Freiburg.

13.
Doch nun kamen Herwegh's Schaaren,
Er und seine Frau kam nach,
Kamen in der Chais gefahren
Auf dem Weg nach Dossenbach.
Doch zu ihrem großen Aerger
Sah man dort die Würtemberger;
Miller, dieser grobe Schwab,
Kam von einem Berg herab.

14.
Hecker's Geist und Schimmelpfennig
Machten da den Schwaben warm:
Herwegh sah's, er fuhr einspännig,
Und es fuhr ihm in den Darm.
Unter seinem Spritzenleder
Forcht' er sich vor'm Donnerwetter;
Heiß fiel es dem Herwegh bei,
Daß der Hinweg besser sei.

15.
„Ach, Madamchen, that er sagen,
„Aus ist's mit der Republik!
„Soll ich Narr mein Leben wagen?
„Nein! für jetzt nur schnell zurück!
„Laß für meinen Kopf uns sorgen,
„Komm' ich heut nicht, komm' ich morgen;
„Ach, wie kneipt's mich in den Leib,
„Wende um, mein liebes Weib!“

16.
Und Madam hieß ihn verkriechen
Sich in ihren treuen Schooß,
Denn er konnt' kein Pulver riechen,
Und es ging erschrecklich los;
Schimmelpfennig ward erstochen,
Manche Sense ward zerbrochen,
Und erschossen mancher Mann,
Die ich nicht all nennen kann.

17.
Also ist's in Baden gangen;
Was nicht fiel und nicht entfloh,
Ward vom Militär gefangen,
Liegt zu Bruchsal auf dem Stroh
Ich, ein Spielmann bei den Hessen,
Der kann Baden nicht vergessen,
Der den Feldzug mitgemacht,
Habe dieses Lied erdacht

Das Guckkasten-Lied stammt von Nagler, die Federlithographie von Johann Schmidt. Beilage zu Hans Blum, Die deutsche Revolution 1848/49. Florenz und Leipzig 1897

das Geheimnis. Diese stürzten voll Wut nach der Kirche; als sie aber die Tür verschlossen fanden, fällten sie im Wald eine junge Tanne und hieben die Krone und Äste davon ab, um mit dem Stamm die starke eichene Pforte zu sprengen. Die Arbeit war in einer Stunde vollendet, und mit wildem Hohngeschrei eilte die freche Rotte, das ruchlose Vorhaben auszuführen. Sie kamen bald an Ort und Stelle, allein der Eingang in die Kirche war nicht mehr zu finden. Auch die Fenster und überhaupt alle Hoffnungen waren verschwunden. Wohl stand die Kirche noch da, doch als ein dichter Fels. Noch vernimmt bisweilen der einsame Bergbewohner in stillen Nächten liebliche Stimmen, die aus dem Stein zu kommen scheinen. 59

Unheimliche Hochzeit

Die einst kühne Rheinritterburg Lauf oder Lauffen in der badischen Ortenau teilte das Schicksal vieler ihrer Nachbarburgen: sie wurde gewaltsam erbrochen und verwüstet. Noch jetzt soll es im Schloßgemäuer nicht geheuer sein und wunderbare Erscheinungen geben.

Ein fremder Ritter verirrte sich einst in der Nacht auf den weglosen Waldpfaden der Burg. Endlich erblickte er ein fenstererhelltes Schloß, eilte darauf zu, band sein Roß im Hof fest und stieg die steinerne Wendeltreppe empor. Ein vornehmes Gemach nahm ihn auf, in welchem Totenstille herrschte. Niemand ließ sich sehen.

Plötzlich erblickte er eine Jungfrau, glänzend schön wie die Morgensonne. Sie saß an einem Tischchen, doch so in Gedanken, daß sie den Ankommenden nicht bemerkte. Der Ritter begrüßte die einsame Dame und sprach sie um ein Nachtlager an. Sie neigte sich gegen ihn, verließ das Gemach, und kam mit Wein und Brot zurück, welches sie dem Gast freundlich vorsetzte, damit er Bescheid tun möge.

Alt- und Neuwindeck. Lithographie von W. Nilson 1839

Nachdem der Fremde gegessen, fragte er die Jungfrau, ob sie die Tochter des Schloßherrn sei, und sie bejahte die Frage durch leises Verbeugen. Er fragte nach ihren Eltern. Sie zeigte auf einige Bilder, welche an der Wand hingen, indem sie mit langsamem Ton hinzufügte, daß sie die Letzte ihres Hauses wäre.

Von Liebe zu dem schönen Fräulein bewegt, nahte der Ritter, faßte ihre Hand und fragte, ob sie noch frei sei. Nachdem sie auch diese Frage lächelnd bejaht, hielt er um sie an. In sichtbarer Freude stand sie auf, nahm zwei Ringe aus einem Kästchen, setzte sich einen Kranz auf und bat den Bräutigam, ihr zu folgen.

Zwei Geistliche, bejahrt und ehrwürdig, traten jetzt aus einem anstoßenden Gemach und führten Braut und Bräutigam hinweg nach der Schloßkirche. Sie kamen an einem Grabmal vorüber, auf dem ein Bischof von Erz im bischöflichen Ornat ruhte. Die Jungfrau berührte den Bischof leise, er richtete sich empor, schritt zum Altar, dessen Kerzen sich entzündeten, die Orgel erklang.

Hohl und geistergleich ertönte jetzt die Stimme des Bischofs: «Ich frage dich, ob du wahrhaft gesonnen bist, zu ehelichen diese Jungfrau an deiner Seite?»

Der Ritter schauerte in sich zusammen, er war nicht imstande ein Wort hervorzubringen und sank besinnungslos zur Erde.

Da dröhnte lautes Hohngeschrei durch die Hallen, ein entsetzlicher Sturm brauste durch die Kirche, warf alle Türen krachend in ihre Angeln, und in einem Augenblick war die ganze Versammlung verschwunden. Als der Ritter wieder zur Besinnung kam, sah er sich am Eingang der alten Burg. Er schwang sich auf sein Roß und eilte hinweg! 60

Alp

Einem Schreiner zu Bühl, der sein Bett in der Werkstätte hatte, legte sich mehrere Nächte nacheinander etwas auf die Brust und drückte ihn so, daß er kaum atmen konnte. Nachdem er sich mit einem Freund darüber beraten, blieb er in der folgenden Nacht im Bett wach und sah, als es zwölf schlug, eine Katze zu einem Loch hereinschlüpfen. Schnell verstopfte er dieses, fing die Katze, nagelte sie mit einer Pfote an und legte sich dann schlafen. Am Morgen fand er statt der Katze eine schöne, nackte Frau mit angenagelter Hand, welche ihm so wohlgefiel, daß er sie heiratete. Als sie ihm drei Kinder geboren hatte und eines Tages bei ihm in der Werkstätte war, sagte er zu ihr: «Da sieh, wo du hereingekommen bist!» und öffnete das bisher verstopfte Loch. Da wurde die Frau sogleich zur Katze, fuhr zur Öffnung hinaus und ließ sich niemals wiedersehen. 61

Luftritt

Ein Mann aus Steinbach, der nachts von Bühl heimging, traf in dem verrufenen Hohlweg ein junges Pferd, welches auch von vielen andern schon gesehen worden ist. In der Meinung, es habe sich verlaufen, wollte er es nach Haus reiten, aber kaum war er aufgesessen, so erhob sich das Pferd in die Lüfte und trug ihn darin fort, bis die Frühglocke anfing zu läuten. Da setzte es ihn ab, und er befand sich jenseits des Rheins und so weit von Steinbach, daß er zur Rückkehr dahin zwei ganze Tage nötig hatte. 62

Gotteslästerung bestraft

Der Herbst 1833 lieferte im Bühlertal einen ziemlich geringen Wein. Als ein dortiger Hofbauer den Wein im Rebstockwirtshaus versucht hatte, schüttete er das übrige im Glas einem dahängenden Kruzifix ins Gesicht mit den Worten: «Warum lässest du ihn nicht besser wachsen, sauf ihn selbst!» Sogleich wurde er auf beiden Augen blind und blieb es auch sein Leben lang. 63

Die Yburg

In der Meinung, daß es bald Tag sei, war ein Umweger Mann in einer Mondnacht aufgestanden und, um Holz zu holen, in den Wald bei der Yburg gegangen. Obwohl dieses verfallene Bergschloß längst nicht mehr bewohnt wurde, sah er doch auf dem Hof eine Menge Leute in den verschiedensten Trachten, welche teils Kegel spielten, teils in einer ihm unverständlichen Sprache miteinander redeten. Als jene ihn erblickten, winkten sie ihm, die Kegel aufzusetzen, was er auch ohne viel Bedenken übernahm. Längere Zeit hatte das Spiel gewährt, da läutete in Steinbach die Frühglocke und augenblicklich verschwanden Leute, Kugeln und Kegel, außer einem, den der Mann, um ihn aufzusetzen, eben in der Hand hielt. Nachdem er ihn in seinen Rückenkorb gelegt, eilte er nach Hause und erzählte, was ihm begegnet war. Zur Bestätigung langte er den Kegel hervor, aber zu seiner Verwunderung fand er, daß sich der aus leichtem Holz in gediegenes Gold verwandelt hatte.

Als einst ein Schäfer an dem Schloß weidete, kam ein Mann und sagte, er möge mit hineingehen. Jener wollte seine Herde nicht verlassen, doch auf die Versicherung des andern, daß für die Schafe schon gesorgt würde, folgte er ihm. Sie gingen in den alten Turm, wo in einem Gemach vier vornehme Männer um einen Tisch saßen und roten und weißen Wein vor sich hatten. Davon gaben sie dem Schäfer reichlich zu trinken und fragten ihn, ob er ein Haus habe. Auf seine Antwort: daß er dazu viel zu arm sei, legten sie zweitausend Gulden zusammen und schenkten sie ihm, um sich ein Haus anzuschaffen. Danach führte ihn sein Begleiter wieder hinaus zu der Herde, die mit einem Spinngewebe, wie mit einer Hürde, umgeben war. Es war so undurchdringlich, daß die Schafe nicht eher den Platz verlassen konnten, als bis die Spinne, welche das Gewebe um sie gesponnen, dessen Fäden wieder eingezogen hatte. 64

Das alte Schloß Baden

Auf dieser verfallenen Burg hielt sich früher eine außerordentliche Menge riesenhafter Schlangen auf, deren Köpfe so groß wie die der Katzen waren. Vor siebzig bis achtzig Jahren rottete man sie dadurch aus, daß man förmlich Jagd auf sie machte, wobei viele Wagen voll geschossen wurden.

Vor etwa dreißig Jahren ging eines Morgens eine Frau, die in Baden das Bad gebrauchte, mit ihrer sechsjährigen Tochter auf die Burg. Nachdem sie eine Zeitlang darin umhergegangen, kam sie an eine Tür und klopfte daran, worauf diese geöffnet wurde. Die Frau trat mit ihrem Kind ein und befand sich in einem Gewölbe, in dem drei Klosterfrauen waren. Diese empfingen sie freundlich und schenkten dem Mädchen, da es anfing unruhig zu werden und zu weinen, eine Schachtel voll Sand. Über dem Spielen damit beruhigte sich das Kind, verschüttete aber etwa die Hälfte des Sandes. Als die Frau glaubte, es wäre bald Mittag, nahm sie von den Nonnen Abschied und ging mit ihrer Tochter nach Baden-Baden zurück. Dort erfuhr sie, daß es schon abends halb sechs Uhr sei und merkte nun wohl, daß ihr Kind wegen Entbehrung des Mittagessens so unruhig gewesen. Bei Öffnung der Schachtel fand sie den Sand, der darin geblieben, in kostbare Diamantsteine verwandelt, wodurch sie in großen Reichtum gesetzt war. 65

Gespenst liest Messe

In die Stiftskirche zu Baden war ein Mann, den der Schlaf während des Abendgottesdienstes überwältigt hatte, eingeschlossen worden. Er erwachte erst um Mitternacht und sah, beim Schimmer der ewigen Lampe, wie ein gespenstischer Priester im Meßgewand aus der Sakristei an den Altar trat, dessen Kerzen sich von selbst entzündeten, und sich anschickte, Messe zu lesen. Als darauf das Gespenst sich umwendete, erblickte es den Mann und winkte ihm, zum Meßdienen herbeizukommen. Er aber, voll Angst, ging nicht von seinem Platz; worauf der Geist die Messe ohne einen Diener hielt und, nach deren Beendigung, in die Sakristei zurückkehrte, während die Altarlichter von selbst erloschen. Am andern Tag erzählte der Mann das Geschehen seinem Dienstherrn, der ihm riet, die folgende Nacht abermals in der Kirche zu bleiben und dem etwaigen Begehren des Gespenstes zu willfahren. Der Mann folgte dem Rat, ging, nachdem ihm um Mitternacht derselbe Priester wieder gewinkt hatte, getrost zum Altar und diente die Messe, wie es sich gebührt. Als diese zu Ende war, sprach der Geist: «Gott und dir sei Dank für meine Erlösung, auf die ich schon viele, viele Jahre harre! Weil ich bei meinen Lebzeiten einmal in dieser Kirche ohne einen Diener Messe gelesen, wurde ich nach meinem Tod verurteilt, solange hier umzugehen, bis jemand mir Messe dienen würde. Du hast dieses nun getan, und ich gehe jetzt ein in des Herrn Freude, wo ich deiner nicht vergessen werde!» Hierauf verschwand der Priester. Der Mann starb nach drei Tagen. 66

Kloster Lichtental

In einer Wildnis des Oos-Tales blieb der heilige Bernhard stehen und sprach: « Auf diesem Platz wird ein Haus meines Ordens errichtet werden!» Dabei stieß er seinen Stab in die Erde, um die stete Dauer dieses Hauses anzuzeigen. Hundert Jahre darauf wurde dort die Frauenabtei Lichtental gegründet, die von allen Zisterzienserklöstern des Landes allein noch übrig ist. Da, wo der Stab gesteckt, befindet sich der Hochaltar. Das Kloster Lichtental und die zwei ewigen Lampen in dessen fürstlicher Totenkapelle sind vom Hause Baden gestiftet. Wenn nun in letzterm ein Todesfall bevorsteht, so erlöschen jedesmal die beiden Lampen. 67

Beglückter Langschläfer

Einer der früheren Laternenwirte zu Rastatt pflegte so lange im Bett zu liegen, daß trotz des Fleißes seiner Frau die Wirtschaft sehr zurückging. Um ihn einmal für sein langes Schlafen zu züchtigen, legte eines Morgens früh die Frau einen Haufen roter Ameisen zu ihm ins Bett, welchen sie eben im Garten ausgestochen hatte. Als sie hierauf wieder über eine Stunde gearbeitet und währenddessen ihren Mann immer erwartet hatte, ging sie abermals an sein Bett, wo sie ihn wachend fand und wegen seiner Faulheit zu zanken anfing. «Ich habe heute im Bett mehr erworben als du dein Lebenlang verdienen kannst!» gab er ihr zur Antwort und schlug die Decke zurück, unter der er um und um in Goldstücken lag, in die die Ameisen sich verwandelt hatten. Unverzüglich grub die Frau auf dem Platz des Haufens nach; allein sie fand nur noch in dessen Nähe etliche Goldstücke, die als Ameisen von ihr verzettelt worden waren. 68

Hexe fällt aus der Luft

Am Walpurgistag ging in der Morgendämmerung ein Markgraf aus dem Rastatter Schloß mit einem Hofherrn auf die Jagd. Als sie vor die Stadt kamen, ertönte die Betglocke, und da hörten sie etwas Schweres in ein nahes Gebüsch herabfallen. Beim Nachsehen fanden sie eine nackte Frau aus Rastatt, welcher der Markgraf seinen Mantel gab, damit sie heimgehen konnte. Gleichwohl merkte er, daß sie eine Hexe sei, die auf ihrer nächtlichen Fahrt sich verspätet hatte und beim Frühgeläute aus der Luft niedergefallen war. 69

Steine in Geld verwandelt

Ein Niederbühler Junge sah einst an der Wassergrube, welche das Glockenloch heißt, kleine Steine aufgehäuft liegen und warf etliche so darüber, daß sie auf der Oberfläche dahinhüpften. Sobald sie das Wasser berührten, schimmerten sie wie Silber. Er füllte deswegen seine Kappe mit Steinen von dem Haufen, und als er diese zu Hause ausleerte, fand er sie zu wertvollen Silbermünzen geworden. In Begleitung seines Vaters eilte er sogleich zu dem Glockenloch, konnte aber den Steinhaufen nicht mehr entdecken. Sie nahmen nun ähnliche Steinchen von da mit; allein diese wollten sich nicht in Geld verwandeln. 70

Der Rötterer Berg bei Rastatt

Als noch der Rhein am Rötterer Berg vorbeifloß, stand auf diesem das Schloß der Grafen von Rötter. Einer von ihnen brachte durch Flußräuberei einen großen Schatz zusammen; zur Strafe versank er aber mit seinem Schloß und allem, was darin war, und spukt seitdem, auf einem Schimmel reitend, in der Gegend.

Zu einem Hirtenhäuslein unweit des Berges kam er öfter und sah ruhig durch das Fenster den Leuten beim Nachtessen zu. Einmal aber klopfte er dreimal an die Scheiben, und da, wie bisher, niemand ihn anredete, sprengte er in die anstoßende Schweinsteige und jagte den Säuen einen solchen Schrecken ein, daß sie wie toll nach der Stadt rannten. 71

Gaggenaus Name

Wo jetzt Gaggenau liegt, war vor alters ein See, worauf eine Menge Wildgänse und Wildenten sich aufhielten, die an seinen Ufern ihre Nester hatten. Von dem steten Gackern dieser Vögel erhielt die umliegende Au den Namen Gaggenau und der ging später auf den Ort über, welcher nach Abfluß des Sees dort gegründet wurde. 72

Betrügerische Walderwerbung

Die Gemeinden Rotenfels und Michelbach hatten miteinander einen Rechtsstreit wegen des großen Waldes, den jede als ihr Eigentum ansprach. Noch während des Streites hieben die Rotenfelser, überzeugt von ihrem Recht, in dem Wald Holz, wobei die Frauen die Bäume fällten, die dann die Männer auf Wagen in die Sägmühlen zogen.

Nachdem beide Gemeinden auf dem strittigen Gebiet lange vergebens nach einem Markstein gesucht hatten, gelang es endlich dem Waldhüter und dem Holzsetzer von Michelbach, einen solchen aufzufinden. Der war zwar stark bemoost und etwas verwittert, doch das Wappen von Rotenfels, ein Rost, noch daran kenntlich. Diese Entdeckung teilten beide Männer allein dem Anwalt ihrer Gemeinde mit, der ihnen sagte, sie sollten das Zeichen auf dem Stein erneuen und dann die Rotenfelser beschuldigen, es neuerlich eingehauen zu haben, um den Wald sich anzueignen. In der folgenden Nacht gingen also die zwei zu dem Markstein; der Holzsetzer erneute mit einem Spitzhammer das Wappen, wozu der Waldhüter ihm leuchtete, und am Morgen machten sie die verabredete Anzeige. Darauf wurden die Rotenfelser trotz aller Gegenvorstellungen des Betrugs für überwiesen erklärt und der Rechtsstreit zugunsten der Michelbacher entschieden. Nicht lange darauf starben die beiden Männer, und zur Strafe für ihr Verbrechen müssen sie bis heute nachts in dem Wald umgehen. Der Holzsetzer haut mit dem Spitzhammer in den Stein, und der Waldhüter leuchtet ihm dazu mit einer Laterne. Zuweilen läßt sich auch nur das Picken des Hammers hören, ohne daß die Gespenster sichtbar sind. 75

Knorr

Bei seinen Lebzeiten war Knorr Zollbeamter im badischen Murgtal, wo er einen hohen Zoll auf die Frucht legte und dadurch die Leute schwer bedrückte. Zur Strafe hierfür muß er seit seinem Tod, ohne Hoffnung auf Erlösung, dort umgehen, besonders zu Gernsbach in seinem Haus, in der daranstoßenden Mistgasse und auf der dortigen Murgbrücke. Er zeigt sich nur in fruchtbaren Jahren, vom Abendgeläute bis zur Frühglocke, aber in allerlei Gestalten, namentlich als Jäger, altes Weib mit langen herabhängenden Haaren, Bär, Stier, Pferd, Esel, Kalb, großer, schwarzer Hund mit mächtigen Feueraugen, Schwein, Bock, weiße Ziege, Schaf, Katze, Gans, große Schlange und Wergbund. Die Leute zu foppen, ist seine Gewohnheit, daher tut man am besten, stillschweigend an ihm vorbeizugehen, wenn man ihn trifft, damit er keine Gewalt über einen bekomme. Beim Heimgehen nach dem Ausrufen sah einst der Weißenbacher Nachtwächter am Pfarrhaus ein Gebund Werg liegen, das er aufhob und unter seinen Rock stecken wollte. Da bemerkte er, daß das Werg ein Paar Augen bekam und der Knorr war, weshalb er es eilig hinwegwarf.

Als ein solches Gebund hat Knorr auch auf der Hilpertsauer Brücke sich sehen lassen und vor Darübergehenden sich hin und her gewälzt. An dieser Brücke stand früher ein kleines Haus, welches das Knorrhäuslein genannt wurde. 74

Der Schwarzwald

Die unergründlichen Wasser

«Wir kamen, nachdem wir mühsam wie die Ziegen geklettert waren, zu einem von dunklen Fichtenwäldern umsäumten See, voll pechschwarzen Wassers. Dieser See hat und duldet keine Fische, und wenn man welche hineinbringt, wirft er sie wieder aus wie das Meer die Leichen. Ja nicht einmal den Teichfrosch oder den Wasserläufer nährt dieser gänzlich unfruchtbare See in seinen traurigen Wellen. Nur einige große und scheußliche Kröten habe ich angetroffen – und auch die waren verendet. In dem Gewässer aber lebten zahlreiche, etwa spannengroße Tierchen, die Salamandern oder Steineidechsen stark ähnelten.

Teilweise gilt der See auch als heilig, weil er keine Unruhe und Verunreinigung duldet. Werfe aber jemand einen Stein in die Fluten, so breche Regen, Donner und ein grausiges Unwetter los und bringe den Frevler in nicht geringe Gefahr. Hierfür führt man einen tatsächlichen Beweis an: Ein gewisser Markgraf aus Baden hat zusammen mit Geistlichen und Hofleuten diesen See aufgesucht, geweihte Eicheln in die Fluten geworfen und heilige Gegenstände darein versenkt; da tauchte plötzlich ein schauriges Ungetüm von noch nie gesehener Gestalt daraus hervor und verscheuchte die ganze Gesellschaft am Ufer. Sieben Tage lang tobte dann ein furchtbares Unwetter.»

Soweit Athanasius Kircher in seinem geophysikalischen Werk «Mundus subterraneus» (Antwerpen 1678) über den Besuch des Mummelsees in Begleitung eines Jägers. Johannes Künzig hat diese und andere phantasievollen Berichte des gelehrten Jesuiten wieder-

Der Mummelsee mit den von Loretus geschilderten toten Drachen. Kupferstich aus: Athanasius Kircher, Mundus subterraneus, Amsterdam 1678

entdeckt und übersetzt. Kircher selbst ist nicht an Ort und Stelle gewesen, wohl aber Elias Georg Loretus, der mitunter in seinem Auftrag reiste. Den Bericht des Loretus griff auch Grimmelshausen, seinerzeit Stadtschultheiß von Renchen, auf und brachte die Mummelsee-Berichte in den letzten Kapiteln seines «Simplicius Simplicissimus» (1669); ohnehin kannte er die Gegend um die Hornisgrinde und es ist vermutet worden, daß Grimmelshausen selbst es war, der Loretus auf der Wanderung begleitet hat. Eine andere Möglichkeit ist, daß Grimmelshausen die Erstausgabe des «Mundus subterraneus», in zwei Teilen 1664/65 erschienen, gekannt und für sein Romanwerk verwertet hat. [75]

Im Schwarzwald, nicht weit von Baden, liegt ein See, auf einem hohen Berg, aber unergründlich. Wenn man ungerad Erbsen, Steinlein oder was anders in ein Tuch bindet und hineinhängt, so verändert es sich in gerad, und also, wenn man gerad hineinhängt, in ungerad. So man einen oder mehr Steine hinunterwirft, trübt sich der heiterste Himmel und ein Ungewitter entsteht, mit Schloßen und Sturmwinden.

Da einst etliche Hirten ihr Vieh bei dem See gehütet, so ist ein brauner Stier daraus gestiegen, sich zu den übrigen Rindern gesellend, alsbald aber ein Männlein nachgekommen, denselben zurückzutreiben, auch da er nicht gehorchen wollen, hat es ihn verwünscht, bis er mitgegangen.

Ein Bauer ist zur Winterszeit über den hartgefrorenen See mit seinen Ochsen und einigen Baumstämmen ohne Schaden gefahren, sein nachlaufendes Hündlein aber ertrunken, nachdem das Eis unter ihm gebrochen.

Ein Schütz hat im Vorübergehn ein Waldmännlein darauf sitzen sehen, den Schoß voll Geld und damit spielend; als er darauf Feuer geben wollen, so hat es sich niedergetaucht und bald gerufen: wenn er es gebeten, so hätte es ihn leicht reich gemacht, so aber er und seine Nachkommen in Armut verbleiben müßten.

Einmal ist ein Männlein auf späten Abend zu einem Bauern auf dessen Hof gekommen, mit der Bitte um Nachtherberg. Der Bauer, in Ermangelung von Betten, bot ihm die Stubenbank oder den Heuschober an, allein es bat sich aus, in der Hanfräpen zu schlafen. «Meinethalben», hat der Bauer geantwortet, «wenn dir damit gedient ist, magst du wohl gar im Weiher oder Brunnentrog schlafen.»

Auf diese Bewilligung hat es sich gleich zwischen die Binsen und das Wasser eingegraben, als ob es Heu wäre, sich darin zu wärmen. Frühmorgens ist es herausgekommen, ganz mit trockenen Kleidern, und als der Bauer sein Erstaunen über den wundersamen Gast bezeigte, hat es erwidert: ja, es könne wohl sein, daß seinesgleichen nicht in etlich hundert Jahren hier übernachtet. Von solchen Reden ist es mit dem Bauer so weit ins Gespräch kommen, daß es ihm vertraut, es sei ein Wassermännlein, welches sein Gemahl verloren und in dem Mummelsee suchen wolle, mit der Bitte, ihm den Weg zu zeigen.

Unterwegs erzählte es noch viel wunderliche Sachen, wie es schon in viel Seen sein Weib gesucht und nicht gefunden, wie es auch in solchen Seen beschaffen sei. Als sie zum Mummelsee gekommen, hat es sich hinuntergelassen, doch zuvor den Bauern zu verweilen gebeten bis zu seiner Wiederkunft oder bis es ihm ein Wahrzeichen senden werde. Wie er nun ungefähr ein paar Stunden bei dem See aufgewartet, so ist der Stecken, den das Männlein gehabt, samt ein paar Handvoll Blut mitten im See durch das Wasser heraufgekommen und etliche Schuh hoch in die Luft gesprungen, dabei der Bauer wohl abnehmen können, daß solches das verheißene Wahrzeichen gewesen.

Ein Herzog zu Wirtemberg ließ ein Floß bauen, und damit auf den See fahren, dessen Tiefe zu ergründen. Als aber die Messer schon neun Zwirnnetz hinuntergelassen und immer noch keinen Boden gefunden hatten, so fing das Floß gegen die Natur des Holzes zu sinken an, so daß sie von ihrem Vorhaben ablassen und auf ihre Rettung bedacht sein mußten. Vom Floß sind noch Stücke am Ufer zu sehen. 76

Das Mümmelchen

Obe uf de Hornesgründe isch e See, de nor de Mümmelesee heißt, denn vor Zite henn Mümmele oder Seewible drin g'wuhnt.

E junger Hirt hat mengmol in der Näh si Kueh un Schof

g'huet, un e Liedle gsunge; s isch e süfrer Bue gsie, mit gele kruse Hare un eme Gsichtle wie Milch un Bluet.

Emol, gege Obed, do kummt e Jungfrau zu em im grüne G'wand, un über de Zöpfle hat se e Schleier trage. D'Jungfrau setzt si zuem Hirte, un seit: s isch do guet Lenze, s Moos isch weich, un s weicht e kual Lüftli us de Tanne her.

Der Hirt hat nit s Herz, ebes z'antworte, so e schüns Fraue-bild het e si Lebli nit gsehne, uns wurd em fast wunderli d'Sinn. Do guckt se en a mit ihre schwarze Aue un mit ihrem Mündle, wie Kriese so rot, un seit: «Magscht mer nit e Liedle singe? Do hobe hört mer nicks als de wilde Waldvögel.»

Em Hirte ischs just nit singeri gsi, aber e hett do angfange:

> Es schwimmt e Rösli so wiß wie Schnee
> Gar lusti dört uf em schwarze See,
> Doch gückelt nümme e Sternle runter,
> So dückt's au gli si Kopfle unter.

Witer het er nit singe könne, denn s Mümmele het en angschaut mit eme Paar Aue, der Schnee uf de Gründe wär schu im Merze daivun gschmulze. Wenn mer aber Feier zuem Strau tuet, so brennts, un mit em Lösche ischs so e Sach.

Kurz und guet, de Hirt verplempert si so ins Seewible, un si isch au nit von Stohl un Ise gsi.

Aber alles in Ehre. Se hen kurzwilt un Narrtei triebe, un am End isch der Hirt keck wore, un het em Mümmele e Schmätzle gen, un se het em seldrum d'Aue nit auskratzt.

Beim Abschied aber het se zu em gseit: «Wenn i au emol nit kumm, so blieb mer vum See weg, un rief mer mit.»

E Zitlang ischs so gange, un der Hirt het g'meint, der Himmel werre jetzt allewil klor blibe, aber hinter em isch e gar schwarze Wulk ufgstiege.

Emol loßt si mi Mümmeli zwin Tag mit keim Au me sehen, un do isch em Hirte winne un weh wore, denn mit Lieb ischs, wie mit dem Heimweh; mer kann dabei nit rueje noch

Fahrendes Volk im Schwarzwald. Federzeichnung von J. N. Heinemann, aus: Lucian Reich, Hieronymus. Lebensbilder aus der Baar und dem Schwarzwalde, Karlsruhe und Häfingen 1853

raste, un mer sot glaube, böse Lüt hättn's eim angetun. Z'letscht kanns der Hirt nimm ushalte, un lauft an de See; do gucke en d'Seerösle an, als wenn se Mitlid mit em hätte; er merkt's aber nit, und rieft d'Jungfrau bim Namme.

Uf einmol wurds Wasser unruhig, un usm See kummt e Zettergschrei, un e färbt sie mit Bluet.

De Hirte wandelt e Gruse an. Er lauft in de Berri in, wie wenn en e Geist jage tät; un vun der Zeit an het me nicks me vun em gsehne un ghört. 77

Der wilde Jäger

Im vorderen Schwarzwald läßt sich der wilde Jäger besonders in den Adventsnächten hören, indem er beständig Holz anschlägt. Die Forstleute tun dies sonst mit einem Hammer, der ein bestimmtes Zeichen hat, welches sie an alle Bäume, die gefällt werden sollen, einhauen. Grad so hört man den wilden Jäger dann im Wald klopfen, und zwar bald hier bald da, in ganz entgegengesetzter Richtung, indem er blitzschnell von einem Punkt zum andern eilt. Auch die, welche ihm jagen helfen, klopfen an die Bäume wie beim Holzanschlagen; außerdem folgt ihm immer eine Schar bellender Hunde.

Ein Schullehrer verirrte sich einst in einem Wald, in welchem der wilde Jäger seinen Spuk trieb. Als er endlich aus dem Wald ins Freie gelangte, verfolgte ihn ein Reiter, der bald so nah hinter ihm war, daß er nur schnell zur Seite sprang, weil er besorgte, der Mann zu Pferde werde ihn sonst überreiten. Doch da schien der Reiter auf einmal wieder weit hinten zu sein. So kam der Schullehrer endlich zu einer Frau, die sich gleichfalls beklagte, daß ein Reiter sie beständig habe umreiten wollen. Während sie aber so miteinander noch sprachen, war der Reiter, der niemand anders als der wilde Jäger war, plötzlich verschwunden. 78

Hexenversammlung verscheucht

In der Scheuer eines einsamen Schwarzwälderhofs, die entfernt vom Wohnhaus stand, pflegten die Hexen ihre nächtlichen Zusammenkünfte zu halten. Den Hofbewohnern war dies so wenig bekannt, daß sie einen armen Mann, welcher sie einst um Nachtlager bat, in die Käfichkammer der Scheuer legten.

Nach verrichtetem Gebet schlief er ein, wurde aber, mitten in der Nacht, durch wunderschönes Tonspiel und lustiges Gelärm aufgeweckt. Er sah die Scheuer hell erleuchtet und eine Menge Männer und Frauen darin versammelt. Teils saßen sie an einer langen, gedeckten Tafel und aßen und tranken aus kostbaren Geschirren; teils tanzten sie jubelnd umher, wozu mehrere Teufel aufspielten. Obgleich auf des Mannes Lager kein Licht fiel, fürchtete er doch, bemerkt zu werden, und betete inbrünstig um Gottes Schutz, besonders, als zwei Hexen gegen die Kammer kamen. Sie blieben jedoch an dem Eingang stehen und sprachen über die Freude, welche sie sich, nach so vielem Vergnügen, noch machen wollten. «Meine Nachbarin hat beim Schlafengehen ihr Kind nicht gesegnet; das wollen wir nun holen und umbringen», sagte die eine. «Das ist ein guter Einfall!» erwiderte die andere, worauf sie sich fortmachten und nach wenigen Minuten mit einem vierteljährigen Kind auf den Platz zurückkamen und beratschlagten, wie sie es töten sollten.

Endlich wurden sie einig, es bei den Füßen zu fassen und auseinanderzureißen. Da sprang der Mann heraus und schrie: «Behüt' es Gott, behüt' es Gott, behüt' es Gott, laßt das Kind gehen!» Im Nu ließen die Hexen das Kind fallen und fuhren mit ihrer ganzen Sippschaft wie der Wind zur Scheuer hinaus, worin alle Lichter erloschen.

Der Mann hob das Kind auf und trug es zu dem Wohnhaus, wo er klopfte und rief, daß man ihm aufmachen möge. Als er eingelassen war, erzählte er den Leuten das Gesche-

Hexenversammlung. Anonymer Holzschnitt aus: J. Scheible, Doctor Johann Faust, Stuttgart 1846 (Das Kloster, Bd. 11)

hene, worauf sie mit brennenden Laternen sich in die Scheuer begaben. Darin stand noch die Tafel voll goldner und silberner Geschirre; aber alles, was Blendwerk gewesen, hatte seine wahre Gestalt angenommen. Manche Becher waren Pferdehufe, die Speisen Viehkot, die Getränke Jauche geworden.

Die Geschirre, welche alle mit den Namen ihrer Herren bezeichnet waren, wurden von den Leuten der Obrigkeit übergeben, die darauf die Eigentümer, sowie die Eltern des Kindes, zum Abholen des Ihrigen in den Zeitungen aufforderte. Die ausgeschriebenen Namen waren weit und breit nicht bekannt, und da niemand sich zu den Geschirren meldete, verkaufte man sie und erbaute von dem Erlös dem armen Mann ein Häuslein neben dem Hof, von dessen Bewohnern er sein Leben lang verpflegt wurde.

Erst im zweiten Jahr konnten die Eltern des Kindes es holen, so weit entfernt wohnten sie, in einem fremden Land. Die Hexen haben sich seit jener Nacht niemals wieder in der Scheuer sehen lassen. 79

Das Rockertweibchen

Nach dem Tod eines Grafen von Eberstein sprach dessen Witwe den Rockertwald zu eigen an, welchen die Gemeinden Scheuern, Hilpertsau und Reichental besaßen. Es wurde ein Manngericht von Grafen und Rittern berufen, vor dem die Gräfin in dem Wald beschwören sollte, daß er ihr Eigentum sei. Da sie dies mit Wahrheit nicht konnte, aber sich keines Meineids schuldig machen wollte, versteckte sie in den Federbusch ihrer Haube einen Löffel, tat in ihre Schuhe Erde aus ihrem Burggarten und schwur dann vor dem Gericht: so gewiß der Schöpfer über ihr sei, so gewiß stehe sie auf ihrem Grund und Boden. Da wurde ihr der Forst zuerkannt; aber sie starb nach wenigen Tagen und geht seitdem, zur Strafe für ihr Unrecht, in der Gegend um, besonders im Rockert und auf der daranliegenden Gättelwiese.

Sie wird das Rockertweibchen genannt und erscheint mit einem Gebund Schlüssel und in der schwarzen Kleidung, die sie seit dem Tod ihres Mannes trug; Rock nebst Mieder ist von Seide, die Haube von Samt und mit einem schwarzen Federbusch geschmückt. Zuweilen fährt sie in einer vierspännigen Kutsche, gewöhnlich aber geht sie zu Fuß, wobei sie manchmal von vielen Hunden begleitet ist, mit welchen sie das Wild hetzt. Sie ruft sie häufig; noch öfter aber schreit sie wehklagend: «Hu, hu!»

Mädchen, die Laub oder Gras holten, hat sie schon die Körbe aufgeholfen, worauf sie binnen Jahresfrist gestorben sind; einige Mal hat sie sich auch auf die Körbe gesetzt und bis an die Häuser der Mädchen tragen lassen. Ein Schneider aus Obertsrot hörte nachts, beim Heimgehen von Lautenbach, die Gräfin rufen und fing an, sie laut zu beschimpfen. Da faßte sie ihn am Arm und führte ihn gewaltsam, durch Hekken und Stauden auf den Lautenfelsen, wo er bis zum Morgen bleiben und von Vorbeigehenden heruntergeholt werden mußte. Andere Leute, die sie beleidigten, hat sie in den

Gumpen getaucht, oder sich ihnen auf den Rücken gesetzt und sich den Berg hinauf und hinab bis an den Bach tragen lassen, wo sie dann, wie ein Maltersack, ins Wasser gefallen ist.

In einer regnerischen Nacht kam sie im Rockert zu drei Wilderern, die an einem Feuer saßen, und stellte sich dazu, um ihre nassen Kleider zu trocknen. «Pack dich fort!» rief ihr einer von ihnen zu, und im Augenblick wurde er von ihr ergriffen und durch dick und dünn bis Tagesanbruch fortgeschleift, daß er, vier Stunden von dem Wald entfernt, von Dornen zerkratzt in Ohnmacht gefunden wurde.

Manche Wanderer hat sie schon irregeführt, dagegen auch manchen Verirrten wieder auf den rechten Weg gewiesen. Nicht jedes Jahr läßt sie sich sehen; aber in welchem sie erscheint, gibt es Frucht und Heu in Hülle und Fülle. 80

Die Grafen von Eberstein

Als Kaiser Otto seine Feinde geschlagen und die Stadt Straßburg bezwungen hatte, lagerte er vor der Burg der Grafen Eberstein, die es mit seinen Feinden hielten. Das Schloß stand auf einem hohen Fels am Wald (unweit Baden in Schwaben), und dritthalb Jahr lang konnte es das kaiserliche Heer immer nicht bezwingen, sowohl der natürlichen Festigkeit als der tapfern Verteidigung der Grafen wegen.

Endlich riet ein kluger Mann dem Kaiser folgende List: er solle einen Hoftag nach Speyer ausschreiben, zu welchem jedermann ins Turnier sicher kommen dürfe; die Grafen von Eberstein würden nicht säumen, sich dahin einzufinden, um ihre Tapferkeit zu beweisen; mittlerweile möge der Kaiser durch geschickte und kühne Leute ihre Burg überwältigen lassen. Der Festtag zu Speyer wurde hierauf verkündigt; der König, viele Fürsten und Herrn, unter diesen auch die drei

Die Ebersteinburg. Kupferstich um 1800

Ebersteinerwaren zugegen; manche Lanze wurde gebrochen. Des Abends begannen die Reigen, wobei der jüngste Graf von Eberstein, ein schöner anmutiger Mann mit krausem Haar, vortanzen mußte. Als der Tanz zu Ende ging, nahte sich heimlich eine schöne Jungfrau den drei Grafen und raunte: «Hütet Euch, denn der Kaiser will Eure Burg ersteigen lassen, während Ihr hier seid; eilt noch heute Nacht zurück!»

Die drei Brüder berieten sich und beschlossen, der Warnung zu gehorchen. Darauf kehrten sie zum Tanz, forderten die Edeln und Ritter zum Kampf auf morgen und hinterlegten hundert Goldgulden zum Pfand in die Hände der Frauen. Um Mitternacht aber schifften sie über den Rhein und gelangten glücklich in ihre Burg heim. Kaiser und Ritterschaft warteten am andern Tage vergebens auf ihr Erscheinen zum Lanzenspiel; endlich befand man, daß die Ebersteiner gewarnt worden wären. Otto befahl, aufs schleunigste die Burg zu stürmen; aber die Grafen waren zurückgekehrt und schlugen den Angriff mutig ab.

Als mit Gewalt gar nichts auszurichten war, sandte der Kaiser drei Ritter auf die Burg, mit den Grafen zu unterhandeln. Sie wurden eingelassen und in Weinkeller und Speicher geführt; man holte weißen und roten Wein, Korn und Mehl lagen in großen Haufen. Die Abgesandten verwunderten sich über solche Vorräte. Allein die Fässer hatten doppelte Boden oder waren voll Wasser; unter dem Getreide lag Spreu, Kehricht und alte Lumpen. Die Gesandten hinterbrachten dem Kaiser, es sei vergeblich, die Burg länger zu belagern; denn Wein und Korn reiche denen inwendig noch auf dritthalb Jahre aus.

Da wurde Otto geraten, seine Tochter mit dem jüngsten Grafen Eberhard von Eberstein zu vermählen und dadurch dieses tapfre Geschlecht auf seine Seite zu bringen. Die Hochzeit ward in Sachsen gefeiert, und der Sage nach soll es die Braut selber gewesen ein, welche an jenem Abend die Grafen gewarnt hatte. Otto sandte seinen Schwiegersohn hernachmals zum Papst in Geschäften; der Papst schenkte ihm eine Rose in weißem Korb, weil es gerade der Rosensonntag war. Diese nahm Eberhard mit nach Braunschweig, und der Kaiser verordnete, daß die Rose in weißem Feld künftig das ebersteinische Wappen bilden sollte. 81

Der Riese Erkinger

Den gewaltigen Turm bei Liebenzell, den man im Volk das Schloß nennt, hat der Riese Erkinger erbauen lassen. Der Kalk oder «Speis» soll mit Wein angemacht sein; andre sagen mit Milch, welche die umwohnenden Bauern liefern mußten. Dieser Turm hatte unten ehedem keinen Eingang; erst spät hat man die ungeheure Mauer, die aus dicken Quadern besteht, durchbrochen, so daß man wenigstens hineinkriechen konnte. In ganz neuer Zeit kann man bequem hineingehen.

In diesem Turm nun sollen große Schätze verborgen sein, die ein Pudel hütet. Andre sagen, das Geld liege in dem verfallenen Keller der Burg. Gewiß ist, daß einst ein fahrender Schüler gesagt hat: «Wenn Liebenzell nur wüßte, wie reich es wäre, und wieviel Geld in dem Turm noch liege!» Der Schatz jedoch muß tief liegen und braucht seine bestimmte Zeit, wo er gehoben werden kann. Indes schafft er sich alle Jahr etwas höher heraus. Aber noch keiner hat ihn gesehn. Der Geist des Riesen geht auch noch immer dort um.

Der Riese Erkinger war ein Räuber und Menschenfresser und hauste mit zwei Gesellen auf seiner Burg bei Liebenzell. Eine besondre Vorliebe hatte er, den Bauern im Schwarzwald die Bräute zu stehlen, wenn sie gerade Hochzeit hielten, und diese dann zu verzehren. Gewöhnlich aber kam dann Merkinger, der Tyrann von Merklingen, und jagte ihm die Braut ab und führte sie dem Bräutigam wieder zu. 82

Der Wunderspiegel

Im Schwarzwald, in der Umgegend von Calw, ferner auch im Unterland gibt es gewisse Leute, die einen wunderbaren Spiegel besitzen, in welchem alles zu sehen ist, was man nur zu sehen begehrt, mag es vergangen, gegenwärtig oder zukünftig sein. Der Spiegel zeigt z. B. an, ob ein Verschollener noch lebt; namentlich gebraucht man ihn, um Diebe herauszubringen, und da soll er untrüglich sein. Familien, die einen solchen Wunderspiegel besitzen, dürfen ihn nicht verkaufen, sondern müssen ihn sich vererben lassen. 83

Das Fräulein am Quell der Nagold

Ein vornehmes Fräulein hatte sich einst in der Umgegend von Altensteig verirrt und hörte endlich ein Wasser rauschen und kam zu dem Ursprung der Nagold, die es Ir-Nagold nannte, weil es sich dort verirrt hatte. Ebenso hieß dann auch der Weiler am Ursprung des Flusses, den man jetzt Ur-Nagold schreibt; das Volk aber spricht den Namen gewöhnlich Her-Nagold aus.

Aus Dankbarkeit schenkte das Fräulein den Altensteigern den ganzen Wald, der mehrere tausend Morgen groß ist. Seit ihrem Tod aber geht dies Fräulein bis auf den heutigen Tag geistweis in der Umgegend der Quelle und zeigt sich alljährlich mehrmals, und zwar immer in weißen Kleidern und mit freundlichen Mienen. Einem Kind, das Erdbeeren im Wald suchte, hat es schon einmal zwei Taler geschenkt. Die Kirche von Ur-Nagold ist die Mutterkirche für die ganze Umgegend und liegt einsam mitten im Tannenwald. 84

Der Schlangenkönig und seine Krone

Bei Wildberg badete sich oftmals in der Nagold eine Schlange, die trug eine Goldkrone auf dem Haupt. Vor dem Baden aber legte sie jedesmal die Krone ab. Das hatte ein Mann aus Wildberg gesehn und lauerte ihr eines Tages auf, als sie ins Bad gegangen war, und stahl ihr die Krone, ohne daß sie es merkte, und flüchtete sich damit auf einen Baum, der in der Nähe stand. Als die Schlange nun aus der Nagold kam und ihre Krone nicht mehr fand, gab sie einen hellen, schrillenden Ton von sich, worauf mehr als hundert Schlangen von allen Seiten herbeieilten und überall hin- und herliefen und die Krone suchten. Hätten sie den Dieb erwischt, so würden sie ihn umgebracht haben; allein sie entdeckten sein Versteck nicht und gingen traurig wieder fort. Gegen Abend kam die krontragende Schlange, welche ein Schlangenkönig war, wiederum an den Platz, wo sie sich gebadet und ihre Krone verloren hatte, und starb auf der Stelle. So sehr bekümmerte sie der Verlust der Krone.

Andre sagen, man könne dem Schlangenkönig am leichtesten die Krone entwenden, wenn man einen schweren Stein darauf decke, sobald er sie abgelegt. Dann schwingt er sich in die Höhe und schießt so lange auf den Stein herab, bis er tot liegen bleibt. 85

Im Alemannischen zuhause

Meine Liebe zur Heimat, zu dem Land, durch dessen Mitte der Oberrhein fließt, ist mir nie verkümmert und verdunkelt worden. Wie ich schon als Kind den Basler Rhein und die schwäbische Nagold liebte, Schwarzwälder und Schweizer Mundart erlernte und sprach, so fühle ich mich auch heute noch in allen «alemannischen» Landen zu Hause. Wohl hatte ich sehr oft im Leben einen starken Reisetrieb, stets dem Süden und der Sonne nach. Heimisch gefühlt aber habe ich mich weder in Italien noch in Bremen, weder in Frankfurt noch in München oder Wien, sondern immer nur da, wo Luft und Land, Sprache und Menschenart alemannisch war. 86

Hermann Hesse

Freudentage

In den Dörfern des Schwarzwalds sind die Musikanten allzeit und bis heute nie Bauern, sondern stets Dorfhandwerker gewesen, wie Schneider, Schuhmacher, Schreiner und Weber. Der Bauer hat weder Anlage noch Zeit zum Geigen und zum Blasen. Sein mühsames Tagewerk, im Sommer auf dem Feld und im Winter in der Dreschtenne, läßt derartige Muße nicht aufhommen.

Der ärmste unter den Dorfmeistern ist in der Regel der Weber. Sein Beruf bannt ihn da, wo noch in alter Art gesponnen und gewoben wird, das ganze Jahr in seinen «Keller», wie er seine Werkstätte nennt. Wenig Licht und kaum ein Sonnenstrahl dringt in dieses tief gelegene Gemach, in dem der Dorfweber einsam und monoton seinen Weberbaum schlägt, während die Bauern auf dem Felde hantieren und die Dorfschuster und Dorfschneider lustig mit ihren Lehrbuben auf den einzelnen Höfen draußen im «Kundenhaus» sitzen und gute Atzung haben. Drum macht der Weber gerne mit, wenn es gilt, Dorfmusikant zu werden. Das Musikmachen gibt ihm Gelegenheit, sich bisweilen einen guten Tag zu verschaffen und aus seinem Keller herauszukommen, indem er seinen Mitmenschen bei Hochzeiten und Tänzen «aufspielt» und dabei doch mehr verdient als am Weberbaum. (...)

Jeder Webergeselle im Schwarzwald darf, wie der Meister, das von ihm gewobene Tuch der betreffenden Bäuerin an einem Sonntag selbst bringen und bekommt, wie ein Meister, einen Laib Brot und zwanzig Pfennig Trinkgeld und wird zum Mittagessen auf dem Hof eingeladen und kann bis in den Abend hinein rohen Speck essen und Kirschenwasser trinken. Das sind Freudentage für arme Weber, welche die Woche über, nur von Erdäpfeln und Milch genährt, in ihrem Keller gearbeitet haben. 87

Heinrich Hansjakob

Schwarzwälder Jahrmarkt. Lithographie 1843, nach Zeichnung von Schweinfurth

Der Name der roten Murg

In alten Zeiten, als im Murgtal bei Baiersbronn, Mitteltal und Obertal nur erst zerstreute Höfe lagen, kamen oftmals über den Kuhstein ins rote Murgtal wilde große Männer, die waren noch Heiden, gingen barfuß und hatten rote Mäntel um, daher nannte man sie allgemein Rotmäntel. Außerdem trugen sie ein Messer an der Seite, womit sie jeden, der ihnen begegnete, hackten, auch wenn er ihnen nicht das Geringste getan hatte. Auch warfen sie mit ihren Messern ziemlich weit auf die Leute und verwundeten sie; weil die Messer aber an einer langen dünnen Kette befestigt waren, konnten sie diese immer wieder zurückziehen und waren auf die Art niemals ohne Waffen. Ein Teil dieser Rotmäntel hatte auch schon Gewehre und konnte schießen.

So beunruhigten sie viele Jahre lang das Murgtal, stahlen und mordeten, was ihnen vorkam, ohne daß man sich ihrer hätte erwehren können. Sie redeten auch eine fremde Sprache; nur der Lindenwirt in Baisersbronn, der *Lateinisch* verstand, konnte mit ihnen reden und mußte oft den Unterhändler machen.

Sobald man die Rotmäntel auf der Höhe erblickte, gab man mit Glocken ein Zeichen und bot das ganze Tal auf und zog ihnen entgegen, um sie zurückzutreiben. Sie wählten gern den Sonntag für ihre Überfälle und kamen meist in kleinen Haufen, oft nur zehn bis zwanzig Mann stark. Eines Sonntags aber erschienen sie in großer Zahl; es waren wenigstens ihrer drei- bis vierhundert. Das ganze Murgtal wurde schleunigst aufgeboten; man zog ihnen entgegen, umzingelte sie und begann zu schießen; aber auf beiden Seiten wollte niemand fallen; denn man hatte sich verwahrt und kugelfest gemacht, so daß man die Kugeln wie Brotkrumen aus dem Ärmel und Busen schütteln konnte. Da holten die Murgtaler endlich ein kleines buckligs Bauernmännle von einem Hof, «das konnte mehr als Brot essen» und machte die Zauberei der Rotmäntel alsbald zunichte. Er sagte, man solle ihn erst einmal allein schießen lassen, und sobald er das getan, möchten auch die übrigen alle schießen so viel sie nur könnten. Da schoß das Männlein und seine Kugel streckte den ersten Feind nieder; darauf schossen auch die andern und ihre Kugeln trafen gleichfalls, so daß die Rotmäntel sämtlich totgeschossen wurden bis auf ihren Hauptmann Schlotki. Den nahm man gefangen, konnte ihn aber auf keine Weise umbringen, weil er stich- und kugelfest war.

Da warf man ihn endlich in die Murg, deckte viel Holz auf ihn und wälzte Steine und Felsen auf das Holz und setzte das mehrere Tage lang fort, weil er immer wieder den Versuch machte, sich loszuwinden. Schlotki bot nun den Leuten ungeheure Summen, wenn sie ihn am Leben lassen wollten; aber es war alles umsonst. Da sagte er endlich: obwohl sie ihn lebendig in die Murg «beschwert» hätten, so daß er nicht fort könne, werde er dennoch nicht sterben, möge aber auf diese elende Weise auch nicht länger leben. Deshalb gab er ihnen selbst an, wie sie ihn töten könnten. Er sagte, sie sollten nur die drei Hostien, die in seiner linken Hand am Daumen, und zwar in der Maus, eingelegt und verwachsen wären, herausschneiden, alsdann werde er sterben können. Das taten sie denn auch, worauf er sich verblutete und starb. Die Murg aber floß drei Tage lang blutrot, und hat seitdem immer eine rötliche Farbe und den Namen «die rote Murg» behalten. Man sagt noch, jene drei Hostien seien die zuerst geweihten aus jener Gegend gewesen. 88

Der Durchzug des Mutesheeres

In dem Dorf Baiersbronn im Murgtal liegt ein sehr alter Hof, der heißt von einem früheren Besitzer, namens Martin, noch immer der Martinsbauerhof. Dieser Hof soll zu dem ehemaligen Kloster gehört haben. Im unteren Stock des Hauses befindet sich ein Gewölbe, durch das um Weihnachten regelmäßig das Mutesheer mit Hundegebell und gewaltigem Getöse zu ziehen pflegte. Sobald der Hausknecht es kommen hörte, mußte er nur schnell die Tür und Klappe des Gewölbes öffnen, dann fuhr es sausend hindurch. Einmal aber verspätete sich der Knecht, worauf ihm fast der halbe Finger abgeschnitten wurde. Eine Stimme aus dem Mutesheer rief jedoch, er solle nur einen roten Faden um den Finger binden. Und so wie er das getan, hörte das Bluten auf und der Finger war wieder geheilt. In demselben Haus hängen auf dem Boden noch drei alte Ochsenköpfe mit den Hörnern, wie einige glauben zum Schutz gegen das Mutesheer. Der jetzige Haus-

Muotesheer. Titelholzschnitt zu: Leben, Thaten und Höllenfahrt des berufenen Zauberers und Schwarzkünstlers Dr. Johann Faust. Leipzig um 1840 (Volksbücher Bd. 24, hrsg. J. O. Marbach)

herr aber sagte, diese Köpfe seien in uralter Zeit wegen einer Viehseuche drei lebendigen Ochsen abgeschnitten und an Stricken hier aufgehängt worden. Der eine Kopf hängt im Giebel, die beiden andern etwas entfernt davon ebenfalls im Giebeldach, und zwar nebeneinander. Sie hängen schon so lange, daß die Stricke bereits vermodert waren und vor einigen Jahren durch neue ersetzt werden mußten. Noch jetzt hängt man in einzelnen Dörfern des Schwarzwaldes Kalbsköpfe im Haus auf, wenn eine Viehseuche ausbricht. 89

Die verwünschte Prinzessin

In der Nähe von Freudenstadt ging einmal ein Metzgerbursch durch den Schwarzwald und wollte auf einem benachbarten Dorf die Kirchweih besuchen. Da stand auf einmal ein Schloß da und eine wunderschöne Jungfrau schaute heraus und rief dem Burschen zu, er solle sie doch mitnehmen zum Kirchweihtanz. Dem Burschen war das ganz recht und er nahm das Fräulein mit. Unterwegs sagte sie ihm dann: er möge sich den Platz wohl merken, wo das Schloß gestanden, damit er sie auch wieder heimführen könne.

Dann gingen sie zum Tanz und waren sehr lustig und aßen und tranken. Als aber des Abends der Bursch die Jungfrau heimbegleitete, da gestand sie ihm: sie sei eine verwünschte Prinzessin; er aber könne sie erlösen, und wenn er das vollbringe, so wolle sie ihn reich und glücklich machen.

Der Bursch war bereit dazu, und nun belehrte sie ihn, wie er sich zu verhalten habe. Sie sagte: er müsse von jetzt an drei Freitage nacheinander zu ihrem Schloß kommen; dann werde sie ihm unter verschiedenen Tiergestalten erscheinen, und zwar das erste Mal als Bär. Er dürfe aber durchaus keine Angst haben: sie möge noch so arg brummen, sie werde ihm kein Leid antun; doch solle er ja keinen Laut von sich geben, sonst könne er sie nicht erlösen. Am zweiten Freitag komme sie als Löwe und werde noch weit wilder toben und brüllen als das erste Mal; allein er dürfe keine Angst haben, es geschehe ihm nichts.

Am dritten Freitag endlich werde sie als Schlange erscheinen und eine goldene Krone auf dem Haupt tragen. Dann müsse er einen Degen mitbringen und sich mit ihm an seiner linken Seite verwunden, so daß Blut komme, und davon müsse er drei Tropfen auf ihre goldne Krone fallen lassen und ihr diese dann abnehmen. Wenn er das tue, sei sie erlöst und wolle zum Dank ihn heiraten und all die Schätze übergeben, die in ihrem Schloß seien.

Am ersten Freitag machte es der Bursch so, wie es die Prinzessin ihm gesagt hatte. Der Bär sprang zwar grimmig auf ihn los und tat, als ob er ihn zerreißen wollte, begab sich dann aber still in das Schloß zurück. Ebenso machte es das zweite Mal der Löwe und tat ihm kein Leid, weil er sich nicht fürchtete. Auch am dritten Freitag bestand er unerschrocken den Angriff der Schlange. Dann zog er seinen Degen, entblößte seine linke Seite und stach mit der Degenspitze hinein, so daß Blut kam.

Da kroch die Schlange sacht zu seinen Füßen hin, worauf er drei Blutstropfen auf die schwere Goldkrone, die sie trug, fließen ließ. Nun hätte er der Schlange die Krone abnehmen sollen, wagte es aber doch nicht recht. Darauf erhob die Schlange langsam ihr Haupt und bot ihm die Krone dar, und als er eben zulangen wollte, schrie plötzlich der Teufel von einem Eichbaum herunter: «Guck, sie sticht dich!» Da erschrak der Bursch und es entfuhren ihm die Worte: «O Jesus, Maria und Josef!»

Da wurde die Schlange ganz wild und wütend und schoß zischend hin und her; nachdem sie aber ausgetobt, redete sie den Burschen an und sagte, jetzt müsse sie warten, bis von dem Eichbaum, auf dem der Teufel gesessen und gerufen, eine Eichel falle und ausschlage und zu einem starken Baum heranwachse; wenn der Baum dann endlich umgehauen und eine Wiege daraus gemacht werde, so könne das erste Kind, das in dieser Wiege gewiegt werde, sie wiederum erlösen. Doch auch dann könne der Teufel wieder mit im Spiele sein und alles vereiteln wie diesmal. Darauf begab sie sich in das Schloß zurück, darin der Bursch alsbald ein furchtbares Krachen und Poltern vernahm. Deshalb eilte er, daß er nach Hause kam. 90

Der Teufel in Schiltach

Zu Schiltach, einem badischen Grenzstädtlein am Schwarzwald, trug sich im Jahr 1533 ein seltsamlich Abenteuer zu mit dem bösen Erzabenteurer, dem Teufel. Im Ratswirtshaus nistete er sich ein gleich einem Kobold, führte unziemliche Reden, ohne doch sichtbar zu sein, warf Türen auf und zu, trommelte und pfiff, rasselte und prasselte, wisperte und flüsterte, und machte dem Ratswirt, einem Witwer, himmelangst mit seinem Höllenspuk. Als es Tag war, sandte der Wirt nach dem Ratsbeisitzer und nach dem Pfarrer von Schenkenzell und nach dem von Schiltach, die beschworen den unsaubern Geist, aber der tat ihnen allerhand Gröbungen an, warf ihnen Unsittlichkeiten vor, und schwur, dem Schultheißen das Haus überm Kopf anzubrennen. Das ganze Städtlein lief zusammen und hörte das Teufelsgeplärre mit an, das in allerlei Gassenhauern und Schlumperliedlein bestand.

Auch in der Nacht gab der Teufel keine Ruhe und keinen Frieden, er stellte sich auf das Hochhaus (den Söller) und pfiff und trommelte alle Märsche und Trommelstücklein bis an den hellen Morgen, und über den ganzen Tag, und erklärte, des Wirts Magd sei seine liebste Buhle. War sonst für ein ehrlichs Mensch erachtet worden, da hieß sie der Wirt aufpacken und aus dem Haus ziehen, und da ging die Maid zornig und mit Heulen und Schreien aus Schiltach und den Berg hinan, den Fußpfad gen Hinter-Auhalden entlang, und man sah droben bei ihr einen langen schwarzen Mann stehen, und darauf war es still, der Spuk hörte auf. Die Magd war über Auhalden und Waldmässingen nach Oberndorf gegangen, wo ihre Heimat war.

Wer war froher als der Wirt? Er dachte schon, das Häslein hätte ihn geleckt, aber nach 14 Tagen, am Gründonnerstag, ging im eigentlichen Sinn der Teufel wieder los und musizierte greulich, und als viel Volk sich sammelte, auch aus

Nachbarorten, schrie der Teufel, immer unsichtbar, diesem zu, es solle sich von dannen heben, denn das Nest müsse in Grund und Boden verbrennen. Und da sah man droben auf dem Schloßberg wieder den schwarzen Mann und drei Weiber bei ihm, und plötzlich brannte des Wirts Heuboden hellerlichterloh und das Feuer flog von Dach zu Dach wie ein Drache und zündete alle an, und binnen einer Stunde lagen das Rathaus und des Örtchens 26 beste Häuser in Asche. Nach dem Brand zog man die verwiesene Maid ein, und diese mußte bekennen, daß sie des Teufels Buhle sei, daß sie auf dem Dach auf sein Geheiß einen Kessel umgekehrt und umgeschüttet – auf welches Bekenntnis sie lebendig verbrannt wurde. 91

Gespenst bei den Hagenbücher Höfen

Auf der Landstraße bei den Hagenbücher Höfen läßt sich in der Nacht ein gespenstiges Schwarzwäldermägdlein sehen, welches aus dem benachbarten Bergwald herabkömmt. Ein betrunkener Flößer, der nachts zwischen elf und zwölf aus dem Wirtshaus in Hausach nach Wolfach gehen wollte, wurde von den Wirtsleuten vor dem Mägdlein gewarnt, verlachte aber die Warnung und machte sich keck auf den Weg. Als er an die Höfe kam und kein Gespenst sah, rief er, indem er seine Axt schwang: «Wäldermädle, komm herbei, ich will dich zusammenhauen!» Kaum hatte er dies gerufen, so war das Mägdlein da, ergriff und warf ihn Kopf über Kopf unter in die Kinzig und kehrte hierauf in den Wald zurück. Schon war der Flößer am Ertrinken, da wurde er von einem Mann noch gerettet, der nicht weit hinter ihm hergegangen und Zeuge des Vorfalls gewesen war. 92

Gallus im Harmersbacher Tal

Vor alters, als das Harmersbacher Tal noch eine Wildnis war, wohnte darin als Einsiedler der heilige Gallus. Seine Hütte stand an einem Brunnen und einem Dornbusch, aus dem manchmal ein wunderschöner Gesang ertönte.

Eines Tages kam zu dem Heiligen ein Bär und hielt ihm seine Tatze hin, worin ein großer Dorn stak. Gallus zog diesen heraus, und nun führte ihn das dankbare Tier zu einem Felsen, wo er eine Menge wilden Honig fand; auch wich es nicht mehr von seiner Seite, trug ihm Holz herbei und verrichtete sonstige Dienste.

Nachdem der Andrang der Leute zu dem Heiligen sehr groß geworden war, zog er sich eine Stunde weiter in das Tal zurück, an den Ort, wo jetzt die ihm gewidmete Pfarrkirche von Oberharmersbach steht. Aber auch hier entging er dem Zulauf nicht, weshalb er mit seinem Bären sich fort in die Schweiz begab, wo er nachmals das Kloster Sankt Gallen gründete. Ungeachtet seiner Entfernung pilgerten die Leute noch immer in das Tal zu seinen Hütten, und als auch sie den Gesang aus dem Dornbusch hörten, suchten sie nach und fanden ein hölzernes Standbild, welches die Muttergottes mit dem Jesuskind auf dem linken Arm vorstellte. Sie erbauten dort eine Kapelle, und nachher ließ sich der Gesang nicht wieder hören. Statt der Kapelle steht jetzt auf dem Platz die Wallfahrtskirche Maria zur Kette, und außen über ihrer Haupttür das Standbild. Bei ihm haben schon manche Hilfe gefunden, und auch durch das Wasser des Brunnens werden verschiedene Leibesübel, besonders Augenleiden, vertrieben. 93

Behextes Butterbrot

In einem Dorf des badischen Oberlandes wurde einst ein achtjähriger Junge auf seinem Weg zur Schule von einer Frau in deren Haus gerufen. Sie gab ihm ein Butterbrot, das er vor ihren Augen aufessen mußte, und ließ ihn dann in die Schule gehen. Dort fing das Büblein, als der Lehrer einmal hinausgegangen war, plötzlich an zu fragen, ob es Mäuse machen solle. Von den andern Kindern hierüber verlacht, klopfte es dreimal unten an die Tischplatte und sieh! sogleich wimmelte die ganze Stube von Mäusen. Heftig erschrocken, schrien die Kinder um Hilfe, worauf der Lehrer hereineilte und, als er das Geschehene erfahren, den Jungen fragte, ob er die Mäuse auch wieder fortbringen könne. «O ja!» antwortete er, schlug dreimal dort auf das Obere der Tischplatte, wo er früher unten geklopft hatte, und augenblicklich waren alle Mäuse verschwunden. Der Lehrer schickte nun die Kinder heim, ausgenommen das Büblein, mit dem er eine scharfe Untersuchung vornahm, aber nur erfahren konnte, daß es noch andere solche Künste verstehe und kurz vor der Schule bei der Frau das Butterbrot gegessen habe. Da diese im Ruf der Hexerei stand, zeigte der Lehrer die Sache den Eltern des Kindes und dann mit ihnen der Obrigkeit an. Die Frau wurde eingezogen und zu dem Geständnis genötigt, daß sie dem Jungen durch das Butterbrot die Hexerei beigebracht habe, wovon ihm nicht mehr geholfen werden könne. Auf dieses ließ die Obrigkeit die Frau verbrennen, das Kind aber in ein kaltes Bad setzen und ihm die Adern öffnen, daß es sein Leben verblutete. 94

Der Geißenmeckerer

Die Simonswäldere hen früher wie jetzt ihr Geiße ghüt', un dennoch hen sie als Tanne abgfresse un drno hen sie nimmi derfe drifahre. Un e Forschtghilf, der bi dr Herrschaft e rots Röckli verdiene het welle, hat sie immer anzeigt. Oft het er selbst wie e Geiß gmeckeret, daß d' Geiße in de Forscht gange sin, damit er ebbs zum anzeige ghabt het. D' Leut hen en verwünscht: «Wenn der Hallunk nor ewig im Wald rumlaufe mießt!« un so is es em gschehe nach sinem Tod. 95

Forelle am Kandelfelsen

Als eines Abends auf dem Kandel zwei Jungen vom dortigen Hof das Vieh zusammentrieben, sah der eine, unten am Kandelfelsen, eine Lache und darin eine große goldschimmernde Forelle. Er rief seinen Gefährten herbei und watete in das Wasser, um den Fisch zu fangen; allein er fand ihn an der Kette eines Lotteisens hängen, das im Felsen stak, und konnte ihn nicht losbringen. Sie fuhren nun mit dem Vieh heim und erzählten ihrem Herrn das Geschehene, worauf sie gleich mit ihm zum Felsen zurück mußten, wo aber weder Lache, noch Forelle, noch Lotteisen mehr zu sehen waren. Im folgenden Jahr nahmen jedoch die Jungen die Lache mit der angeketteten Forelle abermals wahr, und im dritten und letzten ihres Aufenthalts auf dem Hof nochmals; stets fanden sie den Fisch größer und glänzender geworden, aber alle ihre Bemühungen, ihn loszumachen, waren vergebens.

Drei Jahre nachher wurde von Holzbauern auf dem Kandelfelsen ein beschriebenes Pergament gefunden, welches die erwähnten Vorgänge umständlich erzählte und sagte, daß, wenn die Forelle ihr Ziel erreiche, sie mit dem Lotteisen den Felsen herausreiße und dadurch den See im Innern des Berges auf das Elztal loslasse. Das Pergament brachten die Holzbauern nach Waldkirch, wo man es bei Erbauung der jetzigen Kirche in deren Grundstein legte. 96

Fuchsbühl

Auf dem Kandel kam einst zu einem Hirtenbuben ein fremder Mann mit einer außerordentlichen Menge lebender Füchse. Er schlug in den Kandelfelsen einen goldnen Lottkeil und spannte an dessen Ring die Füchse, einen vor den andern, daß sie eine unabsehbare Reihe bildeten bis auf den nach ihnen benannten Fuchsbühl. Dann hieß er den Jungen, die Füchse in Teufels Namen fortzutreiben, wodurch der Fels herausgerissen und der See, den er verschließt, auf das Waldkircher Tal losgelassen worden wäre. Der Junge trieb zwar die Füchse an, aber mit den Worten: «Fort, in Gottes Namen!» Da verschwanden Mann, Füchse und Lottkeil, und der Fels blieb unverrückt an seiner Stelle. 97

Der Blindensee

Vor langer Zeit drohte dieser Bergsee bei dem Triberger Wasserfall auszubrechen und das dortige Tal zu überschwemmen. Da kam die Mutter Gottes und spannte vor die Öffnung ein Netz von Fäden, wodurch das Wasser, wie durch einen Damm, zurückgehalten wurde. Jedes Jahr aber verfault einer der Fäden, und wenn endlich alle verwest sind, dann bricht der See heraus und überflutet das ganze Dorf. Dies geschieht am Bartholomäustag, an welchem in Triberg Jahrmarkt gehalten wird. 98

Wasserfall bei Triberg. Stahlstich von J. Paisini, nach Zeichnung von L. Mayer. Aus: Gustav Schwab, Wanderungen durch Schwaben, Leipzig 1837

St. Martin bei Oberried

In dem Goldberg bei Oberried war vor Zeiten eine reiche Goldgrube, Sankt Martin genannt. Darin lag, hinter einer silbernen Tür, ein Standbild dieses Heiligen verborgen, welches von lauterem Gold und dreihundert Mark schwer war. Noch im Jahr 1521 wurde der Bau betrieben, aber bald danach wegen des hereinbrechenden Krieges eingestellt. Die Bergleute schlossen jedoch die Grube mit einer eisenbeschlagenen Tür und schütteten diese mit Erde und Steinen zu. Hierdurch gelang es ihnen, das Bergwerk den Augen der Feinde zu entziehen, die sich mit der Plünderung und Verbrennung der Poch- und Schmelzgebäude begnügen mußten. Kaum war es wieder ruhiger geworden, kam die Pest und raffte die Bergleute weg oder scheuchte sie in entfernte Gegenden. Infolgedessen blieb die Grube uneröffnet, und mit der Zeit ist sie immer mehr in Vergessenheit geraten. 99

Teufelsritze

Am Vorabend von Nikolaus vermummten sich in Dittishausen zwölf Burschen als Pelznikel und gingen umher in die Häuser. Als sie auf die Wohnung eines gottseligen Mannes zukamen, bemerkte dieser, daß es dreizehn seien; in seiner Stube waren es dann nur zwölf und nachher auf der Straße abermals dreizehn. Das kam ihm so verdächtig vor, daß er sie ans Haus zurückrief und alle mit Weihwasser besprengte. Da fuhr der dreizehnte mit fürchterlichem Gebrüll davon in die Lüfte. Hierbei kratzte er in den Giebel des Nachbarhauses mehrere zollbreite, bogenförmige Ritze, welche durch den Verputz bis in den Stein gehen und nicht mehr vertilgt werden können. 100

Der Titisee

Unterhalb der Seesteige stand in alter Zeit eine reiche Stadt mit einem Kloster. Als die Üppigkeit ihrer Bewohner so groß geworden war, daß sie die Weißbrotlaiber aushöhlten, die Brosame dem Vieh verfütterten und in der Kruste, wie in Schuhen, umhergingen, versank die Stadt in die Erde, und an ihrer Stelle entstand der Titisee. In dessen Tiefe ist bei hellem Wetter die Turmspitze des Klosters noch sichtbar, das, wenn jenes zu Friedenweiler versinkt, wieder aus dem Wasser emporsteigt. Vor vielen Jahren begann der See an der Schanze auf der Höllensteige auszubrechen. Da kam in der Nacht eine alte Frau, verstopfte, indem sie etwas sprach, die Öffnung mit ihrer weißen Haube und verhinderte dadurch den Ausfluß. Von der Haube verfault jedes Jahr ein Faden, und wenn der letzte verwest ist, bricht der See heraus und überschwemmt das ganze Dreisamtal. Einige sagen, daß zur Abwendung dieses Unglücks in dem Freiburger Münster täglich eine Messe gelesen werde.

Nachdem schon manche vergebens gesucht hatten, die Tiefe des Sees zu ergründen, nahm einer sich vor, diese auszumitteln. Er fuhr mit einem Kahn in die Mitte des Sees und warf an einer fast endlosen Schnur das Senkblei aus. Schon waren achtzehn Spulen Faden im Wasser und noch genug zum Nachlassen vorhanden, da rief aus den Wellen eine fürchterliche Stimme:

«Missest du mich,
So fresse ich dich!»

Oder, wie andere sagen:

«Willst du mich messen,
So will ich dich fressen!»

Voll Schrecken ließ nun der Mann von seinem Unternehmen ab, und seitdem hat niemand mehr gewagt, nach der Tiefe des Sees zu forschen.

In einem Sumpf bei Hinterzarten, eine Stunde vom See, ist einmal ein Paar zusammengejochter Ochsen versunken, und ihr Joch einige Jahre nachher im See an der Wutachbrücke gefunden worden. 101

Kuterwibli

Af de Fürsatzhöfe zwische Neustadt un de Viertäler hust au eine mit namens Kuterwibli. Des ging immer ohne Kopf rum un nebe de Lite her. So ging emol e Bur vo Benedinge über de Wistannehöh no Eckbach, uf eimol stellt sich vorem a schwarze Wand uf un lote gar nit dure. Er brobirts mehrmol, schliaßli got er wieder zruck in die Wirtschaft zum heilige Brunne (südlich der Weißtannenhöhe) un blibt dort über Nacht. Un der Geist isch au später no vo viele gsehe worre in alle Gstalte. 102

Schatz im Schloß Urach

Im Schloß Urach isch au an Geist. Do soll e Kiste Gold vergraba si un dia wird vome große, schwarze Hund ghiatat, un do hot emol en Taglöhner vo Lenzkirch de Hund beschwöre welle, daß er dia Kiste Gold kriagt het; sisch im aber nit glunge. So soll au e alt Wibli mit so eme gele Strauhoat si Undade drübe ha. An andere mit Namens Pflüger wollt au die Geldkiste ha und het nograbe zwische elf un zwölf Uhr nachts un het de Hund au beschwore mit ere Roata. Sisch im aber später undersagt worra vom Amt us. 103

Gespenstischer Hund

Sisch au imme kleine Dörfli uf em Schwarzwald en Ma gstorbe un der het immer so viele arme Lit b'droge. Un wia er emol tot war, so isch au en schwarze Hund immer um des Hus rum gloffe. Do henn e bar junge Bursch dem Hund emol ufbaßt und henne welle verschiaßa, henne au gesehe, henn ufa gschosse aber net troffe, un der Hund het immer no si Unwesse triebe. Deno henn dem Verstorbene sini Verwante zwische dem Betzitlite e Kriz ufrichte lau un sin e bar mol wahlfahre gange, un sit dem hört mer nit me von dem Hund. 104

Moasannele

An Geist isch uf de Hölzlibruck bim Posthüsle, de heißt Moasannele. Des het jede, wenn einer nachts über sell Brückle isch – 's isch nemli früher kei Stroß über de Bach gange, sonder nur so en Steg – in's Wasser abezoge un wäschte emol ganz ghörig. So isch au emol e Postbot z'nacht über des Brückle gange nach Neustadt un het en au's Moasannele gwäsche un 's isch im Winder gsi. Wie er heimku isch, het er zittret und geschlottret am ganze Lib, un do henn sine Anghörige froget, was er denn hebb, un danno hat ers verzählt: Moasannele hette gwäsche, un do het er si Kindsmoatter verfrört. 105

Vom Schröttele

S'het emol en Bur e Magd gha un dia isch jede Nacht ufgstande un het gar kei Roa gha. Do het sie emol der Bur gfroget, was sie denn hebb, un do het sie gsait, wenn sie ihm derf da größte Ochs tot drücke, wo er im Stall het, no hebb si Roa. Der Bur het natürli glachet un het er es verloubt. Un wia er am Morga in Stall ku isch, do isch da Ochs tot doglege un sie ufem obe gesesse. Von der Zit a het si aber Roa gha vorm Schröttele.

So soll es au no en Sege gege 's Schrötteli gebe wie folgt: «Wenn alle Hagstecke spitscht un alle Berg durgrabst un alle Bäch durwatst, nochher kannst kumme, wenn du willst.» Un die drei höchste Name un das dreimal sage, damit kann mer Schröttele verbanne.

So sin au in alle Ställ un Keller so ganz kleine Bündele an Bühne ufe ghangt un do sin so Gebete un Sprüch ibunde für so verschiedene Krankheite vom Vieh, au het mer vor de Stalltür so a Bündele vergrabe mit so eme Sege das kein böse Geist ans Vieh ku isch, wie z. B. Schröttele.

Ufem Schwarzwald isch en alte Burehof, 300 Jahr alt, do hen die alte Lit, wenne a Roß krepirt isch, de Kopf devo in Kuch oder Schirr ghängt, un des het no dafür helfe solle, daß des andere Vieh vo der Kranket bewohrt bliebe isch. 106

Gespenstisches Weib

Sisch emol ame Sundig en junge Bursch, en Mussigant vo Raiteboach (Raitenbuch), ins Lenzkirch heimgange, un wia er am Kohlplatz vorbikunt, sieht er uf eimol e alts Wible vorem her renne. 's war scho no da zwölfe Nachts; er hett em aber nit gfürcht, dann der Mo het heiter gschunne. No het er dem Wible greaft: «Halt, Alte, i gang au mit!» Wia ärger er aber gloffen isch, wia ärger ischs Wible grennt. Schliaßli isch er falsch worre un het greaft: «Wart, du alte Hegz, dich kreage scho!» un het agfange springe, un die Alt als vorem her; hets aber nit verwischt. No het er Stei ufghebt un het ems welle awerfe, hets aber nit troffe. Ein Stei isch ganz no am Hoat vorbei, 's het nemli so an geln Strauzilinder ufgha. Wie er aber doch emol fast binem gsi isch, uf eimol isch es über die Weg abe und hesch me gse un nimme. No het er em aber so gfürcht un isch so gsprunge, daß er, woer heimku isch, ganz naß gsi isch vor lutter Schwitze un het zitteret am ganze Lib. Un vo do a het er an Geister glaubt. 107

Gründung des Fahl

Fahl heißt der hinterste Winkel des Wiesentals, tief am Fuß des Feldbergs. Wegen des sonderbaren Namens werden die Bewohner des Ortes oft verhöhnt. Als unser Herrgott, so wird erzählt, die Erde schuf und in die einsame Gegend kam, da ließ er auch noch etwas Samen fallen. «Da fahl au no abi», sagte er gutmütig, und seither heißt der Ort der Fahl. 108

Kreuz zu St. Trudpert

In St. Trudpert ist ein silbernes Kreuz, beiläufig zwei Schuh hoch, das auf der einen Seite den gekreuzigten, auf der andern den weltrichtenden Heiland zeigt, und einen Kreuzpartikel einschließt. Das nahmen einmal die Gläubiger des Klosters weg, um sich bezahlt zu machen; allein sie konnten es nur bis Kropbach, durchaus nicht weiter, bringen. Darauf gaben sie es dem Kloster zurück und erließen ihm seine ganze Schuld. 109

Stift St. Trudpert im Münstertal. Kupferstich um 1780

Die Maus

An einer Gebirgsstelle bei Todtnau schürfte ein Bergmann längere Zeit vergebens nach Erz. Einst, als er von der Arbeit ausruhte, sah er aus einer Felsenspalte eine Maus schlüpfen. Sie lief zu dem Brot, welches er für sich mitzunehmen und nebenhin auf den Boden zu legen pflegte, und begann es anzufressen. Da schleuderte er seinen Fäustel nach ihr, traf aber die nahe Bergwand und warf ein großes Loch hinein. Aus diesem blinkte ihm ein mächtiges Lager gewachsenen Silbers entgegen, welches ihn auf einmal zum reichen Mann machte. Zum Dank gab er der Grube den Namen *die Maus,* unter welchem sie noch heute bekannt ist. 110

Schönenberg

Vor Zeiten waren im Schönenberg mehrere ergiebige Silbergruben nebst einem Goldbergwerk, und Wohlstand herrschte in der ganzen Gegend. Da diese keine eigene Pfarrkirche hatte, stiftete zu deren Erbauung eine reiche Grubenbesitzerin einen halben oder, wie andere sagen, einen ganzen Sester Silber. Hiermit konnte das Gotteshaus, ohne den Turm, aufgeführt werden, welches statt auf den Schönenberg, wo die Frau wohnte, nach Schönau kam, damit nicht die Talbewohner ihre Toten auf die beschwerliche Höhe bringen müßten. In der Kirche erhielten die Schönenberger, als die Hauptstifter, gewisse Vorrechte; auch übernahm die Gemeinde, vor jedem Sonn- und Feiertag den Weg von der Wohnung der Bergfrau bis hinunter zum Gotteshaus sauber abzukehren.

Als es später Krieg gab, verschütteten die Bergleute alle Gruben, nachdem sie ihr Arbeitszeug darin geborgen, um sie vor dem kommenden Feind zu sichern. Sie hofften, sie später wieder zu öffnen; allein das Landsterben brach herein und ließ niemanden übrig, der die Bergwerke wieder zu finden wußte. Damals war die Sterblichkeit so groß, daß von Wieden, Geschwänd, Utzenfeld und Präg nur noch drei Ehepaare in ihre Pfarrkirche zu Schönau kamen. Die Wiedener führten ganze Leiterwagen voll Toter auf den Schönauer Gottesacker. Einmal fiel ihnen unterwegs bei der Königshütte ein Leichnam vom Wagen, und davon heißt der Ort noch heute der Totenhügel. 111

Der wilde Hapsperger

Vor einigen hundert Jahren war ein Freiherr von Hapsperg Landvogt in der Herrschaft Badenweiler. Er half dem Markgrafen dort das Luthertum einzuführen und war dabei so eifrig, daß er in der Müllheimer Kirche sich mit auf den Chor stellte und den neuen Gesang leiten half. In seinem Amt war er hart und erlaubte sich manche Gewalttat.

Einem Juden, der schon öfters wegen Diebereien gestraft worden war, hat er für den nächsten Fall mit dem Henken gedroht. Als er nun eines Tages mit seinem Diener und dem Hatschier von Müllheim gegen Sulzburg ritt, sah er von der Höhe aus den Juden, wie er vor dem Landvogt eiligst die Flucht ergriff. Er ließ ihn jedoch durch seine Begleiter einfangen und seinen Zwerchsack untersuchen. Darin fanden sich

Badenweiler. Lithographie von W. Nilson, aus:
Heinrich Schreiber, Die Volkssagen der Stadt Freiburg und ihrer Umgebung, Freiburg 1867

ein paar Hühner, die hatte der Jude, wie er gleich eingestand, in Zunzingen gestohlen. Da erinnerte ihn Hapsperg an seine Drohung und ließ ihn durch seine Leute ohne weiteres an den nächsten Nußbaum bei einem Kreuzweg aufknüpfen. Dieser Platz wird davon noch heute der Judengalgen genannt. Nachher berichtete der Landvogt dem Markgrafen, er habe den Juden henken lassen, und bat um nachträgliche Genehmigung. Die erfolgte zwar, jedoch mit der Weisung, künftig die Todesurteile nicht nach, sondern vor der Vollstreckung bestätigen zu lassen. 112

St. Blasiens Reichtum

Zu einem Mann, welcher im Kloster St. Blasien Stroh schnitt, kam eines Nachmittags der Fürstabt mit den zwei vornehmsten seiner Mönche. Beim Anblick des vielen geschnittenen Strohs sprach der Fürst: «So viel Stroh dies auch ist, so haben wir doch noch mehr Gold und Silber.» Der Mann erlaubte sich, dies zu bezweifeln, worauf die drei sagten, sie wollten ihm die Schätze zeigen, seine Augen verbanden und ihn, wie er merkte, durch einen unterirdischen Gang führten, der unter einem rauschenden Wasser hinwegging. Als ihm die Binde abgenommen wurde, befand er sich in einem Gewölbe, welches unter dem dreifachen Verschluß seiner Begleiter stand, und worin Gold und Silber, gemünzt und in Stangen, klafterweis aufgesetzt war. Die Geistlichen vergönnten ihm, sich so viel Silber zu nehmen, wie er mit beiden Händen fassen konnte, verbanden ihm dann wieder die Augen und führten ihn ins Kloster zurück.

St. Blasien hatte so viele Besitzungen, daß seine Mönche, wenn sie nach Rom reisten, jede Nacht in ihrem Eigentum einkehren konnten. 113

Umgehende Mönche

Ein Fürstabt und zwei andere Benediktiner von St. Blasien, welche zusammen die Untertanen der Abtei unbarmherzig gedrückt und benachbarte Gemeinden übervorteilt hatten, mußten nach ihrem Tod im Kloster umgehen. Um sie fortzuschaffen, berief man den Kapuziner-Guardian von Staufen, der wegen seiner Frömmigkeit weit und breit bekannt war. Der beschwor die Geister in Säcke und trug sie mit zwei Männern auf den Feldberg, wo er und die beiden andern, rückwärtsgehend und ohne umzuschauen, sie in den Feldsee abluden. In diesen und einen weiten Bezirk umher bannte er die Gespenster, welche dort in den heiligen Zeiten sich zu zeigen pflegen. Zuweilen fischen sie am See oder jagen in Jagdkleidung im Wald. Einem Löffelschnitzer von Menzenschwand begegneten sie in ihrer Ordenstracht, einer hinter dem andern gehend, auf der Bärhalde. Der vorderste, durch sein goldenes Kreuz als Abt kenntlich, sprach: «O weh!» der zweite: «Die Armut!» Der Dritte: «Das ungerechte Gut!» Mit diesen Worten gingen sie an dem Mann vorüber, wobei er bemerkte, daß ihre Gesichtshaut wie Tannenrinde aussah.

Zu drei andern Menzenschwandern, die am Vorabend des Christtags über den Feldberg gingen, kamen sie, in ihren schwarzen Kutten, auf Kohlrappen geritten. Sie sprengten um die Männer, die keine Köpfe an ihnen wahrnahmen, her und riefen stets: «Unrechtes Gut, du hast uns betrogen!» Nachdem sie so die davoneilenden Männer eine gute Strecke begleitet hatten, verschwanden sie an einem Kreuzweg. 114

Ludi, der Hausgeist

In einem alten Schwarzwälder Haus hauste einst auf der Heubühne ein Geist, der hieß Ludi und war den Hausbewohnern gern behilflich. Wollte der Knecht Heu unten haben zum Füttern, so brauchte er nur auf den Heustock hinaufzurufen: «Ludi, mach Heu abe, nit z'viel un nit z'wenig, daß es grad g'längt.» Und sogleich kam das Heu vom Heustock herabgeflogen und gerade so viel als nötig war. Da hatte es der Knecht wohl gut, und das Vieh gedieh herrlich dabei. Nun aber kam ein neuer Knecht ins Haus. Der hörte mit Vergnügen von dem Ludi und wollte ihn brav ausnutzen. Aber er rief ihm bloß zu: «Ludi, mach' Heu abe», und vergaß das Übrige, und wie er wieder in die Scheune kam, da hatte Ludi den ganzen Heustock heruntergeworfen. Da wurde das Knechtlein giftig und fing an, auf Ludi weidlich zu schimpfen. Aber da bekam er mächtig Prügel von unsichtbarer Hand, daß er laut schrie und zu Scheune und Stall hinauslief. Und solange der Knecht noch im Haus war, hat der Ludi keinen Dienst mehr geleistet. 115

Der Lehlifotzel

Auf dem Hotzenwald ging einmal im Sommer eine Frau in den Wald und suchte Beeren. Sie war gerade auf einem alten, verwachsenen Waldweg, der schon lange nicht mehr benützt wurde. Wie sie nun so eifrig Beeren pflückte, hörte sie plötzlich in ihrer Nähe unter Peitschenknallen und Hü und Hott ein Fuhrwerk fahren. Das Geräusch kam immer näher, doch die Frau sah nichts. Aber plötzlich wurde sie mit Gewalt ein ganzes Stück in den Wald hineingeschleudert. Und das war der Lehlifotzel.

Der war vor langer, langer Zeit ein betrügerischer Holzhändler auf dem Hotzenwald gewesen, der sein Holz nach Basel führte. Wenn er nun durch den Wald und an einer Holzbeuge vorbeifuhr, so stieß er mit dem Wagen an die Beuge an, daß sie übereinanderstürzte. Dann nahm er von dem Holz und lud es auf seinen Wagen. So stahl er mit der Zeit eine Masse Holz. Dafür mußte er nach seinem Tod auf der Strecke vom Hotzenwald bis nach Basel umgehen. Er fährt mit einem zweirädrigen Wagen die gleichen Wege, die er einst bei Lebzeiten gefahren. Manche Leute hören ihn bloß, andere sehen ihn auch. Er hat verschiedene Namen. Auf dem Hotzenwald heißt er Lehlifotzel, weiter unten Pfaffestegjockeli. 116

Biblische Geschichte

Wie ein alter Schwarzwälder Schulmeister seinen Kindern die Geschichte vom verlorenen Sohn erzählt, so daß sie sie recht innig aus der in ihrer Wesensart gegründeten Heimat und Muttersprache verstehen sollen: So chömmet denn und höret zu, i will eu das Gleichnis sage, wo Jesus sine Jüngere ufgstellt hät.

En riche Ma het zwe Bube gha, dem Jüngste isch es daheim vertleidet und es isch em z'langwielig worde, so ein Tag wie der ander schaffe z'müsse, 's isch em ebe z'wohl gsi und do hät er zu sim Vater gsait: «Gib mir de Teil vo dine Gütere, wo mir doch emol zukummbt», und de gut Vater hät ems gäh. – De Bub hät nu alls z'Geld gmacht und isch in d'Fremde zoge, dört i de Städte, wo me viel Vergnügunge cha ha, hät er gar lustig gläbt und hät i kurzer Zit all si Geld verputzt. Wo do alles ufzehrt gsi isch, isch e große Türig i sell Land cho und er hät an allem Mangel gha, er isch ganz verlumpet. Do isch er i siner große Not zume Bur in Dienst gange; de hät en aber zu nüt anderem bruche chönne, as zum Säuhüte und er hät Hunger lide müsse, so daß er gern das gno hät, was d'Säu fresse.

Hotzenstube um 1825. Lithographie von J. C. Vollmar, nach Zeichnung von Voltz

Do isch er zur Bsinnig cho und hät denkt: Mi Vater hät viel Taglöhner und alle händ z'esse so viel as si möge und i muß umcho vor Hunger, i will mi ufmache und will hai go zu mim Vater und will zunem sage: «Vater, i ha schwer gsündigt vor em Himmel und vor dir, i bi nümme wert, daß i din Sohn heiß, i will nu ein von dine Taglöhner si.» So hät er sich uf de Haimweg gmacht.

Wo er ufs Hus zucho isch, do hät en si Vater vo witem gseh und hät Mitlides mitem gha und isch em entgege gloffe, isch em um de Hals gfalle, hät en küßt und hät müsse briege, und de Bub hät si gschämt und sait: «Vater, i ha gsündigt vor em Himmel und vor dir, i bi nümme wert, din Sohn z'heiße.» – Aber de Vater hät en gar nit usrede lo, hät en is Hus gführt und hät sine Knechte befohle: «Bringet die beste Kleider her, gänd em en Fingerring a si Hand und Schuh a sini Füß und schlachtet 's gmästet Chalb, mer wend esse und fröhli si, der arm Kerli hät Hunger, mer wend lustig si, denn min Bub isch tot gsi, jetzt isch er wieder lebig, er isch verlore gsi und isch gfunde worde.»

Aber de ältst Bub isch ufem Feld gsi und wo er ans Hus cho isch, hät er ghört, daß es drinn lustig zugoht und er hät ein Knecht gfragt, was denn los seig. De sait ihm: «He din Bruder isch wieder haim cho und din Vater hät 's gmästet Chalb gschlachtet us Freud, daß er wieder do isch.» Do isch er zornig worde und hät nit welle ine goh und der Vater isch use cho und hät en welle ine näh. – De Bub aber sait: «Vater, lug, das verdrießt mi, i dien dir scho so viele Johr und ha dir allewil gfolget und doch häsch du mir ni e Gaißböckli ge, daß i mit mine Kamerade hät fröhli si chönne. Jetz aber, wo de Bub hei chunnt, wo sie Gut in de Wirtshüsere und bi schlechte Wibere dureglumpt hät, schlachtest du ihm as gmästet Chalb.» Der Vater aber sait zu ihm: «Mein lieber Sohn, du bist allzit bi mir und alles was mi isch, das isch au di, du muscht ganz fröhli und guten Muts si, denn din Bruder isch tot gsi und isch wieder lebig worde, er isch verlore gsi und isch wieder gfunde.»

Das hät Jesus verzehlt binere Glegehait, wo allerlei Volch, Zöllner und Sünder um ihn sich versammelt händ und a paar hochmütigi Schriftglehrte und Pharisäer händ unterenander brümmlet: «Der gibt si jo mit alle Sündere ab und ißt mit ihne.» Mit dem Gleichnis hät er ihne welle sagen, wie groß d'Freud ist, wenn öbis, das me verlore hät, wieder gfunde isch. So seig au e Freud im Himmel über en Sünder, wo büßt hät, mehr as über nünundnünzig Gerechte, die kei Buß nötig händ.

Es sind in der Bibel gar viel so Gschichte, die ihr frili scho kennet – aber sie werde idringlicher, wenn mer sie i dere Sproch hört, wie mer sie als Kind vo Vater und Mutter scho gwöhnt sind – di Gschichte werde dodur glaubwürdiger, sie göhnt ein meh ans Herz – 's bruche jo nit allewil Neuigkeite si – 's isch jo au immer 's glich alt Herz und üseri ewig Seel, mit dem unser Volksstamm sit Johrhunderte dur d'Erdenwelt wanderet. Üsi Sproch isch vo der Seel, die üs der Welteschöpfer mit uf d'Welt geh het, hervorgange – und mer chönnt sage: Alli Gschichte wo sie zverzehle weiß, sind die alt Gschicht vom ubfriedig ängstlich zitterige Menscheherz, das no em Friede sucht. 117

Hans Thoma

Oberschwabenland / Am Hochrhein

Der Pelzmärte

Unter den Butzemännern in Schwaben steht der Pelzmärte voran, manche nennen ihn auch Pelzmichel – die Kinder werden mit ihm zu fürchten gemacht, und fürchten sich vor ihm. In Tübingen und andern schwäbischen Orten heißt der Pelzmärte Sante Klaas, auch Schante Klaas (Sankt Niklas), und ist Weihnachtsvorspuk, Mummelumgang, am 6. Dezember, dem Sankt Niklastag oder Christabend; im oberen Werratal ist für ihn die Benennung Herrsche Klaas üblich, es ist dies der norddeutsche Knecht Ruprecht, der in Verkleidung umgeht, die Kinder schreckt, straft, sie beten läßt, und dann Äpfel und Nüsse unter sie in die Krappel wirft, wobei er, während sie auflesen, mit seiner Rute was weniges auf das Völklein aufhaut. 118

Das Graale

Noch ein Mittelding zwischen Gespenst und Kinderscheuche ist in Schwaben das Graale, auch Butze-Graale auf dem Schwarzwald genannt, also ein Butz oder Pötz; manche nennen auch den Pelzmärte Graale, in andern Orten heißt es nicht *das,* sondern *der* Graale. Das Graale wird wohl nur ein solches Ding sein, wie es im Liedchen heißt:

Zu Steffen trat im Traume
Ein graues Männelein.

Und doch steckt vielleicht noch etwas mehr als ein einfaches Grauchen, Graalchen hinter diesem Butz. 119

Das Schrettele

Im Lautlinger Tal, in Laufen, ferner in Thieringen, Ebingen, auf dem Heuberg, in Friedingen und sonst in Oberschwaben, in Konstanz, nennt man die besondere Art von Hexen, die das Alpdrücken hervorbringen, Schrettele oder Schrettle. Sie legen sich dem Menschen über die Brust oder auf den Hals, so daß es ihm angst und beklommen wird und er um Hilfe rufen will; aber er kann keinen Laut von sich geben. Nur wenn ihn jemand bei seinem Namen ruft, weicht das Schrettele von ihm und er erwacht. Man sagt dann: das Schrettele war bei mir, oder, das Schrettele hat mich wieder gedrückt. – In manchen Gegenden, z. B. im Filstal, im Lenninger und Neidlinger Tal heißt es bloß das Drückerle; in Hohenstaufen daneben auch wohl das Nachtmännle.

Die Schrettle quälen nicht bloß Menschen, sondern auch Tiere, namentlich die Pferde. Sie flechten ihnen den «Kranz», d. i. die Mähnen, so wie den Schweif in unauflösliche Zöpfe, und das geschieht oft in einer Nacht, worauf die Pferde des Morgens am ganzen Leib schwitzen und vor Angst zittern.

Die Schrettle sind unsichtbar; doch will man schon ihre Fußtritte gehört haben, wenn sie aufs Bett heraufgestiegen oder zur Tür hinausgegangen sind. Winters sieht man auch zuweilen ihre Tritte im Schnee; sie sehen etwa aus wie der Abdruck einer Menschenhand. Auch gibt es Steine, die man Schrettelesfüße nennt, darauf befindet sich eine Figur, die einer menschlichen Hand mit ausgestreckten Fingern ähnlich sehen soll.

Wenn man einen, oder noch besser drei Schrettelesfüße über die Tür zeichnet, so kann kein Schrettle und keine Hexe ins Zimmer kommen. Ein solcher Fuß besteht aus drei ineinander verschlungenen Dreiecken, die zusammen ein Fünfeck bilden und mit einem Zug, ohne Absatz, gezeichnet werden müssen. 120

Das Martinsfest

Zu Hauerz, im Oberamt Leutkirch, wurde früher immer zu Martini die Kirchweih gehalten, bei der sich alle Bewohner der Umgegend einfanden. Die Bauern brachten alsdann dem hl. Martin alles Mögliche zum Opfer: Frucht, Hanf, Obst, Fleisch, Eier, Schmalz, Butter und dergleichen. In den Wirtshäusern wurde geschmaust und getanzt. Am Tag darauf wurde eine «Nachkirchweih», wie man es nannte, gehalten, und da blieb niemand zuhaus, denn an diesem Tag verzehrte man das Opfer, das dem hl. Martin gefallen war; was aber übrigblieb oder was nicht eßbar war, wie Flachs, Hanf und dergleichen, das verteilten die Leute unter sich und nahmen es mit nachhaus.

Manchmal hat man auch wohl den hl. Martin aus der Kirche abgeholt und ins Wirtshaus gebracht, damit er selbst sehe, wie fröhlich sein Opfer verzehrt werde. 121

Der Dorfschultheiß

Der Pelzmärte

Oberschwäbische Charaktere: Der Dorfschultheiß (entweder ein gelernter Schreiber oder ein ungelernter Bauer); der Pelzmärte, die personifizierte Erinnerung an den heiligen Martin; der Nachtwächter, eine sehr moralische Person, denn wenn er seine Stunden abruft, hängt er ihr jedesmal ein Sittensprüchlein an; der Stadtzinkenist, der alle Sonntagmorgen vom Kirchturm herab musiziert, auch bei Beerdigungen der Bessergestellten und bei allen Hochzeiten erwünscht wird; schließlich der Älpler und der arg fromme Schwabe.
Federzeichnungen aus: Theodor Griesinger, Silhouetten aus Schwaben, Dritte Auflage, Stuttgart 1863

Der Nachtwächter

Der Stadtzinkenist

Der Älpler

Der Fromme

Der lumpige Donnerstag

Der gumpelig Donnerstag wird in Kißlegg und Umgegend besonders gefeiert, vornehmlich auch auf den Höfen. Wen man an diesem Tag erwischen kann, den verrußt man im Gesicht oft ganz schonungslos und ohne Scheu. (Bei Gmünd findet die gleiche Sitte statt.) Die Hauptsache in dieser Gegend ist die Schlittenfahrt. Wenn es geschneit hat, macht man eine gemeinsame Schlittenfahrt in den nächsten Ort; Pfarrer, Lehrer und Schultheiß vorn drauf. Da wird getanzt, gezecht und tüchtig gelumpt den ganzen Tag. Festlich ist alles angezogen, man arbeitet den ganzen Tag nichts. Schlampiger Tag. So besonders in Katzenried, Kißlegg und Egloffs.

Am lumpigen Donnerstag hört in Oberschwaben das Beim-Licht-Spinnen auf. Diesen Schluß der Lichtkarz feiert man in der Buchauer Gegend großartig mit Käs, Weißbrot und Bier. Dieses Fest heißt man Schierwecken. In Rohrdorf bei Horb sind an diesem Abend die Scheidwecken am Platz, welche die Mädchen ihren Liebsten geben. 122

Der Funkensonntag

Der erste Sonntag, welcher auf Aschermittwoch folgt, heißt in Oberschwaben Funkentag, Funkensonntag, auch Scheibensonntag oder weißer Sonntag, verschieden von dem weißen Sonntag nach Ostern. An diesem Funkensonntag werden auf Bergen «Funkenfeuer» gemacht und feurige Scheiben in die Luft geschlagen. Früher hielt man es so. Man sammelte Holz im ganzen Ort, baute auf einem nahen, hohen Berg einen Scheiterhaufen, steckte eine Stange hinein und befestigte an ihr ein mit lumpigen Kleidern und mit einem Strohhut bedecktes Strohbild, das eine «Hexe» vorstellte. Zugleich war an dem Strohbild eine Rakete angebracht, bei deren Losknallen nachher ein großer Jubel entstand. Der Holzstoß wurde sodann angezündet und die Hexe verbrannt. Es waren dabei immer mehrere hundert Menschen, alte und junge, anwesend und sangen ein geistliches Lied.

Hierauf begann die Hauptfeierlichkeit, das Scheibenschlagen. Man machte nämlich runde, dünne Holzscheiben von dem Umfang einer Faust; steckte sie, da sie in der Mitte ein Loch hatten, an zugespitze Stöcke, hielt sie so ins Feuer, und wenn sie brannten, schwang man sie einige Male und schleuderte sie mit dem Stock in die Höhe. Dabei hatte man eine längliche «Scheibenbank» mit drei Füßen, die man im Boden befestigte, aber so, daß die Bank eine schräge Linie bildete. Um die Schwungkraft zu vermehren und die Scheibe recht hoch zu treiben, streifte man alsdann hart mit dem Stock die Fläche der Bank, sobald die Scheibe abspringen sollte. Jede Scheibe, die aufstieg, wurde jemandem verehrt. Die erste wurde sonst immer zu Ehren «der höchsten Dreifaltigkeit» geschlagen. Während des Schwingens sagte man jedesmal folgenden Spruch:

Scheible aus und ein,
Wem soll die Scheibe sein?
Die Scheibe soll der höchsten Dreifaltigkeit sein!

So in Tettnang, im Kloster Weingarten und sonst. Die zweite Scheibe verehrte man der Landesregierung; dann wohl eine dem Pfarrer, dem Schultheiß, dem Schatz und anderen guten Freunden. 123

Der lange Fasching

In Vöhrenbach wollte einmal die Fastnacht gar kein Ende nehmen. Um zu erfahren, ob sie nicht schon aus sei, schickte der Stadtrat zwei Abgeordnete nach Rottweil, die gerade während der Palmsonntagsprozession ankamen. Das hölzerne Standbild des Heilands auf dem Esel, welches dabei von den Ratsherren gezogen wurde, sahen die Abgeordneten für eine Mumme an und kehrten sogleich nach Vöhrenbach zurück. Dort verkündeten sie zu allgemeiner Freude, daß der Fasching noch keineswegs zu Ende sei, worauf derselbe in großer Lustigkeit fortgesetzt wurde. 124

Die Schweden vor Villingen

Als im Dreißigjährigen Krieg Villingen hart belagert und bedrängt wurde, hatte die gute Stadt einmal die höchste Not. Die Schweden setzten mit Hilfe der Brigachschleusen Villingen unter Wasser fast bis zu den Giebeln der Häuser. Es sollte ihnen aber nicht ganz gelingen; die List eines Raubmörders von der Burg Salfest verhinderte es. Dieser saß zum Tod verurteilt im Gefängnis, weil seine Hinrichtung ob der Not der Stadt verzögert werden mußte. Als das Wasser immer höher und höher stieg, verlangte er vor den Stadtrat geführt zu werden. So geschah es. Er gab an, Villingen vorm Untergang retten zu wollen, wenn man ihm die Freiheit schenke. Man versprach's ihm. Er kleidete sich an, fuhr in einem Nachen, in dem er zwei Fässer hatte, hinab das Wasser den Schleusen zu, wo die Vorposten der Schweden standen. Im einen Fäßchen hatte er Branntwein; gab den Soldaten brav zu trinken, bis sie einen Rausch bekamen und herumlagen. Jetzt öffnete er das andere Faß, das voll Quecksilber war, und es durchbrach die aus Grund und Holz gemachten Schleusen; alles

Hüfinger Fasnet. Zeichnung von J. N. Heinemann, aus: Lucian Reich, Hieronymus. Lebensbilder aus der Baar u. d. Schwarzwalde, Karlsruhe/Hüfingen 1853

Wasser ging hinaus und Villingen war gerettet. Die Schweden zogen ab und dem Verbrecher schenkte man Freiheit und Geld. 125

Das Kautenweible

Im Kautenwald zwischen Rottweil, Villingen und Neckarburg geht ein Waldweiblein um, nach dem Wald Kautenweible genannt. Es ist sehr gefürchtet, so daß Jungen und junge Mädchen gar nicht in den Wald mögen. Diesen ist Kautenweible nicht hold, auf sie hat sie's besonders abgesehen. Oft, wenn solche Mädchen in den Wald kamen, um Holz oder Erdbeeren zu holen, trieb sie Kautenweible im Kreis herum, daß sie am Ende wohl gar nicht mehr wußten, wo sie waren. Nicht selten verloren sie den rechten Weg und verirrten so, daß sie um alles sich des Orts nicht mehr erinnern konnten, wo sie auch standen. Kurz, sie kamen statt zum Wald hinaus immer tiefer in ihn hinein. Holz auf dem Kopf wurde unerträglich schwer und manchmal brachten die Jungen ihre Büscheln gar nicht mehr heim, so schwer hat's ihnen das Kautenweible gemacht. Aber auch alten Frauen und Männern spielte Kautenweible hie und da einen Schabernack. Schon viele irrten Tag und Nacht im Wald herum, von dem Waldgeist verführt, und fanden keinen Ausweg mehr.

Sehen kann man Kautenweible selten; hie und da haben's schon Leute gesehen, wie es vor ihnen hertanzte, ganz hautpudelnacket; hat dabei immer in die Hände geklatscht, gelacht und ein abscheulich garstig Liedlein gesungen, das die Leute nicht mal sagen mögen, sie schämen sich dessen. Plötzlich war's wieder nimmer da und versteckte sich in einer Hecke. Alte Leute erzählen noch viel davon, wie sie geneckt worden seien. 126

Zu Rottweil war einmal ein Gaukler und starker Hans, der machte dem Volk auf dem Markt die größten Possen vor nach solcher Possenreißer Art und verstand sich trefflich auf Zauberverblendung. Zum letzten machte er das größte Stück, so noch niemals zu Rottweil war gesehen worden. Er nahm einen langen und schweren Wies- oder Hebebaum, stellte den erst auf die Stirn, hernach auf die Zähne, zuletzt auf die Nase und hielt ihn immer im Schwebegleichgewicht, daß alles klatschte und bravo rief. Da kam von ungefähr ein Mädchen mit einem Tragkorb voll Klee, den sie vom Acker geholt für ihr Kühlein, und vorn am Mieder stak ihr ein vierblättrig Kleeblatt, das hatte sie gefunden und vorgesteckt und dabei gedacht: willst's vorstecken, vielleicht bringt's Glück, daß du was findest oder was geschenkt kriegst – und wie sie so durch die Leute ging, sah sie den Gaukler und hörte das bewundernde Staunen, so was habe man noch nicht gesehen allhier zu Rottweil, so was lebe nicht, so was sei die größte Kunst.

«Nu, was verwundert denn die Lüt so sehr?», fragte das

Schiltacher «Neue Zeitung» vom Teufel und einer Unholden. Holzschnitt 1533, aus: Wickiana der Zentralbibliothek Zürich

Mädchen mit dem vierblättrigen Kleeblatt. «Doch nit, daß der Narr dort läscht ’n’n Strohhalm uf seiner Nas tanze?» Kaum hatte sie das gesprochen, so schwand die Verblendung und alle Welt sah jetzt, daß das, was sie für einen langen und schweren Wiesbaum angesehen, nichts war als ein langer glatter Strohhalm. Da der Künstler merkte, daß das Mädchen ihn verraten, so machte er ein anderes Hokuspokus, warf einen Faden Zwirn der Dirn entgegen und rief: «Schau Mädle, das Wässerle! Schwoabeliesel, heb’ dei Fießel!» Und im selben Augenblick war dem Mädchen, als wate es durch ein Wasser, und hob seine Röcke, und das Wasser wuchs zusehends, und sie hob immer höher und wurde dunkelrot wie ihre Kleeblume vor Scham, denn alles Volk lachte überlaut, und sie war froh, als sie aus dem Bereich des gauklerischen Hexenmeisters kam.

Die hatte ihr Teil und wollte nimmer zuschauen und andern ihre «Küenscht» verraten. 127

Narrengericht

Eine aus dem Mittelalter überkommene Sitte ist das Narrengericht. Zur Fastnacht war Narrenfreiheit von jeher. So können wir es jetzt noch in Rottweil sehen, wo jeder einzelne Narr dem Einzelnen aufsagen darf. Ich sah das Geschäft noch nirgends so derb und ohne alle Schonung treiben. Kein Stand ist ausgenommen. Jedem, sei er aus dem geistlichen oder weltlichen Stand, werden seine Schwachheiten, die er das Jahr über sich zuschulden kommen ließ, aufgemuzt. Wir Konviktoren freuten uns weidlich, wenn einem der Unsrigen etwas gesagt wurde, was er sich beigehen ließ; noch mehr, wenn’s in unserer Gegenwart einem Repetenten oder Professor passierte, die oft tüchtig mitgenommen wurden. Manchmal blieben solche, die sich etwas bewußt waren,

Das Hansellaufen am Schmutzig Dunschtig (in der Baar). Aus: Otto Freiherr von Reinsberg-Düringsfeld, Das Festliche Jahr, Leipzig 1863

geradezu daheim. In Saulgau fiel das Narrengericht auch schonungslos aus; ein Überbleibsel ist der Schleiferkarren. 128

Rottweiler Fastnachtsitten

Es erscheint der Karnevals-Montag; schon morgens sieben Uhr bemerkt man ein reges ungewöhnliches Leben, von allen Gassen eilen Männer, alte und junge, in ein zum Versammlungsort bezeichnetes Wirtshaus am äußersten Ende der Stadt; hier vermummen sie sich, und mit dem Schlag acht Uhr stürzen sie sich wie das wilde Heer auf die Straßen unter schrecklichem Lärm und Gerassel. Einförmigkeit ist aber der Feind aller Lust wie aller Schönheit, drum sind sie in verschiedener Weise maskiert: sie erscheinen als «Schandle», als

«Narren», als «Bletzler»; auch «Bröllers Rößle» fehlt nicht. Überall wird zur Fastnacht mehr oder weniger genarrt; aber so getreu wie in Rottweil finden wir nirgends die uralte Karnevalssitte gewahrt, daher auch sonst nirgends solch originelle Narren erscheinen.

Der «Schandel» steht auf der niedersten Stufe des Narrenstaats, er ist mit grobem schmutzigem Zwilch angetan, mit häßlicher, oft schimpflicher Larve; an dieser ist ein kurzes Mäntelchen befestigt, das Hals und Brust bedeckt; ein Besen in seiner Hand ist das Zeichen seines niedern Berufs. Der «Narr» ist eine weit stattlichere Figur, er dürfte der echte Bürger des Narrenstaates genannt werden. Seine Kleidung besteht aus weißerem und feinerem Zwilch und ist von Kopf bis zu den Füßen mit drolligen Figuren in grellen Farben bemalt. Er trägt eine nicht selten schön geschnittene Holzmaske, über den Hinterkopf hängen drei ellenlange gewaltige Fuchsschwänze. In der Hand hat er eine lederne, mit Sand gefüllte Wurst, mit der er den Begegnenden zum Zeichen der Freundschaft (?) einen Streich auf den Rücken versetzt. Das Hauptkennzeichen des «Narren» ist aber das gewaltige Rollengeschell, durch das er sich von allen andern Masken wesentlich unterscheidet; es hängen ihm nämlich über die Schultern breite lederne Riemen mit runden, faustgroßen Schellen, die sich auf Brust und Rücken kreuzen. Nicht selten trägt ein «Narr» acht solche Riemen mit einem Gewicht von vierzig bis fünfzig Pfund, denn je lauter das Geschell, desto stattlicher der «Narr». Gehen darf der Narr nie im Schritt, sondern immer im Trab, um die Rollen in den gehörigen Schwung zu versetzen. Stumm ist der «Narr» nicht, vielmehr kündigt er sich, sowie er einen Bekannten von weitem erblickt, durch ein schmetterndes Huhuhu an; hat er seinen Bekannten erreicht, so hält er ihn fest und fängt an, ihm «aufzusagen»; dies geschieht unter Zulauf einer Menge gaffenden Volkes, und wehe dem, der während des Jahres eine Ungeschicklichkeit begangen oder irgendeine schwache Stunde gehabt hat! Jetzt wird ihm nach dem Grundsatz ‹Kinder und Narren sagen die Wahrheit› sein ganzes Sündenregister auf offener Straße vor die Nase gehalten. Aufsagen zu können ist der Hauptzweck und die Lust des «Narren»; darum führen viele Rottweiler das ganze Jahr über ein geheimes Narrenbuch, in das sie alles eintragen, was während des Jahres Spaßhaftes oder Unrechtes passiert; auch zeigt der «Narr» unglaublichen Witz und Humor, so daß man am «Aufsagen» den Rottweiler vom Fremden im Augenblick unterscheiden kann.

Der «Bletzler» bildet sozusagen den Adel im Narrenstaat; sein Gewand ist mit verschiedenen buntfarbigen Stoffen zusammengesetzt und mit Fransen und Quasten geziert; bei ihm kommt das Aufsagen schon seltener vor, er begnügt sich damit, sich sehen und bewundern zu lassen.

Diese vielnamigen und verschiedenartigen Narren treiben sich nun in tollem Übermut auf den Straßen herum, oft kommen fünfzig bis sechzig auf einem Platz zusammen; alles Volk ist auf den Beinen und läuft ihnen nach, schon in den frühen Morgenstunden strömt das Landvolk herein, um die Narren zu sehen, und hält aus bis in den späten Abend. 129

Die Dutt

Das Tal zwischen Tuttlingen und dem badischen Städtchen Möhringen heißt Duttental. Da soll einst, wie uralte Tuttlinger und Möhringer Leute von ihren Eltern sagen gehört, eine Göttin verehrt worden sein, die habe Dutt geheißen. Tuttlingen sei nach ihr so genannt worden. Man hat auch vor alten Zeiten mal in dem Tal eine weibliche Figur unter dem Moos gefunden, von blauem Sandstein. Schlank, von Menschengröße, mit etwas kleinem Kopf, zwei Gesichtern und einer Doppelbrust von großem Umfang. Diese Göttin wurde nach

Tuttlingen gebracht und mochte seit mehreren Jahrhunderten auf dem Stadtbrunnen gestanden haben. Endlich wurde das Bild um ein paar Batzen verkauft und von einem Maurer zerschlagen. Stücke in Mauern weiß man noch.

Im Duttental sei es auch sonst nicht geheuer. Vor vielen, vielen Jahren hütete ein Mädchen Pferde draußen, da sah es auf einmal eine große Menge Andächtiger, mit dem Pfarrer an der Spitze, wohlgeordnet daherkommen: in uraltertümlicher Kleidung. Wie im Nu flog alles in die Luft, und das Mädchen sah nichts mehr. Der mit dem langen schwarzen Rock vornean winkte ihr: sie ging aber nicht hin. Kaum waren diese sonderbaren Leute verschwunden, so stand das Mädchen vor einem großen Schloß in alter Bauart, in dem Leute wahrgenommen werden konnten. Oben bemerkte man Frauenzimmer; eine Magd war unten mit Kübelfegen beschäftigt, zwei Ritter turnierten miteinander, hieben auch mit Säbel aufeinander ein. Was sie redeten, verstand sie nicht und wußte sie nicht. Im Duttental soll in der Tat einstmals ein Schloß gestanden haben. 130

Die drei Zauberfrauen im Heiligentäle

Zwischen Möhringen und Tuttlingen ist ein Tälchen, Heiligentäle geheißen. Dort, gar nicht weit vom Duttental, wo die Duttfee oder Dupfe hauste, hielten sich vor alten Zeiten zwei, andere sagen drei Heidinnen auf, die Zauberei verstanden. Die drei Frauen hatten drei wunderschöne Schimmel, die den ganzen Tag weiden und nichts ackern und nichts ziehen durften. Zu den Frauen kamen die Leute von weiter Ferne her, wenn ihnen oder ihrem Vieh etwas fehlte, und holten Heilsames. Vorher mußten die Leute den drei weißen Rossen Ehre erweisen: niederfallen und opfern. Die Zauberfrauen konnten gegen alles helfen und hatten viele, viele

Kenntnis in den heilsamen Kräutern, die sie in Wald und Feld sammelten. Ein Tröpflein aus einem Güterchen (Fläschchen) verhalf von der Hexerei; andere Tröpflein ließen die Tiersprache verstehen, wieder andere machten, daß man Diebe und Übeltäter sah und kannte. 131

Die Mär von der Meerfai

Es ist auch unter unsern alten Vorfahren eine Sage gewesen, daß ein Freiherr von Zimmern, ein Freiherr von Tengen, samt einem Grafen von Kirchberg vor etlich hundert Jahren übers Meer gezogen seien; sie hätten lange im Krieg gegen die Ungläubigen gelegen. Einstmals seien sie miteinander an das Meer spazieren geritten; da seien sie zu einem lustigen Platz gekommen, dort stiegen drei schöne Frauen aus dem Meer auf. Zu diesen seien sie geritten, hätten sie gegrüßt und ein freundliches Gespräch geführt und seien dermaßen von den Meerfrauen beredet worden, daß sie ihnen die Ehe versprochen, auch folgends ihr Lebenlang bei ihnen blieben seien. Und soll vornehmlich von diesem Freiherrn von Zimmern eine besondere Linie abstammen.

Dieweil aber solches fabulosum, zudem unwissend, wann, durch welche Ursache, auch wie solche Herren mit Namen geheißen, so hab ichs vor authenticum nit anziehen, sondern wills allein für eine alte Sag, die vielleicht unsern Vorfahren zu Gefallen erdichtet, melden.

Es haben die drei Grafen Kinder von den Meerfaiinnen bekommen, daher dann, wie ich von Alten gehört, Frau Margret von Oettingen, so sie über ihren Gemahl, Herrn Johannsen Wernhern Freiherrn von Zimmern, oder über ihre jungen Söhne entrüstet gewesen, in Ungeduld soll gesagt haben: Diese oder jene Mängel kommen noch von der Meerfain her. Solches alles ist gleichwohl unglaublich, kann auch nit wohl in unsern Verstand gebracht werden. Zudem unsere Lehrer gemeinlich dem Text allein anhangen und was sie in ihren täglichen Büchern nit finden, entweder nit wissen wollen oder doch dem keinen Glauben schenken. 132

Das Mühlengespenst

Anno 1540 und etliche Jahr haben sich zu Meßkirch und in der Herrschaft Zimmern viel seltsame Händel begeben. Es hat der Wolf Spick, ein Müller zu Drettenfurt, einen Knecht gehabt, einen guten, frommen Gesellen. Der ist am Tag nach Georgi, als die Täg anfangen sich heftig zu strecken, gar früh aufgestanden, als es noch fast ganz dunkel war, des Vorhabens, die Mühle zu beschütten, die, wie ihn bedünkte, leer ging. Ob er sich nun in seinem Aufstehen gesegnet oder nicht, ist nicht bewußt. Wie er aber die Mühle seines Erachtens wohl beschüttet und wieder zu Bett gehen wollen, da hat er jemanden vor der Mühle rufen hören. Wiewohl er nur im Hemd war, ist er doch vor die Mühle hinausgegangen. Also hat er zwei schwarze, lange Männer gesehen, die sind auf der Scheiterbeuge gesessen, und plötzlich, ohne daß er sie gehen sehen, sind sie zu allernächst bei ihm gewesen, haben ihn, so erschrocken er war, unter die Arm gefaßt, und trotz seines Sträubens sind sie mit ihm davon gegangen. Haben mit ihm geredet und begehrt, er solle ihnen den Weg gen Mengen zeigen, und haben ihn also gewaltiglich und wider seinen Willen geführt bis auf das Brückle bei Igelswies (Hohenzollersche Enklave).

Da hat er doch den Allmächtigen so inniglich angerufen und gebeten, daß er ihn nicht verlasse, sondern von dem Gespenst väterlich erlösen wolle. Also sind ihnen plötzlich zwei Jungfrauen, die der Knecht nit gekannt, mit ganz weißen Kleidern angetan, erschienen. Die haben soviel mit den zwei

Männern geredet und verhandelt, daß sie ihn schließlich, aber nur ungern, auf dem Brücklein verlassen, und damit sind die Frauen und die Mannspersonen augenblicklich verschwunden, so daß der Müllersknecht nit gewußt, wohin sie gekommen. In der Zeit, als das Gespenst von ihm gewichen, hat er auf der Igelswieser Höhe im Holz ein solch grausamlichs, lautes Prasseln und Getös gehört, daß ihn nit anders bedeuchte, als ob alle Bäume daselbst danieder und übereinander gefallen wären. Der gute Gesell ist umgekehrt, und mit großer Müh ist er wieder in die Mühle gekommen und hat mehr einem Toten als einem Lebenden geglichen. Er ist an die vierzehn Tage so krank gelegen, daß er mit allen Sakramenten ist versehen worden, und männiglich sich seines Absterbens versah. Aber durch die Hand des Allmächtigen ist er wieder zu Kräften kommen und lebt in diesem Jahr 1566 (wo der Chronist schrieb) immer noch. 133

Kühner Sprung

Landgraf Max von Stühlingen, der sechs und einen halben Schuh hoch war, besaß ebenso große Gewandtheit wie Stärke. Die lange Treppe im Schloß zu Stühlingen sprang er in drei Sätzen hinab und bändigte die wildesten Pferde dadurch, daß er sie am Schwanz ergriff und schnell seitwärts wendete. Bei einem Gelag auf dem erwähnten Schloß stellte er mit dem Freiherrn von Wartenberg die Wette an: er werde eher auf seinem Roß als dieser auf dem seinigen sitzen, obgleich er dem Freiherrn, wenn der in den untern Stock gekommen, noch im obern an der Treppe Antwort geben wolle. Nachdem der Wartenberger die Antwort, wie verabredet, erhalten hatte, eilte er vor das Schloß, wo sein Rappe und des Stühlingers Schimmel aufgezäumt standen, und sieh! der Landgraf saß bereits wohlgemut im Sattel seines

Riesenpferdes. Er war aus einem Fenster des obern Stockwerks darauf gesprungen und hatte nun durch diesen kühnen Streich die Wette gewonnen. Noch heutigentags kennt man das Fenster; und ein Hufeisen des Schimmels, so groß wie eine Suppenschüssel, ist lange Zeit im Zeughaus zu Donaueschingen aufbewahrt worden. 134

Der Trompeter von Säckingen

Im siebzehnten Jahrhundert wohnten die Freiherren von Schönau als Meier des Stiftes von Säckingen im Schönauerhof, in dem nach ihnen genannten Schloß. Der damalige Schloßherr war ein großer Musikliebhaber und hatte eine sehr schöne Tochter. Zur geselligen Unterhaltung vereinigte der alte Herr oft die Musiker der Stadt in seinem Schloß. Unter ihnen war auch Werner Kirchhofer, ein ansehnlicher junger Mann. Zwischen ihm und dem Freifräulein entspann sich bald ein inniges Liebesverhältnis, das der gestrenge Vater sehr ungern sah. Darum brachte er seine Tochter in die kaiserliche Burg nach Wien als Hoffräulein und dachte: aus den Augen, aus dem Sinn. Die Tochter hatte sich jedoch mit Werner verständigt, daß er ihr folgen sollte, und als gegenseitiges Zeichen der Ankunft mit ihm verabredet, am Portal des Stephansdomes den Namenszug anzuschreiben. Werner reiste der Geliebten nach und fand bei seiner Ankunft das Zeichen am Portal; da erwartete er jetzt den Ausritt des kaiserlichen Hofzuges aus dem Dom. Als seine Braut ihn erblickte, sank sie vor freudigem Schreck in Ohnmacht. Der Kaiser forschte nach der Ursache, die ihm das Freifräulein auch offen gestand. Jetzt ließ der Kaiser Werner zu sich rufen, und da er großes Wohlgefallen an ihm fand, ernannte er ihn zum Hofkapellmeister und erwirkte schließlich auch des Vaters Einwilligung zum Ehebündnis der beiden. 135

Der feurige Mann

Ein Laufenburger Schiffer, Joseph Zimmermann, fuhr eines Abends spät mit seinem Weidling (kleines Fahrzeug) von Säckingen heimwärts. Als er dem sogenannten Scheffigen (Anlandungsplatz) gegenüber war, sah er den jenseitigen steilen Rain herunter einen feurigen Mann kommen, sich dem Ufer nähern und mit den Händen fortwährend winken und andeuten, er möchte ihn herüberholen. Der unerschrokkene Schiffer, wohl überlegend, daß er keine andere Wahl habe, wenn er nach Hause wolle, fuhr hinüber, nahm ohne alle Umstände den ungebetenen Rufer auf den Vorderteil des Weidlings und ruderte mit ihm nach dem jenseitigen Ufer zurück. Dort angekommen, wollte ihm jener zum Dank die Hand reichen. Allein der Schiffer, wohl wissend, daß es auf diese Art um ihn geschehen wäre, reichte dem Feuermännlein statt der Hand das Ruder, in welches jener dann auch deutlich alle fünf Finger einbrannte. Selbst dem Boden des Schiffchens hatte er, wo er gesessen, den ganzen Sitzteil vollständig eingebrannt.

So erzählen's noch viele Schiffer dort, wie sie es von ihren Vätern und Großvätern gehört haben. 136

Erdmännli durch Neugier verscheucht

Ufem Humbel sell früher emol e Schloß gstande si, des mit eme unterirdische Gang unterm Rhi dure mit eme Schwizer Schloß verbunde gsi si sell. Dr Schloßherr hät si Graf Bernhard vo Öflige gnännt un sell e recht guete Herr gsi si, isch aber von eme Raubritter abem Schwarzwald überfalle und plünderet worde und's Schloß niederbrännt.

Druf sind Erdmännli mit große Bärte und lange Chutte in d' Höhle cho und hänt sich mit de Lüt ganz gmei g'macht, so daß sie mengmol mit ene z'Nüni und z'Obe gno händ, wenn si im Hard gschaffe händ. Me hätt zue dene Mändli au «Hardmännli» gseit, wil si ihre Höhli im Hard äne gha händ. Mängmol sind sie ins Dorf cho und händ bi de Lüte Messer und allerhand für Gschirr vertlehnt, händs aber allemohl pünktlich wieder brocht. Sie händ mänge guete Rot erteilt bi Krankheite vo Lüte und Veh, wil si d'Krüter guat kennt händ.

Unter de lange Chutte hät me ne d' Füeß it gsähe, d'Lüt händ gmeint, sie häbe Gänsfüeßli. Druf hät en Bur 's Wunder gstoche und hät Äsche gstreut, um d'Füeß abdruckt i de Äsche z'sähe. Uf sell sind aber d'Hardmännli verschwunde. 137

'S Mordhälsele

Is Hilare Lepolde Hus – s'isch jetz abbrennt – hät e Frau mit ihrem Ma it guet glebt; sie sin gar it mitenandere us-cho. Dr Frau isch die Gschicht verleidet un emol z'Nacht, wo er gschlofe hät, nimmt sie de Beiel un haut em dr Chopf ab. Die Sach isch ere it us-cho. Wo sie aber gstorbe gsi isch, hän d' Lüt kei Ruh meh gha im Hus. Die ganz Nacht isch die Fru im Hus umme, hät mit ihrem Beiel a de Tremer un Stüde ume klopfet un allewil gseit: «Ma, Ma Chopf abghaue.»

D'Lüt händs nimme usghalte un hän de Geist welle us em Hus ha. 'S isch öber von en uf Dornach abe un hät e Chapuziner gholt. Der hat de Geist welle ine Güterli (Fläschchen) ine tue. Der hät en aber it ie brocht, bis er em verlaubt hät, er dörf alle siewe Johr wieder en Hahneschritt näher zum Hus cho. Derno hät er en is Güterli ie tue un en Ma hät des Güterli i d' Chnebelhalde hintere treit un in e alte Stock ie gleit. Derno ischs aber scho i dr nächste Nacht losgange! Die ganze Nacht bis am Morge, vor dr Guhl kreih hät, hät de Geist mit sim

Beiel a de Bueche rumklopfet un allemol gseit: «Ma, Ma Chopf abghaue. Ma, Ma Chopf abghaue.»

Jetz ischs Mordhälsele afange bald bim Hammertich vorne un händs scho viel Lüt ghört. Mir häts d'Muetter gseit, die Frau, wo die chleine Chind im Schwelehüsli hinte holt, wenn öber eins bstellt bi'nere. Die häts mengmol ghört z'Nacht, wenn sie so e chlei Büebli oder Maidele gholt hät. Mer wäre mengmol au gern gange goh luege, wo die Chind sin, aber mer händ is alle gförcht vor em Mordhälsele. Jetzt ischs Schwelehüsli eweg un jetz hört mer au nüt meh vom Mordhälsele. 'S hät aber au keine Bäume meh dört vüre, wos cha klopfe dra. 138

Der Forstjoggele

In dem Oberschwörstadt gegenüber gelegenen Forst auf der Schweizer Seite jagt zur Nachtzeit der Forstjoggele. Er hat früher die Lachsfischer ins Wasser geworfen und ihnen die Beute abgenommen. Jedes Jahr am ersten Adventsonntag darf er einmal «hohopp» rufen, dabei gelangt er jedesmal einen Hahnenschritt näher nach Rheinfelden. Aber erst, wenn er ganz dort angekommen ist, wird er erlöst sein.

Manchmal schon stieg er abends zu den Fischern, die vom Rhein heimkehrten, plötzlich in den Kahn. Sobald sie aber auf die Rheinmitte kamen, verschwand er und hinterließ einen solchen Gestank, daß die Fischer betäubt in das «Gewild», die Stromschnelle oberhalb Beuggen, hinabtrieben und ertranken.

Wer nachts nach Betzeitläuten auf dem Weg von Möhlin (Schweiz) zum Niederschwörstadter Fahr ruft: «Joggele kumm!», den schlägt er auf den Boden, daß er bis zum Läuten der Morgenglocken liegenbleibt. 139

Der Rhein bei Schaffhausen. Kupferstich aus: Daniel Meisner, Politisches Schatzkästlein, 1. Buch, 2. Teil, Frankfurt 1625

Der lange Stein

Der lange Stein ist ein mächtiger Block von Nagelflue, den die das Tal durchbrechende Wutach nicht aus seinem Lager zu heben vermocht hat. Bis zur Stunde ist er ein Gegenstand mannigfachen Aberglaubens. Von dort kommen die neugeborenen Kindlein, dorthin kommen nach dem Tod die gespensterartig umgehenden Bösen. Nach ihm soll einst der Graf von Sulz von der Altane seines Schlosses zu Tiengen aus zur Scheibe geschossen haben. 140

Der Spuk im Schloß Homburg

Nicht weit vom Zusammenfluß der Wutach und Schlücht stand vor Zeiten das Schloß Homburg, von dem jetzt nur noch wenig Gemäuer übrig ist.

In dem Schloß hauste ein Ritter, welcher aus Kirchen und Klöstern einen großen Schatz zusammenraubte und ihn in dem unterirdischen Gang verbarg, der von der Burg auf das

Schloß Küssaberg führte. Dort liegt er noch heute in den Höhlen der Teufelsküche, und alle hundert Jahre erscheint in der Fastenzeit die Tochter des Ritters, um jemand zu finden, der den Schatz hebe und dadurch sie und ihren Vater erlöse. Sie ist ein wunderschönes Seefräulein mit goldgelben Haaren, nach den einen ganz wie ein Mensch, nach den andern unten wie ein Fisch gestaltet. Häufig badet sie in der Wutach, oder sonnt, wäscht und kämmt sich an deren Ufer. Zu einem Fischer, welcher nachts in dem Fluß zu fischen pflegte, kam sie öfters und sprach zu ihm: «Geh mit mir zu dem Schatz, berühre die Kiste, worin das Geld liegt, dann muß der Böse weichen, und du erhältst all den Reichtum und erlösest mich und meinen Vater miteinander.»

Nach mehrmaligem Weigern folgte er ihr endlich; aber kaum war er unten, trieb ihn die Angst wieder zurück. Mit Bewilligung des Fräuleins nahm er das nächste Mal einen Kapuziner von Waldshut mit hinab. In der ersten Höhle, in die sie kamen, befand sich nichts von besonderem Wert, in der zweiten kostbares Kirchengerät nebst einem goldenen Kegelspiel, und in der dritten der Hauptschatz: eine große Eisenkiste voll Geld. Auf der lag aber ein schwarzer Pudel mit glühenden Augen und spie Feuer. Bei diesem Anblick fiel der Fischer in Ohnmacht, worauf der Kapuziner ihn hinaus ins Freie brachte, und das Fräulein klagte, daß sie mit ihrem Vater nun wieder hundert Jahre lang unerlöst bleiben müsse.

In dem Schloßgemäuer sind schon nachts geharnischte Männer zu Pferd und schöngekleidete Ritterfrauen gesehen worden. 141

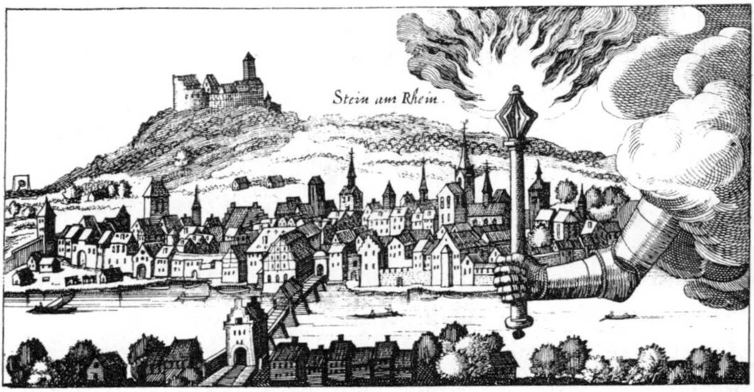

Stein am Rhein. Kupferstich aus: Daniel Meisner, Politisches Schatzkästlein, i. Buch, 3. Teil, Frankfurt 1625

Die Gründung des Klosters Rheinau

Als noch auf dem Platz, wo jetzt Schaffhausen liegt, nur ein Kloster und eine Schiffländе waren, fischte einst dort im Rhein ein reicher, vornehmer Edelmann. Darüber schläfrig geworden, lenkte er den Nachen, worin er allein war, in eine Bucht, legte sich in ihm nieder und schlummerte ein. Während er so im Schlaf lag, wurde der unbefestigte Kahn von den Wellen allmählich aus der Bucht in die Strömung des Flusses gespült, und nun ging es mit ihm schnell und stets schneller dem Rheinfall zu. Der Edelmann schlief noch immer und erwachte selbst dann nicht, als er mit dem Nachen den gräßlichen Fall hinabgerissen wurde. Als er die Augen aufschlug, lag der Kahn, unbeschädigt wie er, eine Stunde unterhalb des Rheinfalls am einsamen Ufer. Da erkannte der Edelmann, was mit ihm geschehen und wie er wunderbar von Gott erhalten worden. Zum Dank hierfür stiftete er am gleichen Ort ein reiches Kloster, welches die noch bestehende Benediktinerabtei Rheinau ist. 142

Die drei Wasserstelzen

Inmitten des Rheinstromes lag auf einem Inselfelsen die zerfallene Burg Schwarzwasserstelz, vom Volk kurz das schwarze Schloß geheißen, weil in alter Zeit die Burg auf die schwarze Felsenstelze erbaut worden war. Jetzt ist das Gebäude, das zuletzt als Mühle benützt wurde, abgetragen.

Auf dem festen Wasserschloß saß vor vielen hundert Jahren ein mächtiger Freiherr mit seinen drei Söhnen Jakob, Kurt und Marquard. Sie waren alle drei wackere Kämpen, und der alte Ritter ging oft mit sich zu Rate, welchen von den dreien er als den Würdigsten zum Nachfolger erwählen sollte. Endlich, da er gar nicht bei sich einig werden konnte, ging der Ritter zu einer alten Frau, die nicht weit von der Burg im Hohentengener Wald hauste und im Ruf großer Weisheit stand, und fragte um Rat. «Demjenigen, dessen Name dir auf dem Heimweg von einem Tier zugerufen wird, dem gib dein Hab und Gut, er ist der Bravste», so lautete des Weibes Bescheid. Der alte Herr ritt davon und sann über die seltsame Rede der Frau nach. Wie er aber nach einer Weile aus dem Wald an den Rhein geritten kam, flog ihm ein Rabe entgegen, der mit heiserer Stimme schrie: «Jak, Jak, Jakob.» – «Nun, da haben wir's», rief der Ritter erstaunt bei des Vogels Geschrei, «Jakob, mein Jüngster, soll der Erbe meiner Güter werden, die Alte weiß doch Bescheid.»

Nachdenklich davonreitend kam der Ritter an einen Sumpf; mitten in den Binsen saß ein riesiger grüner Frosch, der quiekte und quakte dem Ritter aus Leibeskräften entgegen: «Marg, Marg, Marquard.» – «Also auch der Zweitjüngste soll an der Herrschaft teilnehmen», sagte aufhorchend der alte Ritter. Und es betrübte ihn sehr, daß der Erstgeborene allein leer ausgehen sollte. Von der Tiere Weisheit nicht sonderlich erbaut, ritt er davon, und bald sah er von weitem die Umrisse seiner Burg. Unweit der Teufelsbrücke aber hörte er plötzlich vom Hügel jenseits der Schlucht herab das Geschrei einer wilden Taube: «Gur, Gur, Kurt.» Der Ritter wußte nicht, was er denken sollte, jetzt war er gerade so weit wie am Morgen. Da kam ihm endlich ein guter Gedanke: Sind alle gleich brav, so sollen sie auch gleich viel haben.

Also teilte er seine Güter und baute für Jakob das Schloß Rotwasserstelz oder Rötteln gegenüber dem Städtlein Kaiserstuhl am Rhein. Für Kurt errichtete er eine Burg auf dem Hügel, darauf die Taube geschrien und nannte sie Weißwasserstelz. Marquard aber erhielt das alte Stammschloß am Rhein, weil sein Name von einem Wassertier war gerufen worden. Von Schwarzwasserstelz berichtet die Sage, daß einst dort hausende Ritter den Verkehr auf dem dortigen Stromgebiet unsicher machten, indem sie die Leute durch Pfeilschüsse zwangen, zu landen und Durchgangszoll zu zahlen. 143

Der Bodensee

Ein gewitzter Bauer

Ich wurde einstmals mit einem Trupp der Götzischen Armee, die damals in Neustadt auf dem Schwarzwald lag, in die Schwabenheit kommandiert, da kriegten wir einen Bauern zu fassen, der uns den Weg am Bodensee weisen mußte. Diesen fragten wir zum Spaß, ob er schwedisch oder kaiserisch sei. Er aber dachte bei sich: sagst du kaiserisch, so geben sich die hier für Schweden aus und räumen dir den Buckel ab; sagst du aber schwedisch, so widerfährt dir's umgekehrt. Also antwortete er, er wisse es nicht. Schelm, sagt ein Reiter zu ihm (denn damals waren wenige redliche Leute; die Soldaten nannten die Bauern Schelme, damit sie es hörten – hingegen die Bauern die Soldaten Diebe schalten, wenn sie es nicht hörten), du wirst doch wissen, wem du zugehörst?

Nein, ihr Herren, antwortete der Bauer, dies ist ohne Gefahr nicht auszusprechen, es sei denn, ich wäre auf meinem Mist. Darauf sagte der Offizier: Wenn du mir die Wahrheit bekennst und sagst, wie es dir ums Herz ist, so will ich dich gleich deines Weges laufen lassen; wenn nicht, so mußt du im Bodensee, neben dem wir eben vorbeiritten, ohn alle Barmherzigkeit ersaufen. Der Bauer antwortete: Ich habe mein Lebtag gehört, ein ehrlicher Adelsmann (wie ich euch für einen ansehe) hält sein Wort.

Darum will ich ebenso umso mehr auf solche Parolen die Wahrheit sagen (wenn ich deren nur sicher bin), als stillzuschweigen oder gar im See zu liegen und zu versaufen.

Ein Schelm ist, wer sein Wort nicht hält, antwortete der Offizier. Da sagte der Bauer, es bleibt dabei; was aber meine Affektion anbelangt, so wollte ich wünschen, die kaiserischen Soldaten wären eine Milchsuppe so groß wie dieser See, und die Schwedischen wären die Brocken darin. Alsdann möchte der Teufel sie miteinander auffressen.

Das gab bei uns ein Gelächter – und dem Bauern wieder die Freiheit. 144

Hans Jakob Christoffel von Grimmelshausen

Das bessere Gebet

Von einem Einsiedel, der in den helvetischen Landen gewohnet (ich weiß aber nit in welchen Jahren) hab ich mir von einem vornehmen gelehrten Mann erzählen lassen, daß ihn der Weihbischof von Costnitz (Konstanz) besucht hat, um zu erfahren, was hinter ihm stecken möge. Da habe er eine pure Einfalt angetroffen, und als er den Einsiedel gefragt, was er bete, hätte er geantwortet, er bete nur ein kurzes lateinisches Gebet. Als nun der Weihbischof gefragt habe, wie es laute,

Marodeure im Dreißigjährigen Krieg. Satirisches Flugblatt um 1630

hätte er geantwortet: o Domine miserere Dei! o Domine miserere Dei! Darauf habe der Bischof gesagt: Du betest nicht recht, sondern mußt sagen: o Domine miserere mei.

Als er nun seinen Rückweg angetreten und über den Bodensee fuhr, sei der Einsiedel auf dem Wasser dem Schiff nachgeloffen, rufend und bittend, man solle ein wenig innehalten, er hätte das Gebet vergessen und wäre wieder auf die alte Redewendung gekommen.

Als aber der Weihbischof das Wunder gesehen, hätte er das Kreuz über ihn gemacht und gesagt: Gehe hin in Gottes Namen, du kannst besser beten als ich. Darauf sei der Einsiedel wieder umgekehrt und habe sich zurück in seine Klause begeben. 145

Hans Jakob Christoffel von Grimmelshausen

Der Ochs am Bodensee

In Oberschwaben fütterten die Bauern ehedem ihre Ochsen dergestalt, daß sie eine ungeheure Größe erreichten. Da behagte es einmal einem solchen Ochsen nicht mehr in seinem Stall; er brach aus und lief fort, bis er an den Bodensee kam. Da stutzte er eine Weile, besann sich aber nicht lange, sondern spazierte in das Wasser hinein und nahm bei jedem Schritt einen Schluck zu sich, und das ging so fort, bis er durch den ganzen See hindurch gegangen war und auf der anderen Seite am Schweizer Ufer wieder herauskam. Da hatte er so nebenbei im Gehen den ganzen See ausgetrunken. Nun dachte der Ochs, er wolle sich doch auch die Schweiz ein wenig ansehen und ging hinein. Wie er nun einmal stillstand und sich die fernen Berge ansah, kam ein mächtiger Vogel und setzte sich auf das eine Horn des Ochsen. Nach einer Weile schüttelte der Ochs ganz ruhig nur ein wenig seinen Kopf, worauf der Adler fortflog und sich auf das andere

Horn setzen wollte. Bis er dies aber erreichte, brauchte er nicht weniger als zwei volle Stunden. Da kann man sich wohl denken, was das für ein großer Ochs gewesen sein muß. 146

Der feurige Fischer

Früher sah man auf dem Bodensee zur Nachtzeit oftmals einen feurigen Mann, den man nur den feurigen Fischer nannte. Der lief auf der ganzen Fläche des Sees umher und neckte die Fischer, welche bei Nacht fuhren, und setzte das oft so lange fort, bis sie ihm ein Band oder ein gewobenes Seil zuwarfen und ihm zuriefen: «Fischer, hier hast du ein Bändel!» Dann kam er sogleich ans Schiff und nahm das Bändel oder Seil und zündete es an, und manchmal soll er gesagt haben: «Solang dies Bändel brennt, solang darf ich ruhen von meinen höllischen Qualen.»

Man hat ihn an allen Orten, die am Bodensee liegen, schon gesehen. Da geschah es dann wohl, daß die Spinnerinnen, die den feurigen Fischer auf dem See erblickten, ihm zuweilen einen lang und dick gesponnenen Faden zum Fenster hinaushielten und ihm zuriefen. Augenblicklich stand er hinter dem Fenster und nahm den Faden, und wenn jener recht lang war, schlug er ein helles Freudengelächter auf und begab sich wieder auf den See und zündete den Faden an. 147

Poppele neckt einen Müller

Zu einem Müller aus Radolfzell, welcher abends vom Möhringer Fruchtmarkt heimfuhr, kam unter der Burg Hohenkrähen ein schlechtgekleideter Wanderer und bat, ihn bis Singen mitzunehmen, was ihm auch bewilligt wurde. Kurz vor

Singen mußte der Müller absteigen, wobei er mit Schrecken inne ward, daß der Geldgurt, den er um den Leib hatte, ganz leicht und leer geworden sei. Voll Verdacht blickte er auf den Wanderer, der neben ihm gesessen; aber der sagte ganz gleichgültig: «Ich habe das Geld nicht; geht einmal zurück, vielleicht findet Ihr es wieder.» Da schaute der Müller sich um und sah beim Mondlicht vor sich auf dem Weg einen Taler liegen; unweit davon fand er einen zweiten und einige Schritte weiter einen dritten. Hierüber lachte der Wanderer laut auf, stieg vom Wagen und verließ den Müller. Nun merkte dieser, daß er es mit Poppele, dem Spukgeist von Hohenkrähen, zu tun habe; schnell stellte er sein Fuhrwerk in Singen ein und ging suchend auf der Landstraße eine Stunde weit zurück. Nach und nach fand er alle seine Taler, den letzten morgens um fünf Uhr an der Stelle, wo er den Poppele auf den Wagen genommen hatte. 148

Teufel kommt vom Conzilium

Zur Zeit, als das große Conzilium von Konstanz gehalten wurde, gab es in der Stadt eine zahllose Menge schlechter Frauenspersonen, die von allen Seiten dahin strömten. Eines Tages geschah es, daß ein Läufer über Feld bei Winterhaur lief, dem kam ein Weibsbild entgegen, so schön, wie er noch keins gesehen, das ihn verleiten wollte. Der Läufer fragte die Frau, woher sie käme, und sie sprach: «Ich komme vom Konstanzer Conzilium.» Als sie sah, daß der Läufer auf einen vollen Geldsack schaute, den sie an der Seite trug, fügte sie noch hinzu: «Und das Gold all habe ich mir mit meinem schönen Körper verdient.» Kaum hatte sie aber das Wort aus dem Munde, als sie verschwand, gleich einem Dampf, und nun erkannte der Läufer wohl, wen er vor sich gehabt. 149

Zweckentfremdung

Nachdem die Johanniskirche in Konstanz eingegangen war, wurde sie als Stall benützt. Aber alles Vieh ging darin zu Grunde, namentlich wurden den Geißböcken nachts von unsichtbarer Macht die Hälse umgedreht. Da hörte man auf, die Kirche als Stall zu gebrauchen. 150

Domherrengespenster

Ungeheuer Wesen ist in den Domherrenhäusern zu Konstanz nit seltsam und ungewohnt, denn als Herr Albrecht von Landenberg, ein gar alter Domherr anno 15.. zu Konstanz gestorben, haben etliche ehrbare Personen des Morgens früh, als sie zur Messe gehen wollten, vor dieses Domherrn Hof an der Mauer einen langen, schwarzen Mann sitzen sehen; der hat sich aufgetan und ist so lang geworden, daß er über die Mauer in den Hof gesehen. Das ist zehn oder zwölf Tage vor seinem Absterben geschehen.

Als der Domdechant zu Konstanz, Herr Friedrich von Hinweil, tödlich krank gelegen, hat man etliche Tage vor seinem Tod, als das Münster oder der Dom abends, wie gebräuchlich, geschlossen wurde, ein solch Getümmel, Klopfen und Schlagen gehört, als ob man alle Schlösser und Türen aufbreche und große Gewalt anwende, dermaßen, daß alle Nachbarn, auch etliche Domherrn wie Herr Melchior von Bubenhoffen und andere mit bewehrter Hand zum Dom eilten.

Da haben sie das große Gebrech noch gehört und nit anders vermeint, es hätten sich Leute in den Dom verschlagen, die über alles brechen. Wie nun der Meßner und andere, so hierzu beschieden waren, geweckt waren und kamen, ward die Kirche aufgeschlossen. Sobald man hineindrang, war alles Getümmel vergangen. Man sah und hörte nichts, es lag alles an seinem Ort. 151

Reichenau

Die Insel Reichenau war ehemals ein wildes Eiland, das in dem Gebiet eines Austrasischen Landvogts namens Sintlas lag, der auf der nahen Burg Sandeck, oberhalb Bernang am Untersee, wohnte. Von ihm hieß die Insel die Aue, auch die Sintlas-Au.

Sintlas war ein frommer Mann und eifrig um die Verbreitung des Christentums in seinem Gebiet besorgt. Seinen Bemühungen gelang es, den heiligen Pirmin als Apostel für seine Heimat zu gewinnen. Im Jahre 724 kam jener in das Gebiet des Sintlas, der ihn bat, ein Haus der Andacht in der Gegend zu gründen. Der Heilige wählte dazu die nahe Insel, die der See von allen Seiten umfloß; weil sie aber voll greulicher Würmer war, riet ihm Sintlas ab. Pirminus Entschluß blieb jedoch fest; von einem Schiffer begleitet, fuhr er auf die Insel hinüber, die damals nur finstere Wälder, dorniges Gebüsch und Sümpfe enthielt, worin eine Unzahl Kröten, Schlangen, giftige Insekten und anderes Getier hausten.

Als der Heilige südlich von Deichmanns Schlößchen ans Land stieg, da entstand wunderbarerweise an der Stelle, wo sein Bischofsstab die Erde berührte, eine Quelle. Die häßlichen Tiere aber flohen und schwammen über den See. Drei Tage und drei Nächte soll ihre Flucht gedauert haben. Als nun die Insel für immer von den Tieren befreit war, reinigte Pirmin mit vierzig seiner Genossen das Eiland von dem wildverschlungenen Gesträuch, und bald war die Insel für Menschen wohnlich.

In kurzer Zeit erhob sich durch den Fleiß des heiligen Mannes und seiner Brüder ein Kloster, das bald die Zierde der ganzen Seegegend werden sollte. Leider mußte Pirminus schon nach drei Jahren infolge der Streitigkeiten der Alemannen und Franken die Insel verlassen. Bevor er abreiste, setzte er seinen Schüler Heddo oder Etto als Vorsteher seines Stifts auf der Sintlas-Au ein. Dieser führte die Ordensregel des heiligen Benedikt ein. Ungewöhnlicher Segen begleitete die Stiftung. Könige und Kaiser wetteiferten in ihren Schenkungen an das Kloster. So kam es, daß die Reichenau in den ersten Jahrhunderten nach ihrer Stiftung das begütertste Kloster weit und breit war und mit allem Recht ihren Namen Reichenau führte. Heute noch geht die Sage, wenn der Abt von Reichenau nach Rom reiste, konnte er jede Nacht auf eigenem Grund und Boden zubringen. Das mag durch den Umstand entstanden sein, daß das Kloster bedeutende Besitzungen am Comer See in Italien hatte.

Weithin drang der Ruhm des Klosters, das lange Zeit neben St. Gallen eine der ersten Bildungsstätte des südlichen Deutschlands wurde. (152)

Johann von Bodman

Um das Jahr Christi 1308 lebte Johann von Bodman, des uralten adligen Geschlechts am Bodensee, welcher in seiner Jugend ganz wunderlich bei dem Leben erhalten worden. Das hat sich also zugetragen. Es kam ein Schwarzkünstler und fahrender Schüler an diesen Ort, welcher dem Herrn zugesagt und versprochen, er wolle durch seine Kunst zuwege bringen, daß forthin in dieser Gegend um den Bodensee herum kein Nebel oder Reif den Weinreben mehr Schaden bringen solle, welches man ihm aus vorgehenden Taten geglaubt und große Freud gehalten.

Als nun das ganze Hausgesind mitsamt den Junkern fröhlich getanzt, schlug unversehens ein feuriger Strahl in das

Schloß, so daß es an allen Orten anfing zu brennen. Daselbst sind sieben Edelmänner mitsamt dem Hausgesinde, Knechten und Mägden jämmerlich zugrundegegangen. Zu dieser Stund erbarmet sich die Säugamme gar sehr ihres jungen Kindes, und weil sie besseres nit mögen, erwischte sie einen ehernen Hafen, setzt das Kind darein, machte viel Tücher zu Ring um es, damit es wohl befestigt wurde, und warf es von einem hohen Turm über das Schloß hinaus, da es dann auch am Leben erhalten und von dem zulaufenden Volk erkannt und hingetragen worden. So war Johannes allein von diesem Geschlecht damalen überblieben, ward auch in allen Tugenden auferzogen. Sobald er auch erwachsen, ist er dem kaiserlichen Feldlager nachgezogen und hat sich dermaßen wohl gehalten, daß er zum Ritter geschlagen worden. Nach diesem kam er wieder heim, erneuerte seiner Vorfahren Wohnung und hielt sich so löblich, daß ihn jeder sehr geliebt. Es sind alle seine Nachkommen aber von ihm her Johannes geheißen und in dem Kloster Salmannsweiler ehrlich zur Erde bestattet worden, da dann diese Historien an eine Tafel gemalt. 153

Überlinger Wahrzeichen

Der Christophsturm hatte fünf kleine Türmchen, wovon das fünfte, auf der westlichen Mauer, zwischen zwei andern so in der Mitte angebracht war, daß es bei entfernter Betrachtung des Turms von Nordosten und Süden gar nicht gesehen wurde. Durch den Abbruch des Turmes im Jahre 1813 verschwand das alte Überlinger Denkzeichen: «Fünfe ist grad.»

Wenn ich recht weiß, so gilt die Neckerei «Fünfe ist grad» auch von Mettingen bei Eßlingen und von sonst einigen Orten. Man erinnere sich auch des Rätsels: Wo sind fünfe gerade? Antwort: In Straubing, da hat das Rathaus fünf gerade Türmchen. 154

Der Geist der Gunzoburg

In der Oberstadt Überlingens, dem sogenannten Dorf, steht ein altes Haus, welches die Burg heißt; denn der Alemannenherzog Gunzo soll hier gewohnt haben. Überlingen (Iburinga) war nämlich ursprünglich der Sitz der Herzöge von Alemannien. Über dem Tor des Hauses ist das Bild eines geharnischten Ritters zu sehen mit der Inschrift: «In dieser Burg residierte im Jahre 641 Gunzo, Herzog von Schwaben und Alemannien.» In früheren Zeiten erschien den Hausbewohnern bisweilen ein großer, über sechs Fuß hoher, schwarzer Ritter mit geschlossenem Visier; er kam plötzlich und verschwand ebenso. Auch manchen Leuten, welche hinter dem Haus das Burggäßchen hinaufgingen, begegnete er, verfolgte sie und warf sie in den Stadtgraben hinab. Als aber unter die Dachtraufe an der unteren Hausecke gegen das Gäßchen ein Kreuz unter Ziegelsteinen vergraben worden war, konnte der Geist nicht mehr herunterkommen. Im Haus jedoch zeigte er sich noch von Zeit zu Zeit. Vor etlichen Jahren kam er abends in das Zimmer, wo die Frau des Hausherrn bereits zu Bett lag. Die Tür öffnete sich geräuschlos; ein schwarzer, gewaltig großer Ritter mit unkenntlichem Gesicht trat herein, in der Hand ein Kohlengefäß, aus welchem Feuerfunken sprühten. Nachdem er im Zimmer umhergegangen, beugte er sich über das Bett der Frau und schüttete das Flammengefäß aus, so daß sich das Feuer über das Bett ergoß, ohne jedoch den geringsten Schaden anzurichten. Die Frau aber gebar bald darauf ein Kind mit schwarzen Brandmalen. 155

Die Gründung des Überlinger Schwerttanzes

Die Überlinger mußten einst in den Krieg ziehen und stellten dem Kaiser hundert Mann. Am Morgen des Ausmarsches besuchten sämtliche hundert Krieger den Gottesdienst in der St. Jodok-Kirche und ließen sich segnen, mit Ausnahme eines einzigen Mannes, der nicht in die Kirche ging. Vor dem Eintritt in die Kirche wetzten sie nach altem Brauch an den Steinsäulen des Portals ihre Schwerter, um sie dadurch zu weihen. Noch jetzt sieht man am Portal die Spuren dieses Waffenschleifens; es sind sogenannte Rillen, d. h. napf- und schiffchenförmige Vertiefungen, wie man sie an den Eingängen auch anderer Gotteshäuser manchmal trifft. Im Krieg selbst zeichnete sich aber die Überlinger Mannschaft aufs rühmlichste aus, und sämtliche Soldaten kehrten wohlbehalten zurück mit Ausnahme desjenigen, welcher vor dem Ausmarsch die Kirche nicht besucht, denn er war im Kampf gefallen. Der Kaiser aber verlieh hierauf den Überlingern für ihre im Feld bewiesene Tapferkeit das Privilegium des Schwerttanzes. 156

Heiligenberg

Vom Hohentwiel wie vom Arenaberg aus, vom Bodensee und Rhein und von den Alpen aus ist Heiligenberg sichtbar, das durch mannigfache mittelalterliche Kunst berühmte Schloß des Fürsten zu Fürstenberg. Was heute diesen Namen führt, ist teils im 13., teils im 16. Jahrhundert entstanden; vorher stand die Burg der Grafen von Heiligenberg eine halbe Stunde westwärts, gegenüber einer Keltenfeste, auf einem Hügel, der, nach allerlei Funden zu schließen, vielleicht das Grab eines keltischen Häuptlings in sich schließen dürfte.*

* Der Name Heiligenberg kommt schon in Urkunden des 10. Jahrhunderts vor.

Hohentwiel und der Hegau. Stahlstich von W. Kelsall, nach Zeichnung von L. Mayer. Aus: Gustav Schwab, Wanderungen durch Schwaben, Leipzig 1837

Über die Entstehung dieses «Alt-Heiligenberg» erzählt Thomas Lyrer von Rankweil: Zur Zeit der Kaiserin Helena kam ein Edelmann aus Trier. Diesen bat die Kaiserin, daß er in deutsche Lande zöge und ihr eine Stätte erwählte, wo sie einen Teil der Heiligtümer aus Palästina hinsenden könnte, daß sie verehrt würden. Emerius, aus dem Geschlecht der Marpach in Trier, war willig, zog aus und besah sich manchen Ort. Zuletzt kam er in Schwaben auf einen Berg, der ihm recht gefiel. Hier baute er eine Kapelle zu Ehren des heiligen Kreuzes. Dann zog er wieder zu Helena und sagte ihr, was er in Schwaben gefunden und geschaffen hätte. Die Kaiserin bat ihn, auch zu suchen, ob jemand auf dem Berg seine Wohnung nehmen wolle. Da antwortete er: «Könnt ich mit einigem Nutzen Euch zu Ehren sein, so wollt ich selbst hinziehen mit Weib und Kindern, denn es mir außermaßen allda wohlgefällt.» Dafür sagte sie ihm Dank. Er möge sich nur rüsten. Bald gab Helena dem Emerius ein großes Stück vom heiligen Kreuz, von Krone, Säule, Geißel, Rute und von dem Essigschwamm, dann Teile vom Haar Mariä und von dem Mantel und dem Schleier, von Jesu Spottkleid und von dem Stein, auf dem er betete am Ölberg; und sie gab ihm sonst mancherlei Heiligtum und viel Gut an Gold und Silber. Mit all den heiligen Sachen zog Emerius wieder aus und baute sich auf dem Berg in Schwaben eine schöne Wohnung und Feste. Als er gebaut hatte, kam ein jämmerlicher Siechtag in die Welt, so daß die Leute nur niederfielen und viele starben. Auf einem Feld am tiefen See wohnte zur Zeit eine heilige Frau namens Clareta. Dieser besagte ein Traumgesicht, daß die Krankheit ein Ende nähme, wenn die Menschen auf den neuen Berg pilgern wollten. Von da an war großer Zulauf zum Berg, der samt Feste jetzt der «Heiligberg» genannt wurde, wie die Söhne des Emerius den Namen derer «von Heiligenberg» führten, die unter dem Volk viele Zinspflichtige und Untertanen bekamen.

Dies Emporkommen der Heiligenberger war aber Zweien ein Dorn im Auge. Mit viel Streitbaren zogen sie am zwölften Tag des März vor den heiligen Berg. Vier Tage schon lagerten sie vor der Burg. Da wurde alles Volk mit Blindheit geschlagen. Auf Frau Claretas Rat schlossen die Belagerer jedoch Frieden, wurden zu den Heiligtümern geführt und durch deren Segenskraft von Stund an wieder sehend. Zum Dank übergab der eine der feindlichen Herren seine Tochter dem Sohn des Emerius, der Alban hieß, zur Frau, indessen Emerius für diesen Sprößling die Burg Waldsee baute. 157

Gewahrtes Recht

Lange Zeit war das Stift Salem mit Fürstenberg wegen der Grafschaft Heiligenberg in Streitigkeiten verwickelt. Die Grenzlinie der heiligenbergischen Gerechtigkeit ging mitten durch die Münsterkirche zu Salem. Und es soll einst ein Graf von Heiligenberg, um sein Recht zu wahren, mit dem ganzen Jagdgefolge durch die Kirche gezogen sein. 158

Die gefrorenen Trauben

Anno 1370 in der elftausend Mägdenacht (21. Oktober), da gefror der Wein an den Reben, daß er so hart war wie ein Stein. Im gleichen Jahr fand man noch nach Weihnachten Wein, der noch unvergoren war, als ob er erst wäre geherbstet worden. Kurz, man beobachtete, daß Trauben, die man abbrach, so hart waren, daß man sie vor Gefröre nicht zerbeißen konnte und trotzdem waren sie reif genug. Da warf man sie in einen Kessel mit heißem Wasser, ließ sie darin auftauen und konnte sie so essen. Dieser Wein aber war bis Mitte des Sommers so süß, als liefe er eben erst aus der Kelter. 159

Das Faß im Klosterkeller von Salem

Den Besuchern der ehemaligen Reichsabtei Salem wird erzählt, daß es um die Fronfasten oder in der Adventszeit nicht richtig im Klosterkeller sei und daß nicht etwa eine neugierige Ratte, sondern ein leibhaftiges Gespenst in Winkeln wie auf Sandalen umherschleiche und an den Reifen des Fasses kratze. Die Geschichte des Gespenstes aber ist folgende: Zur Zeit, als der Abt von Salmannsweiler noch nicht gnädiger

Küfermeister und Winzer. Holzschnitt aus: J. Rasch, Weinbuch, München um 1590

Herr hieß, sondern ehrwürdiger Vater, war der Pater Großkellner eine fast ebenso angesehene Person wie der Prälat; denn einen guten Wein nach den Horas trank jeder Mönch gerne, vom Novizen bis zum Prior. Da baute einmal ein Pater Großkellner ein Faß, so groß, daß man den Keller erweitern mußte, es unterzubringen, und füllte es mit den Zinsweinen und Gülten des besten Jahrganges, der seit langer Zeit erlebt wurde. Nur wenn es Duplex war, in hohen Festzeiten, füllte er daraus die steinernen Krüge der Mönche, aber die Schlüssel zum Keller trug er stets sorgfältig bei sich. Da traf sich's einmal, als er fest schlief, daß ein trinklustiger Mönch den Schlüssel ihm vom Gürtel löste und abdrückte in gestohlenes Kirchenwachs. Danach machte er einen Haken und schlich nach der Mette oft in den großen Keller, während seine Mitbrüder das harte Lager suchten, und erlabte sich an Gott Bacchus' Gaben.

Doch einmal fand er, vielleicht weil der Großkellner Argwohn hatte, den Hahn durch einen Zapfen ersetzt, den er nicht drehen konnte. Nahm eine Leiter, stieg zu dem Faß hinan, und siehe – auf dem ungeheueren Spundloch war die Tür nur angelehnt, öffnete sie und zog mit einem Heber so viel des köstlichen Saftes in sich, daß ihm schwindlich wurde, stürzte hinab und fand dort sein Grab. Nach einigen Tagen verwundert sich der Pater Großkellner über das offene Spundloch; dachte aber kaum mehr an den Mönch, weil der ganze Konvent ihn entsprungen wähnte. Doch als er mit der Stange sondierte, um zu sehen, wieviel noch Wein in dem Fasse, stößt er auf den weichen Körper des Mönchs. Da erfaßt der Geizteufel seine Seele, und damit nicht das schöne große Faß als verunreinigt ausgeschüttet werde, zog er den ersoffenen Trunkenbold heraus und begrub ihn heimlich.

Erst auf dem Sterbebett gestand er seine Schuld, bevor er aber die Stelle bezeichnen konnte, wo er ihn vergraben, lähmte der Tod seine Zunge. Und ruhelos wandert er seitdem dort im Keller herum, bis ein Zufall des Mönches Grab entdeckt und ihm ein ehrliches Begräbnis wird. 160

Das Narrengericht in Stockach

Das Hegau, schildert der Chronist Rueger, ist zwar ein klein, aber über die Maß ein wohl erbauet und fruchtbar Ländlin von Win, weiß und rot, Korn und Obst. Man findet auch darin gut Fisch, Vögel und Wildpret. Es hat viel schöne Städtlein, darunter Stockach die vornehmste ist.

In dieser Stadt blühte lange Zeit eine fürstlich gestiftete

und befreite Narrenzunft, über deren Entstehung Tschudi berichtet: Erzherzog Leopold von Österreich hatte mit seinen Kriegsobersten einen feinen Plan ausgeheckt, wie er wolle den Schweizern ins Land fallen. Nun hatt' er einen kurzwilligen Narren, hieß Kuoni von Stocken, der war stets um ihn und auch dabei, wie der Beschluß geschah; zu dem sprach der Erzherzog scherzweis: «Kuni, wie g'fällt dir die Sach?» Der Narr gab zur Antwort: «Es g'fällt mir nit. Ihr hent alle geraten, wie Ihr in das Land wöllent kommen, aber keiner hat geraten, wie Ihr wieder daraus wöllent.» Der Erzherzog zog mit dem Heer nach Morgarten, wo er am 16. November 1315 geschlagen wurde. Jetzt erinnerte er sich an des Narren kluge Rede und versprach ihm Belohnung. Da erbat sich Kuoni die Erlaubnis des Privilegiums zur Haltung des Narrengerichts in Stockach, seinem Geburtsort, die ihm gewährt und bestätigt wurde und heute noch nicht ganz in Abgang geraten ist. 161

Das zugemauerte Tor oder Zwingtor

Meersburg ist ein gar alter Platz, sagt Stumpf in seiner Schweizer Chronik. Oberhalb der Stadt, in der Nähe der Kirche, stand dereinst das sogenannte Zwingtor oder das «zugemauerte Tor», welches seinen Namen daher hatte, weil außer dem Bischof niemand hier durchgehen durfte. Einmal wollte nun ein Ritter durch das Tor gehen, ein Bürger aber verwehrte es ihm. Darüber kam es zum Streit, wobei der Ritter den Bürger niederschlug. Dem Unterlegenen eilten Männer zu Hilfe, worauf der Ritter sich in die Burg des Bischofs flüchtete, die hinter ihm sofort verrammelt wurde.

Die Bürger, über den Tod ihres Mitbürgers empört, und jetzt durch den Schutz, den der Ritter im Schloß fand, noch mehr erbittert, verlangten die Auslieferung des Mörders, die jedoch verweigert wurde, worauf sie das Schloß erstürmten. Aber der Bischof samt dem Ritter hatte sich bereits durch einen unterirdischen Gang, der vom Schloß herab durch den Domkapitelstorkel, von da durch den hintern Seetorturm zum Kapitelshof (jetzt Gasthof zum «Schiff») und dann an den See führte, geflüchtet und nach Arbon hinüberschiffen lassen.

Der Bischof erklärte hierauf die Stadt in Acht und verlegte seine Residenz nach Konstanz. Das Zwingtor wurde nun zugemauert. Als man im Jahre 1820 das Tor abbrach, fand man mehrere Bündel Armbrustpfeile, wovon noch vier im Stadtarchiv aufbewahrt sind. 162

Meersburg versinkt einstens

Meersburg, am schwäbischen Meer, steht nach der Sage auf dem Wasser. Nur eine dünne Erdschicht trennt die Straßen und Plätze vom Wasser. So wollte einmal jemand einen Brunnen graben, aber bald brach das Seewasser aus der Tiefe. Kommt einmal ein großes Erdbeben, fällt Meersburg ins Wasser. 163

Das Neujahrstrommeln

In Meersburg zogen noch vor sechzig Jahren in früher Stunde des Neujahrstages zwei Trommler und ein Pfeifer in der Stadt herum und spielten vor jedem Haus drei Stückchen auf. Es soll dies vom Aufhören der Pest um die Mitte des 17. Jahrhunderts herrühren, und dieser Brauch von einem Trommler und Pfeifer aus Markdorf und Ravensburg herkommen, welche, als die einzigen Personen, die in der Umgegend dieser Orte noch am Leben blieben, auf dem Weg zwischen diesen beiden Städten sich zufälligerweise begegneten und nun miteinander von Ort zu Ort wanderten, um mittels Trommel und Pfeife das Ende des «schwarzen Todes» zu verkünden. Vor etwa sechzig Jahren wurde der Brauch durch die Polizei abgeschafft.

Vielleicht ist dieser Brauch ein Überbleibsel des Sonnenwendfestes, wo in den Zwölften (den zwölf Nächten von Weihnachten bis Dreikönig) Umzüge mit Gesang und Tanz gehalten und die Nacht durchwacht und gezecht wurde. 164

Der Bodensee bei Sturm, mit Blick auf Lindau und die Schweizer Berge. Stahlstich von J. Carter, nach Zeichnung von L. Mayer. Aus: Gustav Schwab, Wanderungen durch Schwaben, Leipzig 1837

Am Bodensee

Über Gelände, matt gedehnt,
Hat Nebelhauch sich wimmelnd gelegt,
Müde, müde die Luft am Strande stöhnt,
Wie ein Roß, das den schlafenden Reiter trägt;
Im Fischerhause kein Lämpchen brennt,
Im öden Turme kein Heimchen schrillt,
Nur langsam rollend der Pulsschlag schwillt
In dem zitternden Element.

Ich hör' es wühlen am feuchten Strand,
Mir unterm Fuße es wühlen fort,
Die Kiesel knistern, es rauscht der Sand,
Und Stein an Stein entbröckelt dem Bord.
An meiner Sohle zerfährt der Schaum,
Eine Stimme klaget im hohlen Grund,
Gedämpft, mit halbgeschlossenem Mund,
Wie des grollenden Wetters Traum.

Ich beuge mich lauschend am Turme her,
Sprühregenflitter fährt in die Höh',
Ha, meine Locke ist feucht und schwer! –
Was treibst du denn, unruhiger See?
Kann dir der heilige Schlaf nicht nahn?
Doch nein, du schläfst, ich seh' es genau,
Dein Auge decket die Wimper grau,
Am Ufer schlummert der Kahn.

Hast du so vieles, so vieles erlebt,
Daß dir im Traum es kehren muß,
Daß dein gleißender Nerv erbebt,
Naht ihm am Strand eines Menschen Fuß?
Dahin, dahin, die einst so gesund,
So reich und mächtig, so arm und klein,
Und nur ihr flüchtiger Spiegelschein

Liegt zerflossen auf deinem Grund!

Der Ritter, so aus der Burg hervor
Vom Hange trabte in aller Früh'
– Jetzt nickt die Esche vom grauen Chor,
Am Zwinger zeichnet die Mylady. –
Das arme Mütterlein, das gebleicht
Sein Leichenhemde den Strand entlang;
Der Kranke, der seinen letzten Gang
An deinem Borde gekeucht;

Das spielende Kind, das neckend hier
Sein Schneckenhäuschen geschleudert hat;
Die glühende Braut, die lächelnd dir
Von der Ringelblume gab Blatt um Blatt;
Der Sänger, der mit trunkenem Aug'
Das Metrum geplätschert in deiner Flut,
Der Pilger, so am Gesteine geruht;
Sie alle dahin wie Rauch!

Bist du so fromm, alte Wasserfey,
Hältst nur umschlungen, läßt nimmer los?
Hat sich aus dem Gebirge die Treu'
Geflüchtet in deinen heiligen Schoß?
O, schau mich an! ich zergeh' wie Schaum;
Wenn aus dem Grabe die Distel quillt,
Dann zuckt mein längst zerfallenes Bild
Wohl einmal durch deinen Traum!

Annette von Droste-Hülshoff

Das weiße Fräulein

Bei Markdorf am Bodensee stand auf einem Hügel in alten Zeiten ein Schloß, von dem noch Spuren zu sehen sind. Da zeigte sich noch vor einigen Jahren ein weißes Fräulein und lief auf dem Wall hin und her und streute, wie wenn der Landmann die Frucht aussät, glänzendes Silbergeld auf den Boden, eine Handvoll nach der andern. Wenn man dann tags darauf nachsuchte, hat man wohl hie und da noch ein Geldstück gefunden. 166

Die St. Johannesminne

Im Ravensburgischen bis gegen Markdorf hin wurde früher der St. Johannestrunk besonders hochgehalten. Jeder Bauer nimmt seinen Johannessegen, etwa eine Maß, oft noch mehr guten roten Wein mit nach Hause: roter Wein muß es sein. Kommt man von der Kirche heim, so werden Mutter, Kinder, Knechte und Mägde bis zum einfachsten Hirtenjungen herab zusammengerufen, und alles setzt sich um den Tisch herum. Der Hausvater trinkt zuerst aus dem Becher, und dann macht er die Runde am ganzen Tisch; sogar das Kind in der Wiege muß St. Johanneswein trinken. Den ganzen Tag feierte man und es wurde wenig gearbeitet. Desgleichen ist St. Johannissegen im Wirtshaus zu treffen. Der Wirt läßt ziemlich viel Wein zur Kirche tragen, und davon bekamen Nachbarn, Stammgäste und solche ärmere Leute, die keinen Wein aufzubringen vermochten, zu trinken. 167

Die große Glocke in Weingarten

In Weingarten ist eine Glocke, drei Mann müssen sie läuten. Die wollten mal die St. Galler kaufen. Sie boten so viel Kronentaler, als man von St. Gallen nach Weingarten aneinanderlegen könnte. Die Weingartener gaben's nicht. Mal kamen sie und stahlen die Glocke und brachten sie bis Friedrichshafen, aber keinen Schritt weiter. Währenddessen schlug das Wetter in Weingarten alles zusammen. Die St. Galler hätten deswegen die Glocke so gern gehabt, weil, so oft man in Weingarten die Glocke anziehe, die Gewitter alle weg und der Schweiz zu ziehen. 168

Tanz um das Rathaus

In Weingarten wird am Fastnachtsonntag, Fastnachtmontag und -dienstag nachmittags um das Rathaus getanzt. Dieser Brauch rührt daher, daß früher in Weingarten infolge einer ansteckenden Krankheit alles bis auf einige Paare ausstarb. Aus lauter Freude, daß nunmehr diese Seuche aufgehört, tanzten die wenigen Übriggebliebenen auf dem Rathausplatz. Einige Platzmeister mit Fähnlein und großen Sträußen am Arm gehen vor dem Beginn des Tanzes in den Wirtshäusern umher, tanzen dort und erhalten eine Gabe, worauf sie zum Rathausplatz zurückkehren. Dort sind dann schon Musikanten, mehrere Masken und viele Zuschauer. Es werden nun drei Tänze aufgespielt, wozu die Masken und die Platzmeister tanzen; ihre Tänzerinnen holen sie sich aus der Zuschauermenge. 169

Die Laura im Lauratal

Das Lauratal bei Schlier ist eine äußerst unheimliche Gegend. Man zeigt einem, wenn's Wolfegg zugeht, den Platz im Wald droben, wo einst die Burg stand, in der das Ritterfräulein Laura gelebt haben soll. Laura liebte einen Ritter. Dieser Ritter entfloh einst mit dem Kind, dem Pfand ihrer Liebe, nächtlich und wollte die Sache auf der Lauren-Burg verheimlichen. Wie er über einen schwachen Steg der unten vorbeifließenden Scherzach setzte, brach dieser und Laura hörte droben das Platschen und Hilferufen. Sie sprang talabwärts, wollte den Ritter und das Kind retten, versank aber auch. Seitdem muß sie umgehen und kommt zu gewissen Zeiten ans Brünnlein und trinkt aus einer Kürbisschale. Laura geht wieder, mit der Schale unter dem Arm, talaufwärts, der alten Burgruine im Wald droben zu. Weiß wie Wachs, mit einem langen, ebenso weißen Schleier kommt sie herab und niemand kann ihr Gesicht sehen. Sie läuft wie auf einem Wölklein über dem Wasser dahin und ebenso wieder auf dem Wasser zurück.

Mal verirrte sich im Wald, da wo Fräule Laura gehen soll, ein Kind. Auf einmal kam ein warmes Lüftchen und es war da so grün und alles so blühend wie im Frühling. Es sei gerade gewesen wie im Paradies. Erdbeeren seien da in Hülle und Fülle gestanden. Das Kind pflückte nach Herzenslust. Fräule Laura sei in diesem Garten schneeweiß spazieren gegangen, immer dem Kind winkend. Das Kind brachte sein Erdbeersträußlein heim. 170

Graf Ulrich und Wendelgard

Zu Buchhorn am Ufer des Bodensees, da wo jetzt Friedrichshafen liegt, wohnte zur Zeit, als Burkhard Herzog in Schwaben war, Graf Ulrich V. (Udalrich), ein Nachkomme Karls des Großen und Herr im Linzgau. Er war vermählt mit der schönen Wendelgard, einer Gräfin von Eberstein, Enkelin Heinrichs des Voglers, der nachgehends Kaiser wurde. Da geschah es, daß die Ungarn Deutschland verheerten und auch Oberschwaben, wo Graf Ulrich begütert war, heimsuchten. Er zog deshalb mit vielen Edlen dem Feind entgegen, wurde aber gefangengenommen und nach Ungarn geführt. Da er nicht heimkehrte und seine Frau glauben mußte, daß er in der Schlacht gefallen sei, begab sie sich nach St. Gallen und ließ sich, weil sie nicht wieder heiraten mochte, in ein Nonnenkloster aufnehmen. Dies geschah im Jahr 916, als sich eben auch die heilige Wiborada in ein Kloster eingeschlossen hatte. Dort nun diente Wendelgard mit Fasten und Beten ihrem Gott, ging aber alle Jahr nach Buchhorn, um dort das Gedächtnis ihres verlorenen Mannes in feierlicher Trauer zu begehen und die Armen zu beschenken.

Als sie im Jahr 919 in gleicher Absicht mit Bewilligung des Bischofs nach Buchhorn gegangen war und sehr viele Arme sich herbeidrängten, um ein Almosen zu empfangen, so kam darunter in ganz zerlumpten Kleidern auch einer, der nicht bloß das Almosen von ihr empfing, sondern auch ihre Hand heftig drückte und sie wider ihren Willen umarmte und küßte. Die Umstehenden, welche dies nicht leiden konnten, wollten ihr helfen und den frechen Bettler züchtigen; der aber rief: «O laßt mich gehen! Ich habe genug Schläge und Elend in der Gefangenschaft ausgestanden! Ich bin Ulrich, euer Graf, welchen Gott aus sonderlicher Gnade von einem grausamen Volk errettet und euch wiedergeschenkt hat!» Alsbald wurde er auch erkannt und von seiner treuen Gemahlin und allen andern bewillkommt und mit großer Freude aufgenommen. Wendelgard ließ sich vom Bischof Salomo von Konstanz ihres Gelübdes, daß sie einsam leben wollte, entbinden, legte ihr Nonnenkleid ab und hielt zum zweiten Mal Hochzeit mit ihrem lieben Gemahl, welcher dann zum Zeichen seiner Dankbarkeit einige Güter im Rheintal dem Kloster zu St. Gallen verehrte.

Bald darauf wurde Wendelgard gesegneten Leibes, starb aber kurz vor ihrer Niederkunft. Das Kind indes wurde sogleich aus dem Leib der toten Mutter herausgeschnitten und gerettet. Es war ein schöner, zarter Knabe, den man dem heiligen Gallus weihte und im Kloster zu St. Gallen sorgfältig erzog, wo er später auch Abt geworden ist. Er hieß Burkhard und erhielt von den Klosterbrüdern den Zunamen: der Angeborene (ingenitus), weil die Mutter gelobt hatte, wenn sie einen Sohn gebäre, ihn dem Kloster zu weihen. 171

Sankta Orilla

Auf der Burg, welche zur Mittagsseite der Stadt Lindau im See neben der Schiffbrücke und dem Gerätehaus liegt, ruht der Leib einer heiligen Jungfrau, Sankta Orilla oder Aurelia genannt; so wird erzählt. Sie soll zu einer Zeit der Durchächtung in einem Schritt von Fußach (welches Dorf, jenseits des Sees auf eine Meile Abstand gelegen, davon den Namen empfing) bis nach Lindau auf gemeldete Burg geschritten sein. Man zeigt ihr Grab noch heute. 172

Lindau. Kupferstich aus: Daniel Meisner, Politisches Schatzkästlein, 1. Buch, 2. Teil, Frankfurt 1625

Bemerkungen über unseren Dialekt

Am Bodensee, zwischen Lindau und Fischbach, kann jeder studieren, wie Sprache sich nach politischen Verhältnissen zu richten hat. Wer in den letzten 150 Jahren hier etwas gelten wollte, hat die zugezogenen Münchner oder Stuttgarter Beamten imitiert. Münchner Bairisch und Stuttgarter Schwäbisch sind zu bürgerlichen Standesmerkmalen geworden. Das Alemannische der Eingeborenen wurde zu einem Ausweis für mangelnde Erzogenheit und Bildung, die Imitation des Bairischen und Schwäbischen zu einem Karriere-Indiz. Eine Chance hat das Alemannische vielleicht noch auf der badischen Strecke, weil sich hier die bürgerliche Imitationssucht auf eine alemannische Hofhaltung bezog.

Der Ableger des Alemannischen, den ich als meine wirkliche Muttersprache bezeichnen muß, ist gerade jetzt im Erlöschen begriffen.

Dieser Prozeß ist unumkehrbar. Falls einer aber hängt an so einem Dialekt, den er nach einigen unausbleiblichen Umzügen und Todesfällen nur noch für sich hat, muß er ihn pflegen im Monolog. Mit der Zeit verliert man dann auch den Mut und die Unbefangenheit, man verläßt sich nicht mehr darauf, daß man diese lautempfindlichste Sprache noch kann. Man denkt sie nur noch. Hört sie nur noch mit einem Ohr, das tief im Kopf versteckt ist. Das soll nicht heißen, daß es etwa Mühe mache, so einen Dialekt inzüchtig am Leben zu erhalten. Das überhaupt nicht. Dieser Dialekt, als die erste Sprache, hat sich offenbar auf alle Sinne ausgewirkt, er ist, selbst wenn man ihn nie mehr sprechen kann, das äußerste Gegenteil einer toten Sprache. Alle Sprachen, die man nach ihm noch lernt und kennenlernt, werden durch ihn gerichtet: er als die erste Sprache besitzt Ohr und Zunge und alle willkürlich und unwillkürlich zusammenarbeitenden Muskulaturen des Ausdrucks und des Schweigens. Da man diese Muttersprache also keinesfalls loswird, beginnt man sich zu fragen, ob sie eine Hemmung sei, eine andauernde Ausdrucksbeschwernis und Langsamkeit oder ob man ihr auch etwas zu verdanken habe. 173

Martin Walser

Vorarlberg

Nachtwächterlied

Im sechzehnten Jahrhundert wollten die Schweizer die Stadt Bregenz überfallen. Eine Frau hörte von dem Anschlag und teilte das den bedrohten Bürgern dieser Stadt mit. Diese empfingen die Feinde auf der Siechensteig und schlugen sie. Der Magistrat wollte die Frau belohnen, aber sie erbat sich nur, daß der Nachtwächter vom ersten bis zum achtundzwanzigsten Dezember jeden Jahres rufen solle: «Eregut, Ereguta! gelobt sei Jesus Christus.» So geschieht es noch. Zwar schaffte ein bayerischer Landrichter im Jahre 1811 den Brauch ab; als er aber verjagt war, wurde auf Andringen der Bürger das alte Nachtwächterlied wieder gesungen. Es ziemt jedem ordentlichen Menschen, für diese Frau ein Vaterunser zu beten. 174

Klöpflesnacht

In Bregenz ziehen mehrere junge Leute am vierten Mittwoch der Rauchnächte, d. i. in der Klöpflesnacht vor die Häuser und werfen mit Erbsen, Weizen oder anderen Dingen, welche das Glas nicht beschädigen, an die Fenster. Die Leute öffnen dann die Fenster und sagen «Gute Nacht, schlafet wohl, kommt aufs Jahr wieder, gelobt sei Jesus Christus!» So sprechen alte, gut christkatholische Leute.

Blick auf Bregenz und Vorarlberg. Holzschnitt (Detail) aus: Sebastian Münster, Cosmographia, 5. Buch, Basel 1628

Wo die jungen Leute einen Scherz sich erlauben dürfen und wollen, werfen sie Glasscherben an die Häuser, mit der Absicht zu täuschen, als hätten sie die Fenster eingeworfen. Neugierigen, welche das Fenster öffnen und heraussehen, werfen sie einen schwarzen Flor mit Kienruß ans Gesicht; die Geschwärzten werden dann tüchtig ausgelacht. 175

Der Schatzgräber

Uf'em Breageazar-Schloßberg ist an Gumpa voll Bimsa, Fröscha und Muucha, und det flimmeret zur Nachtszit nomma na Liechtli. Des Liechtli kunt allad, wenn as vom Torn i der Pfarr z'Nacht zwölfe hot gschlagn, bald doher, bald derther, usse Tanna und Buecha, bald bim Hexaplatz uffar, bi de Oacha verbei, und bald us ’em Öhrawäldele, über a Öhlroa der Bowoll zue, und uffe dur d’Lercha zum Gumpa, dert blibt ’s sto, und brennt bis um a zwoa. Des ist ’s Goasta vum sella Hallunk, der Breagaz ad d’Schweda hot verrote.

D’Schweda sind, wie i der Chronik ist z’ lease, im Drissgjährige Krieg go Breagaz ku, und hond g’sengt und b’brennt und g’gnüelet, wie ’s Wuethas. Zwor hond d’Borger vu Breagaz, wo d’Schweda vu Linda sind agrukt, si waker g’wehrt, und bir Unoth hond d’Schweda holops müesse flühe zruk gege Locha.

Aber z’Locha kunt bir Nacht an Maid’ schwedische Lager, und verspricht dem General Gustav Wrangel, hoaßt as in Büecher, wie nar d’Schweda hoamle well füehre ufs Breagazar-Schloß, und nochart abe id’s Städtle, aber wohlg’merkt: nu um a guete Loh. Wrangel ist gschwind dabei, verspricht em guete Loh, und der Spitzbue füehrt d’Schweda über a Hoagga und Pfänder zum Schloß, und wo sie das hond plünderet g’het, abe i d’s Städtle.

Etzeda trit der Verräter vorn Wrangel und beatlat: «Gem mer min Loh.» Aber der Schwed schüttlet de Kopf und seit ernstli zum Lumpa: «Der Tagloh söll dir it fehle: uf ’em Schloßberg, hinter ’em Felsa, ist an Sumpf, det hond, wie mir ho säge lo, die Herra Grofa vu Breagaz im Appazellar-Krieg a guldes Kegelspiel vergrabe, und des ist din Loh, se gang mit Schufla und suech’s.»

Nu, dear goht zum Sumpf und grabt und grabt allad zue, findt aber frili ko guldes Kegelspiel. Au ko Rueh hot ar na am Tod meh f’funde, und goaste mueß er noch zur Stund det, und zu ewige Zita grabe und grabe. Allad um Mitternacht wankt der Kerli i der Hand a Schufla und a Laterna trüebselig a d’Arbat, und grabt bis as zwoa schlecht, do verlöscht em si Liechtli, und was er hot grabe, fallt wieder zämmat. 176

Der Geist auf der Kanisfluh

As ist amal a Miändle am Nahpur nidig gsin um die schöna Küeh, und fast gäl und grüa heat's kundo wearo, wenn as die schweara Stuck uf der Wad gseaha heat. Nau' und nau' ist um aber 's Nidhäfele öbergango, und as gaht und leit hoamli nügschälte Tannareando in Weag, uf dem grad 's Nahpura Küeh zur Trinke seand ggango, und wau dernau' oane vu de Küehna uf d' Reando ist ku, sois sie gschlipft und öber de Weag usdrolot, öber a Bühele abe und heat si' 's Krüz bbrocho. 'S Miändle ist druf füharku und heat weallo luego, ob d' Kueh ou' gweaß mustod si, gaht aber üverseahas ou' uf diasell Reando und drolot öber de Weag us und öber a Bühele abe und bricht si' ou' 's Krüz. Wau as druf vurs Gricht Gottes ku ist, heat um Gottvater 's Urtel gsprocho, daß as die verfällt Kueh all Näht uf d'Kanisflueh trägo und dernau' wider abedrölo müeß, und sit dear Zit treit's ou' flißig d' Küeh all Näht uf d' Kanisflueh und pfneastot derbi, daß ma's zitowis bis zum Doaf Schnepfou hört, und wenn as mit siner Burde uf da Speaz vur Kanisflueh ku ist, lacht's öberlut und drölt sie wider abe. An jiezmaul, wenn as sie wider dom heat, tar as ur a Häurle uszero, und wenn d' Kueh gar ka gotzigs Häurle meh heat uf der ganzo Hut, ist as arlöst. 177

Die drei Schwöstera vo Frastez

Uf 'em Karseleggberg bi Frastez ist vor udenklicha Zita a Goldwässerli us ama Fels g'runna, und i d'Nähi vo dem b'sundera Wässerli sind amol am a hoha Firtig unter der Meß drei Frastner-Moadli ko, jeds a Kübile am Arm. «Aha», werdend er säga, «dia hend g'wiß wella Gold schöpfa!» – Neiweger, zum Goldschöpfa sind si noch a bitzli z'närsch gsi. Das Handwerk het no der Venediger verstanda: der ist a Männdli gsi, das vor alta Zita i üserem Ländli nomma viel Ständ und Gäng g'ha het. Was es eigetli tribe i üserem Ländli, het ma net recht erlüsterlet; no das ist g'wiß, daß es zitawis uf 'em Karselegger Gold g'schöpft, und es denn wit furt, ga Venedig t'träga het. An Hirt sei 's amol g' seha a Kanna unter d's Goldwässerli heba bis zum Übergoh, und druf i da Lüfte wie an Vogel dervo flüga; er hei em noch noh g'luegat und bei em selb gset: Der ka meh as Füsi zella. Justament am sella hoha Firtig, vo dem i gset ha, ist der Venediger weder uf da Karselegger ko und het dia drei Frastner-Moadli atroffa. Dia hend, statt i d'Kircha z' go, wian es si a Sun- und Firtig g'hört für Christa, Erdbeer g'suecht, und g'schwäzt und g'lacht met anander, ass wär alls i der Ordnig. Wia sie der Venediger sieht, schnerzt er sie a: «Was tuend er do, ihr Moadli?» Sie erroten bis über d' Ohra und säge höfeli: «O nüt.»

So söllend er, schnerzt der Venediger weder, o nüt anders weara ass drei Schröfa, unter dia i mit Goldwässerli verstek. Richtig! dia drei Moadli sind i drei Schröfa verwandlet wora; sie stond hütigs Tags noch ob Frastez dom, und hoaßen dia «drei Schwöstera».

D's Goldwässerli würd wol o drunter verstekt se, ma findt 's amol nümma. 178

Das Brüderhüsle

Vom Kamm des Christberges und der kleinen Kirche zu St. Agatha führt ein jäher Steig in unaufhörlichem Zickzack, holperig, schmal und abschüssig den waldigen Bergesabhang hinab nach Dalaas. Ungefähr Mitte des Weges steht in stiller Waldeinsamkeit ein nischenartiges Kapellchen, geschmückt mit einem Madonna-Bild. Dieses Kapellchen führt im Munde des Volkes den Namen «Brüderhüsle». Jeder, der den mühevollen Weg auf- oder niederkommt, setzt sich dort

Auffahrt eines Kühers mit Weib und Kind. Kupferstich aus:
A. Kyburz, Theologia naturalis, 1754

«Das Montafon ist ein volkreich Tal, daneben vieh- und molkreich, trägt auch Obst und Korn, hat etwan viel Bergwerk gehabt von Silber und Eisen, derzeit aber erloschen; hat auch Wasserbäder darinnen von Schwefel und anderem Mineral. Die Berge sind alles hohe wilde Gebirg, darinnen treffliche Alpen.» Holzschnitt aus der Emser Chronik des Johann Georg Schlehen von Rottweyl, Markt Ems 1616 – das erste in Vorarlberg gedruckte Buch.

gerne zu Rast. Als des Brüderhüsle Gründer und Stifter nennt die Sage einen nun längst dahingeschiedenen Tannberger. Dem wurde ein Knäblein geboren, das Kind war aber tot zur Welt gekommen und konnte nicht mehr getauft werden, was den frommen Vater sehr betrübte. Solche totgeborenen, ungetauften Kinder pflegte man damals nach Schruns im Montafon in die Kirche zu tragen und sie da auf den Josefi-Altar zu legen. Alsdann zog man glaubwürdige Zeugen bei, stellte Gebete an, und siehe! da geschah es öfters, daß in die toten Hüllen das Leben auf eine kurze Zeit wiederkehrte und der eilends herbeigerufene Priester die heilige Taufe erteilen konnte.

Der Tannberger, voll gläubigens Sinnes, befahl nun seinem Knecht, die Leiche auch nach Schruns zu tragen. Der Knecht mochte die Sache als Aberglauben ansehen, wenigstens trug er die Kindesleiche nur bis in den Dalaaser Wald, grub sie dort ein und kehrte wieder um. Daheim meldete er, er habe das tote Knäblein auf dem Josefi-Altar in Schruns niedergelegt; es habe alsbald durch ein plötzliches Rotwerden der Wangen und Lippen unzweifelhafte Zeichen des Lebens gegeben und sei sofort ordentlich getauft und zur geweihten Erde bestattet worden. Der Vater gab sich des zufrieden.

Nach einem Jahr ward der Tannberger von seiner Ehefrau wieder mit einem Knäblein beschenkt, aber auch dieses war leider tot zur Welt gekommen. Diesmal war es der Vater selbst, der die Leiche nahm und sich damit auf den Weg nach Schruns machte, um seinem Kind die heilige Taufe zuzuwenden. Er hatte ungefähr die Hälfte des Zickzackweges von Dalaas bis auf die Höhe des Christberges zurückgelegt, als er sich ermüdet niedersetzte, um eine Weile auszuruhen. Und wie er so dasaß und sich den Schweiß von der Stirne wischte, rief es neben ihm, wie er glaubte, unter einer Erdscholle: «Ätti, nüm mi' o' met!» Die Stimme rief bald noch einmal. Der Tannberger grub nun in der Erde nach, und siehe! da kam die unversehrte Leiche seines letztjährigen Kindes zum Vorschein, das er an einem Muttermal deutlich erkannte. Er erriet sogleich den Betrug des Knechtes und machte sich dann mit beiden Leichen wieder auf den Weg und trug sie gen Schruns. Dort ging sein heißer Wunsch in Erfüllung, die Kindesleichen gaben während der Gebete der andächtigen

Zeugen auf einige Augenblicke deutliche Lebenszeichen von sich, konnten gültig vom Priester getauft und auf dem Friedhof beerdigt werden.

Zur ewigen dankbaren Erinnerung an diese Begebenheit ließ der Tannberger an der Stelle, wo er die Kindesleiche ausgegraben, das Brüderhüsle bauen und dotierte es mit einem Fonds, um es fortan in baulichen Ehren erhalten zu können. 179

Vom Alphirt und dem weißen Roß

In Lustenau erzählt man: Es war ein Hirt auf einer Galtalpe und weidet dort seine jungen Stiere. Einer von diesen versuchte immer über den Zaun und die Felsen zu steigen. Als ihm der Hirtenbub dieses nicht abwehren konnte, streute er ihm einst geschälte Rinden auf den Weg, damit er darauf tretend in die Tiefe stürze und so die anderen nicht mehr auf den gefährlichen Weg verlocke. Wie nun der Stier kommt, tritt er auf die Rinden und stürzt nieder. Er will zurück, kann aber nicht mehr, weil es zu schlüpfrig ist. Da fällt er auf die Knie nieder und fleht den Hirtenbuben an, er möge ihn zurücklassen. Doch er muß einmal hinüber und fällt in die Tiefe hinab. Von der Zeit an ist dem Hirtenbuben nicht mehr wohl sein Lebenlang, und bald mußte er sterben. Seitdem aber der Stier so elend umgekommen, sieht man oft einen Schimmel in den Zundere (Legföhrengestrüpp) herumsteigen und sich dann in die Tiefe hinabstürzen. Dabei hört man jedesmal ein starkes, seltsames Pfeifen oder so einen Ton, wie wenn es stark regnete. – Oft ist's kein Schimmel, sondern ein Mönch oder ein Pudel.

Auf derselben Alp grub ein Mann Enzianwurzeln und fand auf dem Heimweg ein Haus, welches sonst nie dort gesehen worden. Darin war einer, der kochte. Er fragte ihn, was er hier mache. «Ich koche, wie du siehst.» Er bekannte ihm noch weiter, daß er ein Geist sei und hier zu bleiben habe so lange, bis er erlöst werde. Dann gab ihm der Kochende einen Stein vom Boden, und als der andere ihn in die Hand nahm, wurde er in demselben Augenblick ganz glühend. Dieses aber wäre, wie die Leute sagen, nicht geschehen, wenn die Alp vor dem Viehauftrieb wäre eingesegnet worden. Oft, wenn dieses nicht geschehen ist, fand man auch die Stiere an dem eisernen Glöckelring erwürgt und den Ring selbst ganz verdreht. 180

Die Nachbarin ist eine Hexe

Einmal zog ein Liechtensteiner zu Schaan den Butterkübel, aber unmöglich wollte es schmalzen. Da ging der Mann und steckte zwei glühende eiserne Bundhaken in den Butterkübel, und alsbald gab es Schmalz in Hülle und Fülle. Es dauerte nicht lang, so kam zu dem Mann eine Nachbarsfrau, die ihn um etwas Rahm anbettelte; sie habe sich nämlich vorhin beide Hände verbrannt, und sie möchte mit dem Rahm den Brand löschen. Der Mann aber, nicht faul, jagte sie zur Tür hinaus.

Ähnliches erzählt man in Balzers. Dort zog eine Frau den Butterkübel, aber es wollte nicht scheiden; ihr Mann saß daneben am Tisch, nahm zufällig einen Strohhalm und störte im Docht des Kerzenlichtes, das vor ihm stand; da trat plötzlich die Scheidung ein, am andern Tag kam die Tochter der Nachbarsfrau und bat um etwas Butter für ihre Mutter, letztere habe sich nämlich gestern den Finger verbrannt. 181

«Maimonat Leut und Vieh erquicket». Kupferstich von Conrad Meyer, aus: Abriß und Beschreibung der XII Monate nach ihren Haubtwerken, Neujahrsblatt Zürich 1653

Der Hausbutz und der Schuster

In Nuziders erzählt man: Da wurde einmal ein Schuster von einem Bauern für acht Tage auf die ‹Stör› gedungen. Am ersten Abend seines Einstandes sagte der Schuster: «Ich lege mich diese Nacht nicht ins Bett, sondern bleibe auf der Bank beim warmen Ofen.» Der Bauer wollte ihm das ausreden und bemerkte, auf diese Ofenbank komme allnächtlich der Husbutz zum Schlafen. Der Schuster aber legte sich dennoch auf der Ofenbank zur Ruhe.

Um Mitternacht kam wirklich der angekündigte Husbutz und weckte den Schuster sehr unsanft, indem er ihn von der Bank herunterzuzerren suchte. Dieser aber setzte sich mutig zur Wehr und behauptete mit Gewalt seine erwählte Schlafstätte gegen den Husbutz. Ganz so erging es die nächsten

Abende. Als aber die Störzeit aus war und der Schuster bei einbrechender Nacht des Bauern Haus verließ, da packte ihn vor der Haustüre schon der Butz und schnarrte: «Jetzt bin ich Meister», und darauf lief er davon. Da wußte der Schuster auf einmal nicht mehr, wie ihm geschah: es trieb und drängte ihn, daß er unwillkürlich dem vorauseilenden Butz nachspringen mußte. Der Butz lief über Stock und Stein wie eine Gemse hinwegsetzend, einen steilen Berg hinauf. Der nachkeuchende Schuster bekam auf dieser eiligen Bergreise bald wunde Fußsohlen und jammerte kläglich; aber je mehr er winselte, desto schneller lief der Butz voraus, und desto schneller mußte er auch nachlaufen, und als sie auf die Spitze des Berges gekommen waren, da hatte sich der arme Schuster auf dem rauhen Weg seine beiden Füße bis auf die Knöchel abgenützt, und zu guter Letzt hängte ihn noch der Butz an diesen verstümmelten Füßen auf der Bergspitze an einem Tannenbaum auf und ließ ihn zappeln, bis er verendete. 182

Die Sennerin auf Spullers

Uf der Alp Spullers dom ist amal a Senne gsi, dia hat nu' dem Väch vo de richa Lüta zueghebt und arma Lüta Väch Hunger lida lo, und so hat sie's ttriba vil Sümmer. Jetz amal im Winter, wo ma lang scho vo Alp ist gsi, gaht en Jeger Spullers zua auf d' Jagd, und da bigegnet em dia Senne, vo der i' verzell, de Kopf wia verbrämt mit Kiß und Schne, die rot Juppa Ste und Be gfrora und am Arm en Emer. Der Jeger ka si net gnua verwundera und fraget: «Ja, Senne, bist du o' um d' Weg und wett d' ebba um dia Zit z' Alp?» – «Ja», set sie, «i' muaß uf Spullers uffi, den arma Lüta d' Schwi fuetera, de richa hon i' sie scho gfuateret», und gaht ihr's Wegs witer. Der Jeger luaget ara verstunt noch na und denkt für si' selb: Das ist o net kauscha. Und wia er gega-n- Abed häm i d's

Darf kunnt, hört er vom Turra d's Todtaglöcklie lüta, und uf si Frag, wem 's dermal gelte, git man em zer Antwurt, der Senne vo Spullers. 183

Windsbraut

Es heuete einmal ein Montafoner in der Nähe der Alpe Zamang. Auf Zamang ist ein im ganzen Tal berüchtigter Hexenplatz; er ist rund und mit schwarzem Moos bekleidet, und da haben oftmals Hexen lustig getanzt. Besonders waren es Hexen aus dem Elsaß, die hierhergefahren kamen, um auf dieser gefeiten Stätte zu tanzen. Als nun eben nahe dieser Stelle der Montafoner heuete, kam die «Windsbrut» und wirbelte ihm das dürre Heu weg; der Heuer warf erbost seinen Stilet in die Windsbrut, die sich nun alsbald legte. Im nächsten Herbst ging der Montafoner «ins Elsiß» auf den Krautschnitt, und dort kam er einmal in ein Haus, in welchem er im Tischwinkel seinen Stilet stecken sah; auf sein Befragen, wie denn dieser Stilet ins Elsaß und gerade in diesen Tischwinkel gekommen sei, gab ihm der Hauseigentümer zur Antwort, dieser Stilet sei im vorigen Sommer seiner Tochter im Montafon ins Knie geworfen worden. 184

Die Hexe als Melkerin

Vor Jahr und Tag ist im Vergalda a Senni gsi, und so oft sie am Abed ga melka gganga-n-ist, hat sie d'Stalltür hindera zuegschlaga und vom schlechtesta Küehle de gröst Emer voll Milk gmolka, daß all Alplüt nüt anders gment heien, a's sie künn hexna. Jetz amal gaht en Alpmester und set: «Ei, Senni, sägmer, wia milkst du dine Küeh?» Aber d' Senni will z'erst net ussa met der Sprach, und nu', wil er gär net nahgit z' tribiliera, so set sie: «Wenn d' die schönst Kueh dra wage wett, so will der zäga, wian-i' mine Küeh milk.» – «Es sei a Wart», git ara der Alpmester zer Antwurt, «lueg diasell schö, bru Kueh dört uf 'em Re dom, sie hat a prächtige Singeßa-n-a und schritet stolz den andera förus – dia wag i' dra.» Över das set d' Senni: «So will i' sie melka.»

Der Alpmester will z'weg und will d' Kueh zum Melka vom Re ahahola, aber d' Senni set: «Das brucht si' alls net, laß di Kueh dom», und schlacht vier Zäpfa i d' Stallwand und facht a melka a dena Zäpfa, und äh gelt! es kunnt us 'em Holz Milk grunna i vier fingersdicka Brünnele, daß ma net gnue Schiff und Gschier i der Deihja hat ufbracht. Nach und nach set aber d' Melkere: «Jetz sött ma höra melka, es künnt sos Bluet ko.» – «Macht nüt», set der Alpmester, «milk du zue.» Und d' Senni milkt und milkt, und richtig rinnt nach und nach Bluet för Milk us de Zäpfa, und över 'na Wile trolet die schö, bru Kueh mustod aha vom Re. 185

Fengga-G'schicht

As ist amol a Magd gsi, ond dia hot im a Karanaker g'jätat. Wia sie aber a so dan Usot zwüscha da grüana Stüfli usrißt, kont a glarognati Krota zuan ara herg'wadlat. D'Jätari grusat si ab dem läda Tiar, ond stopft's fort ond set: «Gang, ich will diar ga pflega ko.» Drof ist d' Krota dor an Aker witer g'hopft. A Wili drof kont denn an Feng* zor Magd i d's Hus ond set: «Gelt da wäßt noch, was dan amol zon ara Krota gset host: ›Gang, ich will diar ga pfläga ko‹; da muast wissa, ich bin diselb Krota, ond jetz bruch i grad a Pflägari, der Sani

* Von den Fenggen weiß man nur im Montafon zu erzählen. Sie waren «wildi Lüt», am ganzen Körper mit struppigen Haaren bedeckt!

Klos hot mim Wibli a Büabli b'brocht, drom komm no met.» Aso set der Feng zor Magd, ond rißt sie bim Tschopanärmel ond sie muaß bi Gozihi met.

Dor grüsiliche Töbler ond Wälder füahrt sie der Feng bis zon ara große Höhli, ond das ist d's Fengga Hus gsi. D' Magd focht jetzt a pfläga ond pflägt a paar Wocha, hot 's witars net schlecht, issat ond trenkt wia na Gröfi. Wia d'Pflägata om is, git ara d'Fenggi a paar Kohla i d'Schoß ond set: «Do host o etsches för d's Pfläga.» D'Magd denkt: Kohla hätt ich da Hemat o, varbißt aber da Zara; ond goht met da Kohla i der Schoß witar. Wia sie a Stükli vom Fengga-Hus a wek gsi ist, luagat sie zrok, ob ara d'Fenggi net etscha noch luagi, ond wia sie niamand sacht, wörft sie d'Kohla goflawis fort. Aber d'Fenggi gügglat hemli bim a Löchli usser, luagat ara zua, ond rüaft ara noch: «Wia meh as da verzötarist, om sa minder host.» Of das b'halt d'Magd noch drei Kohla i dar Schoß ond tregt sie Hemat zua. Wia sie da Hemat öber d's Sölerli offi goht, schwert 's ara näsa of emol i dar Schoß, ond wia sie ihi luagat sacht sie drei roti Goldbälleli dri. Do goht sie wohl wädli weder zrok, ga die verwarfna Kohla suacha, findt aber frili nüt meh.

Gelt! bi dera trift sel Sprichwart i: Wer da Krüzer net ehrt, ist da Taler net wert. 186

Das Nachtvolk warnt

Einmal kam nachts beim Heimgehen ein Mann zum Mustergielbach bei Vandans und hörte plötzlich ein Stück im Tobel droben eine prächtige Musik, blieb stehen und horchte zu. Über einer Weile kam ein großer schwarzer Mann mit einer Pfeife und einem Taktierstock in der Hand durch das Tobel herunter auf den Horcher zu und sagte zu ihm: «Hör, guter Freund, steh etwas auf die rechte Seite und lüfte ein wenig das Strumpfband unter dem rechten Knie, denn es kommen noch mehrere Leute nach.» Der Horcher tat wie man ihm gesagt, und alsbald rauschte das Nachtvolk mit Trommel und Pfeifen windschnell an ihm vorüber, und der letzte von der Musikbande trug eine Kochkelle in der Hand.

Einmal stand ein Mann nachts beim Mondschein an einem Grattobel und schaute dem Nachtvolk zu, das gerade durch das Tobel heruntergefahren kam. Wie er da so schaute und schaute, kam unversehens einer aus dem Nachtvolk auf ihn zu und sagte: «Götti, gang witer uffi.» Da fuhr aber ein Grausen in den Mann, und er sprang davon. 187

Vom Walsermänndli

Häid er au scho vom Walsermänndli g'hörd? Das Männdli hed vor Zite de Lüte menge Posse g'spild. Hescht am Obed d'Chueh g'molche g'chan, und d'Milch ätte am en Ort sto glo, so hed schie gwüß d's Walsermänndli gno; und hescht as guet's Dürkemues ab 'em Für g'gno, und i der Chuchi ätte as Biz welle verchuele lo, daß eim ned gor d's Mul verbrenn', so hescht uf einermol d' Pfanne mitsamt dem Mues mit chem Aug meh gseh, und du hescht chönne nohiluege, und holt wieder i d's Mehltrögli grife und Dürke usser neh, und as anders Mues mache. Und wer hed der das erscht Mues g'gno g'chan – au d's Walsermänndli.

De Fuehrlüte hed 's au näise b'bößlet. Es hed schi uf d' Wäge g'gleid, daß sch' chend Schrid hend meh witer chönne, oder es hed na d'Ross antribe, daß sch' uf und derva schind, wie b'sässe.

Und amol isch 's vor nas Hus cho, hed zum Feinschter inhe g'lengt, und der Tochter vam Hus uf d'Achsle tätschlet, und druf d'Läde zueg'schlage, daß es wit und breit erhild hed. Das Chogemänndli hed aber de Lüte licht leidwerche g'han, wil es schi hed usichtber mache chönne; sos wotti s em ned g'rote han, d' Milch und d's Mues z'stehle, uf d'Wäge lige, d'Roß anz'tribe, und de Mäigge uf d'Achsle z'tätschle. 188

D' Heggoas

As ist amol a seelogueta Ma gsi, der 's nie übers Herz heat bringa künno, anam Tierli ebbas z'tue, ohne Ursach. Bsunders gern heat 'r aber d'Heggoasa khie, und as heat 'm ordili weh to inwendig, wenn man so a uschuldigs Heggöassli, das so kuom Menscho a Löadli tut, fürsätzli gmarterat heat. D'Heggoasa hend's ou igseha und sind froh gsi om a so a guete Seel, und hend redli Gut's mit Gutem vergolta. Der Tierfründ schloft amol, ganz müd vom Schaffa, uf 'm Feld unter am diko Bom i. Do kut a Schlango herkrocho über 'n Weag, siechto do schlofo und will en ombringa. Sie rupft mit dem Mul a fünfblätterigs Klee us 'em Gräs, leit em 's döt ane, wo sis Zoacha 's Herz lit, krücht uf e Bom und will dört abarschüssa ufs Kleeblatt und dem arma Ma i die ander Welt verhealfa; aber ez kut das reacht: a Heggoaseat heat die Gschicht gmerkt, düslat woalli us am Bösche fürar, nimt 's Kleeblatt, leid's darnebed uf an Felso, und springt denn wieder fort, so gnot, ass si ka – flüchst nid, so gelt 's nid. D'Schlango kut der wil langsam uf e Bom, kehrt si om und sucht uf 'em Ma das grüe Zoacha; dabei merkt s' der aber koa Zöachili, daß 's Kleeblatt uf am Felso und nid uf 'em Ma lit, springt mit aller G'walt druf abar, und heat si da Kopf ganz verschmetterat.

Do sieht ma, daß d'Dankberkeit vo di Klinna und Uschilicha ou ebbas wert ist. 189

'S Freile vu Rukburg

Uf der Rukburg ist vor Zite a Freile gsi, das schönst i der Geged. Menge Ritter hei 's welle zur Froue; aber 's Freile ist nomma viel z' ernstli gsi, und hot it welle manne. Nu, amole goht es am a Obed spaziere, und trifft a Beatlare a, die just am Weag dana striket. Die klagt dem Freile d' Not und briegget und verzellt, was sie scho hei mitg'macht im trurige Leabe: «Ihr tätet 's it gloube, g'streng Freile, was i miner Leabtag ho g'litte! Keak därf i säge: wär der Himmel an Boge Papier und d'Sterne dob d'Schriber und der Bodesee dunda mithalb an Hafa voll Dinte: schouet, sie kintet 's it verschribe, was i ho g'litte. Jo, g'streng Freile, Ihr wisset halt it, was Kummer und Sorg ist!»

Mi Freile schmöllelet: «Was Kummer und Sorg ist? Wible, ei do honder an Gulde, etz säget, was Kummer und Sorg ist.» 's Beatlerwible aber git dem Freile de Kneiel Garn und seit: «Do träget de Kneiel in Tannewald uffe, bis er d'Seel findet vum Kneiel, denn erfahret ihr b'stimmt, g'streng Freile, was Kummer und Sorg ist.»

Mi Freile nimt de Kneiel, und goht munter in Tannewald uffe. Etzeda fangt es a langsam z'dimmera und mit der Dünkle goht de Kneiel us, und mim Freile blibt a Bomnuß, uf die der Kneiel ist g'wunde gsi, i der Hand, und die Bomnuß ist d'Seel vum Kneiel, und mi Freile sieht i, was «Kummer und Sorg» ist. Denn des zart Ding stoht etzeda im a schwarze Tannewald moetterseelgs alloa, woaßt koen Weag, koen Steag zum Schloß zruk, hot Hunger und Durst, hot nix z'easse und nix z'trinke, möchte schlofe und hot koe Bett, möcht sie wärme und hot koe Stube. Do fangt as a z'briegge und verspricht, wenn as wieder zu Litte kum, gang as i d's Kloster. Druf goht as allad witer i d'Tanne und Foahre, und beatet vorm ani, und der kalt Nachtluft verzuslet em d'Loke. Mit oamol sieht as a Liechtli dur d'Tanne, und schreit uf vor Froide und goht ufs Liechtli zue, und kunt zu nar Hütte und kloket. An alts buckelegs Wible, a Liecht i der Hand, tuet uf. «Hom me doch über Nacht», seit ’s Freile, «i bi verdwiert und find koen Weag meh hom.» – «Nu, so sei as», seit ’s Moetterle, und führt ’s Freile i d’Stube, «aber», seit as, «des Ding is it sicher, mi Freile, i fürcht, der Jäger kum. Des ist an wilde, udreassene Kerle, der nix, was Mensch hoaßt, lide will, nu mir tuet er nix, i sei scho g’schlage gnue, seit ar, mit mim Bukel. Tägwis goht ar furt und passet ufs Hochgwild, und a Gott will, kumt er hinnacht nimma.»

’S Freile loset und schnufet voll Kummer und Sorge. Uf oamol hört mas bealle und hiene, und der Jäger ist vor Hütte und fluechet. ’S Freile, stuchewieß vor Schreke, springt uf und will fliehe, aber unter der Tüer verkunt as dem Jäger, und der zicht sin Säbel und hout em das flatterig Hoor ab. ’S Freile ist frouh gsi, daß em de Kopf noch ist sto blieba, und louft im Wald furt.

Das is g’scheahe im Herbst. Aber dem Jäger is vu der Zit a nimma meh wohl gsi. ’S Bild vum selle Freile ist em, wo sin Zorn ist verrocha gsi, alwil vur d’Seel ku. Stundewis scheut ar ’s Freiles Hoor a, und sinnet und loaret. Er macht Kränzle und Blümle us ’am Hoor, und lueget si a, und briegget. «Wible», seit ar amol zu sinar Wirtschäftere, «Wible», seit ar, «mi rißt as etzt witer, i gang, und suech mer des Freile, ohne dea Engel kanis nimmer prästiere, die und ko andere.» Und der Jäger zieht furt mitte im Winter, und goht wislos vu Schloß zu Schloß, aber niena findt ar a Freile, das sim Schätzle hätt’ g’glichet. Endli kunt ar im Schwobeland in a Kloster und beatlet a Suppe. Wer git em se? – o’s Freile vu Rukburg. Stuchewieß wearet beide und d’ Klosterfrou schlecht gschneall wieder Tüer zue; der Jäger lit aber am andere Morge verfrore bir Pforte. 190

Von St. Gallen bis Zürich

Proklamationen

Als der Berner Philologieprofessor Johann Rudolf Wyß zusammen mit G. J. Kuhn und J. M. Usteri 1811 den Schweizer Jahresalmanach «Alpenrosen» begründete, schrieb er im Editorial:

«Wir Schweizer sind dem großern Theile nach in Sitten und Gebräuchen, in Sinnesart und Sprache das, was man ehrliche Deutsche nennt. Wir sind also gründlich und gern systematisch; vielleicht ein bißchen steif, aber gewaltig ordentlich. Wir sagen gern voraus, was wir wollen und wiederholen gern am Ende, daß wir voraus gesagt, was kommen würde.»

Jene Erste Alemannische Internationale hatte Johann Peter Hebel acht Jahre zuvor mit den «Alemannischen Gedichten» bewirkt. Hundertsiebzig Jahre später wird, für Alemannen aller Nationen, die Kulturzeitschrift «Allmende» geschaffen, und der Zürcher Literaturwissenschaftler Adolf Muschg äußert sich als Mitherausgeber im ersten Heft um einiges behutsamer als vormals Kollege Wyß:

«Alemannisch ist für mich ein Wort auf der Kante. Es kippt, sobald man es ausspricht. Bestätigen wir, daß wir zusammengehören, durch eine kleine Vorsicht im Ausdruck dieser Zusammengehörigkeit... Sparen wir das Wort. Oder, wenn wir uns einmal etwas leisten wollen: schenken wir es einander!» 191

Sankt Gallus

Schon in frühen Zeiten drang das Christentum in das rhätische Gebirge. Ein britischer Königssohn, Ludius mit Namen, soll übers Meer gekommen sein und diesem Land zuerst das Evangelium gepredigt haben. Nach ihm heißt noch ein Gebirgspfad zwischen Graubünden und der Herrschaft Vaduz (Fürstentum Liechtenstein) der Ludiensteig. Nach ihm kamen die Apostel Rhätiens und Helvetiens, Sankt Gallus und seine Gefährten Mangold und Siegbert, ersterer der Sohn eines Königs in Schottland, mit dem heiligen Columban an den Bodensee, zerstörten die Götzenbilder und brachen das Heidentum. Sie wohnten als fromme Einsiedler in Hütten, heilten Kranke und predigten das Evangelium.

Ein alemannischer Herzog, Gunzo, wohnte in Überlingen, damals Iburinga genannt, dem war die Tochter schwer erkrankt; der heilige Gallus heilte sie, und dafür schenkte ihm und seinen Gefährten Gunzo ein großes Waldgebirge zum Eigentum, in welchem sie sich nun besser anbauten. Aus diesem ersten Anbau ist die hernach so berühmte und herrliche Abtei Sankt Gallen geworden, welche einer Stadt und einem ganzen Land den Namen gegeben. Aber St. Gallus blieb, als er noch im irdischen Leben wandelte, nicht beständig in seiner Einsiedelei, er stieg, als die Abtei St. Gallen schon begründet war, der Sitter entlang höher empor, und erbaute sich an geeignetem Ort eine neue Zelle, das Hirtenvolk zu bekehren. Diese nannte das Volk «des Abten Zelle», daraus ist der Name Appenzell entstanden.

Das Hirtenvolk nahm auch willig das Christentum an, als aber später die mächtige Abtei es in seiner Freiheit bedrohte, erhob es sich zum Kampf. Der Abt von St. Gallen suchte Hilfe bei Österreich, da saß aber droben auf der festen Burg Werdenberg der Grafensohn Rudolf von Werdenberg; der hielt zu den Hirten des Appenzeller Gebietes und führte sie zum Kampf gegen St. Gallen. Am Stoß fand eine heftige

Schlacht statt, lange schwankte der Sieg, plötzlich kam über den Berg herüber eine großmächtige Schar Kriegsvolk den Hirten zu Hilfe – als die Feinde der Appenzeller diese erblickten, flohen sie eilend vom Schlachtfeld. Es waren aber die Hilfsvölker, die durch ihren Anblick von weitem den Feind hinweggeschreckt, keineswegs Kriegsmänner, sondern der Hirten Weiber und Töchter in männlicher Tracht gewesen. Seitdem blieb das Ländlein Appenzell mitten im St. Galler Land ein eigenfreies und regierte sich selbst. 192

Legende von St. Otmar

Der heilige Otmar aus alemannischem Hause war Abt des Klosters St. Gallen. Unter König Pipin gerieten Warin und Rudhard, beide Gaugrafen der Seegegend, mit den Mönchen von St. Gallen über Güterbesitz in Streit, und als Abt Otmar sie am Hofe des Königs verklagen wollte, schickten sie ihm Kriegsleute nach, die den Heiligen gebunden zurückführten. Auf ihr Betreiben berief der dem Abt neidisch gesinnte Bischof Sidonius eine Versammlung. Ein verworfener Mönch, Lambert mit Namen, trat hier auf und beschuldigte Otmar eines sträflichen Umgangs. Der Heilige schwieg zuerst auf diese Anklage; endlich, von den meisten gedrängt, sich zu verteidigen, rief er Gott zum Zeugen seiner Unschuld an, weigerte sich aber, menschlichen Richtern Rede zu stehen, deren Bosheit er wohl erkannte. Jenen Lambert erreichte bald die göttliche Strafe; ein Fieber zog seine Glieder so zusammen, daß er den Kopf wie ein unvernünftiges Tier fast bis auf den Boden hing. Aber obwohl er selbst mit lauter Stimme verkündete, daß er an dem Heiligen gesündigt, wurde Otmar von der Synode verurteilt und in die Pfalz bei Bodman eingekerkert. Niemand durfte ihn besuchen oder mit ihm reden; so brachte er einige Tage ohne alle Nahrung zu.

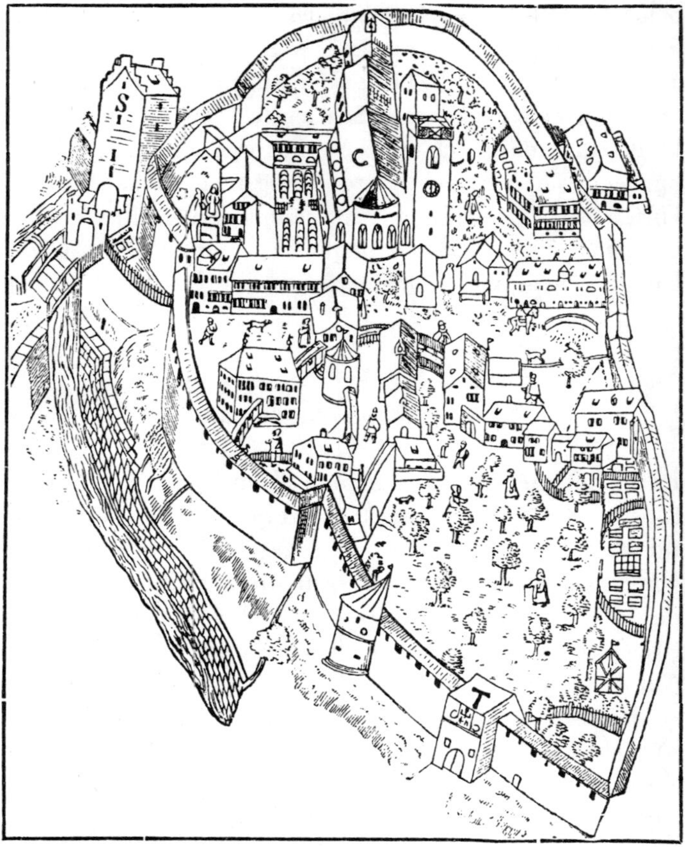

Älteste Ansicht des Klosters St. Gallen. Holzschnitt 1596

Späterhin erwirkte Gozbert, ein angesehener Mann, daß die Grafen ihm den Gefangenen übergaben. Er brachte ihn auf eine Rheininsel, gegenüber dem Ort Stein. Dort starb der Heilige bald hernach, zu Ende des Jahres 759. Der Leichnam wurde auf der Insel beerdigt.

Zehn Jahre nach dem Tod des heiligen Abtes wurden die Brüder von St. Gallen durch ein Gesicht ermahnt, den ehrwürdigen Leichnam in ihr Kloster heimzuführen. Elf von ihnen kamen nachts auf die Rheininsel. Als sie das Grab öffneten, fanden sie den Körper frei von aller Verwesung, nur daß der äußerste Teil eines Fußes, den das Wasser bespült hatte, mißfarbig und geschwunden erschien. Die Brüder brachten die Leiche auf das Schiff und zündeten Wachskerzen an, eine zum Haupt und eine zu den Füßen. Eifrigst ruderten sie dann dahin, als Regen und Wind mit solcher Gewalt losbrachen, daß die im Schifflein kaum Rettung zu finden hofften. Aber durch göttliche Fügung hingen die Wolken ringsum über ihnen, ohne ihre Fahrt zu hemmen. Wohin der Nachen kam, wurden die wogenden Fluten von ihm niedergedrückt. Die Wassermassen, Regengüsse und Windwirbel umgürteten das Fahrzeug auf nicht geringe Entfernung wie ein Zaun, so daß nicht ein Regentropfen hinein fiel. Selbst die zu Haupt und Füßen des Leichnams aufgestellten Kerzen leuchteten beständig fort.

Als die Brüder, von angestrengtem Rudern ermüdet, zur Imbißstunde sich niedersetzten und auch einen Labetrunk einnehmen wollten, meldete einer der Brüder, daß nur der Inhalt einer kleinen Flasche übrig sei, doch werde es kaum reichen, daß jeder davon koste, viel weniger seinen Durst damit lösche. Die Brüder ließen das Wenige unter alle friedlich verteilen, und wunderbar begann in dem kleinen Gefäß der Vorrat so zu wachsen, daß, soviel sie auch tranken, der Inhalt nicht abnahm, bis die Trinkenden selbst des Becherfüllens übergenug hatten. Darum dankten sie dem Geber alles Guten, der ihnen so wunderbar Überfluß dargereicht hatte, mit lautem Preis.

Als sie wieder weiterfuhren, war das Fläschlein versiegt. Mit Jubel verkündeten sie bei der Landung, was sich begeben hatte, und trugen den heiligen Leichnam unter großen Ehren bis ins Kloster und legten ihn vor dem Altar Johannes des Täufers in einen Sarg, wo er sich später durch viele Wunder kundtat.

Abgebildet wird St. Ottmar mit dem Buch in der einen und dem Fäßchen in der andern Hand. 193

Die St. Galler Mönche erbeten Wein

In der stattlichen Abtei St. Gallen war große Sorge um den lieben Wein. Es war eben ein durstiges Jahr gewesen und lange Jahre nichts Erkleckliches nachgewachsen; nur noch zween Ohmfässer lagerten voll in dem großen Abtei-Keller, die reichten voraussichtlich nicht mehr weit, und dann wäre den frommen Vätern eine weinlose, schier schreckliche Zeit gekommen. Da wendete Gott das Herz eines frommen und heiligen Mannes, des Bischofs Adalrich in der alten Stadt Augsburg, daß er den nicht weniger frommen Vätern zu St. Gallen ein ganzes Stückfaß voll Wein in ihre Abtei verehrte. Nun kam aber die Nachricht nach St. Gallen, das Faß sei unterwegs im Rhein ertrunken, der Fuhrmann habe auf der steilen Brücke über den Fluß in der Nähe des Bodensees die Pferde allzuhart angetrieben; da sei die Achse gebrochen und das Faß hinab in den Strudel gestürzt. Das war ein Schrecken! Ohne Säumen berief der Abt den Konvent, und bald wallte eine lange Prozession mit Kreuz und Kirchenfahnen und Heiligenbildern von St. Gallen herab, sang und betete und kniete am Strudel, und die Küper des Klosters suchten mit Stricken das Faß zu fangen, das glücklicherweise noch unversehrt war und im Strudel tanzte. Wäre der Strudel nicht gewesen, so wäre das Stückfaß längst in den Bodensee geflossen, und ward allda ersichtlich, wozu manchmal ein Strudel gut ist. Nach mancher Mühe gelang es unter Gebet und Fürbitte der lieben Gottesheiligen, das Stückfaß an den Strand zu ziehen, und nun wurde es bekränzt und im Triumph nach der Abtei geführt, wo ein Dankfest mit einem Te Deum laudamus und vielen Trankopfern gefeiert wurde. 194

Der Spielmann zu Sankt Gallen

Auf einer großen Versammlung der Schweizer Kantone in Baden sollten an einem gewissen Tag die Abgeordneten der dreizehn eidgenössischen Orte in dem Herrenhof prächtig bewirtet werden. N. Steuchler, ein Spielmann zu St. Gallen, kam an demselben Tag in Sankt Gallen auf die Brücke am Multertor; da fand er nebst mehreren Bürgern auch den hochberühmten Theophrastus Paracelsus auf einer Bank sitzen und redete ihn folgendermaßen an: «Nun werden die Herren Gesandten sich zu Baden im Herrenhof lustig machen; denn ich habe gehört, sie halten heute da eine prächtige Mahlzeit. Wäre ich nun dort, ich könnte mir mit meinem Spiel einen schönen Stüber verdienen.»

Darauf sprach Paracelsus: «Habt Ihr Lust, ein gut Trinkgeld da zu gewinnen, dann geht und zieht andere Kleider an, nehmt Eure Flöte und kommt wieder her, und ich will Euch ein Pferd besorgen, auf dem Ihr binnen einer halben Stunde in Baden seid.» – «Herr Theophrastus», antwortete Steuchler, «ich weiß, daß Ihr mehr versteht als andere Leute; ich will denn gehen und tun, wie Ihr gesagt.» Er ging flugs nach Hause, kleidete sich um und kam bald zurück an das Multertor, wo ihn Paracelsus erwartete. «Geh nun», sprach dieser zu ihm, «nach der Spießhütte, da findest du ein weißes Pferd gesattelt. Setze dich darauf und reite damit hin, aber sieh wohl zu, daß du nicht sprichst, ehe du wieder abgesessen bist, dann siehst du binnen einer halben Stunde Baden.»

Steuchler bedankte sich, ging nach der Spießhütte und fand das Pferd wirklich dort, band es los, setzte sich darauf und fuhr durch die Luft hin, kam auch in einer halben Stunde zu Baden an, welches doch sechzehn tüchtige Stunden von Sankt Gallen entlegen ist. Gleich am Schloß ließ das Pferd sich nieder, er sprang ab und es verschwand. Zur Stunde begab er sich in den Herrenhof und spielte vor dem Gesandten von Sankt Gallen sehr künstlich auf seiner Flöte. Als der Gesandte ihn sah, fragte er ihn barsch: «Welcher Teufel hat dich denn hierher getragen?» Steuchler antwortete: «Ja, Herr, der lebendige Teufel und kein andrer Heiliger», und erzählte alles, was ihm begegnet war, fügte aber hinzu: «Gott behüte und bewahre mich, daß ich nie wieder ein solch Pferd besteige.» Der Gesandte merkte die Zeit an, wo er Steuchler in Baden gesehen und fragte später in Sankt Gallen, wann er noch da gesehen worden, befand dann auch, daß er nicht mehr und nicht minder Zeit gebraucht zu der Fahrt als eine halbe Stunde. 195

Burg Steinach

Bei Arbon und seiner hohen Burg vorüber, in welcher der unglückliche Königssohn Konradin seine Jugend verlebte, längs dem Bodensee und dem Städtchen Rorschach zu, oberhalb des Dorfes Steinach, erblickt man am Rand des Bergrückens gegen den See hin einen grauen Turm mit breitem Überbau, der wie ein Riesenhut auf dem weiten Mauerstock sitzt. Es ist die Burg Steinach oder, nach dem Volksmund, die Steiner- oder Stauerburg.

Auf dieser alten Burg lebte Anfang des 12. Jahrhunderts der bekannte Dichter der Ritterzeit, Blikker (Bligger) von Steinach, als Stammherr. Die Burg sank in spätern Zeiten in Ruinen; von ihren Mauern und Doppelgraben ist wenig mehr übrig; nur der altertümliche Turm steht noch.

Der letzte Burgmann von Steinach lebte als rauher gefühlloser Herrscher einsam auf seiner Burg. Die Untertanen erschraken, wenn der Zwingherr aus seiner Festung trat; denn ohne Erbarmen und aufs Härteste züchtigte er die, welche ihm nicht gefielen oder seinen Befehlen ungehorsam waren. Sein Herz verschloß sich vollends, als eine bittere Fehde zwischen ihm und dem Herrn von Wartensee ausbrach. Mit kal-

Stadt und Kloster St. Gallen. Kupferstich aus: Daniel Meisner, Politisches Schatzkästlein, 1. Buch, 1. Teil, Frankfurt 1625

tem Blut verbrannte er die Dörfer und Höfe und erschlug die Leibeigenen und Knechte seines Feindes nebst Frauen und Kindern. Wartensee suchte umsonst seinem Gegner beizukommen. Bei Tage war er immer wohlbewacht, wenn er auf die Jagd ritt, und in der Nacht zog er die Fallbrücke auf, schob gewaltige Riegel vor das Burgtor, und blutgierige Hunde wachten hinter den Mauern.

Ein Mädchen endlich, das bei dem Herrn von Steinach hauste, wurde von dem von Wartensee gewonnen. Es sollte, wenn sein Herr zur Nachtzeit am Fenster sitze, das gegen Wartensee hinauf schaut, ein weißes Tuch heraushängen. Das geschah, und sogleich flog ein Pfeil durch das Fenster und durchbohrte Rücken und Brust des Zwingherrn mit solcher Gewalt, daß die Spitze im Tisch steckenblieb. Den Blutflecken dieses Mordes vermochte kein Wasser zu vertilgen. 196

Arbon am Bodensee. Kupferstich aus: Daniel Meisner, Politisches Schatzkästlein, 1. Buch, 4. Teil, Frankfurt 1625

Idda von Toggenburg

Ein Rabe entführte der Gräfin Idda von Toggenburg, des Geschlechtes von Kirchberg, ihren Brautring durch ein offenes Fenster. Ein Dienstmann des Grafen Heinrich, ihres Gemahls, fand ihn und nahm ihn auf; der Graf erkannte ihn an dessen Finger. Wütend eilte er zu der unglücklichen Idda und stürzte sie in den Graben der hohen Toggenburg; den Dienstmann ließ er am Schweif eines wilden Pferdes die Felsen herunter schleifen. Indessen hielt sich die Gräfin im Herabfall an einem Gesträuch, wovon sie sich nachts losmachte. Sie ging in einen Wald, lebte von Wasser und Wurzeln; als ihre Unschuld klar geworden, fand ein Jäger die Gräfin Idda. Der Graf bat viel; sie wollte nicht mehr bei ihm leben, sondern blieb still und heilig im Kloster zu Fischingen. 197

Wildenmannlis-Loch im Toggenburg

Auf der östlichen Seite des Siluner-Rucks oder des Seln, in der Bergkette der Kuhfirsten (Churfirsten jetzt genannt), liegt zwischen Silun und Breitenalp in einer Felswand eine Höhle, welche der zunächstwohnende Senne das Wildenmannlisloch nennt und so beschreibt: Ihr Tor ist so groß, daß man mit Roß und Wagen hineinfahren kann. Sie führt anderthalb Stunden weit in den Berg hinein und die Gänge drinnen sind so weit, daß mehrere Mann nebeneinander aufrecht gehen können. Vorn haben die Wildmännchen sich Tische und Bänke ausgehauen; eine Viertelstunde weiter innen liegt ein kleiner See, rings von Felsblöcken eingefaßt, die sie sich zu ihren kühlen Ruhesitzen hergewälzt haben; noch weiter nach hinten kommen dann ihre Wohnungen. Sie leben von Wurzeln und Milch. Den benachbarten Sennen helfen sie den Stall schoren (misten), Vieh füttern und den Berg heuen. Einst holten sie die Hebamme aus dem kleinen Ort Starkenbach, bei St. Johann im Toggenburgischen, zu sich hinauf, die einem Wildweiblein in Kindsnöten helfen mußte. Schließlich erhielt sie dafür eine ganze Schürze voll Erdbrokken. Auf dem weiten Weg aus der Höhle heraus gab sie auf das wertlose Geschenk nicht acht. Als sie nun heraus ans Tageslicht kam und den letzten Brocken besah, war er reines Gold.

Benachbart liegt auf Silimatt das Rauchloch, eine Erdöffnung, die ähnlich dem Wetterloch des Kamor im obern Rheintal ist. Hinabgeworfene Steine hört man lang in der Tiefe rollen, oft steigen Dünste aus ihm empor, die Regen bringen. In dieser Gegend wohnt auch das Hinter-Risi-Manndli, das auf dem Käseruck oder Asterkäseren, einem Weidgebirge von mehr als 7000 Fuß Höhe, in einem scharlachroten Kittelchen und mit großem Schlapphut sich blikken läßt und auf einer Geige aufspielt. 198

Felsen löst sich

Die Baronie oder Herrlichkeit von Hohen-Sax im Schweizerland ist von dem Kanton Appenzell durch hohe Berge geschieden. Sooft jemand aus dem freiherrlichen Stamm stirbt, löst sich ein großes Felsstück von diesen Bergen und rollt mit weitschallendem Getöse nieder bis auf den Vorhof des Schlosses Forsteg. 199

Die Herren von Hohensax

Zwischen dem Altman-Berg, dem Nachbar des Hohen-Säntis und dem Rheintal, liegt die alte Stammburg der Freiherren von Hohensax. Deren einer hieß Hans Philipp, war ein ritterlicher Kriegsheld und zog ins Niederland, für dessen Freiheit er mitfocht, war ein Protestant und gerade in Frankreich, als die Ketzerverfolgung begann. Mit Mühe entrann er der Pariser Bluthochzeit. Dieser Freiherr von Hohensax hielt die alten Lieder gar wert, welche die Minnesänger in der Schweiz und in Schwaben gedichtet und gesungen hatten, und besaß von ihnen jenes hochwerte Buch, das ein Stolz der deutschen Poesie ist. Da geschah es, daß ihn, manche sagen um des Glaubens willen, 1559 sein Neffe Ulrich Georg von Hohensax erschlug. Darauf kam das Buch mit dem altdeutschen Liederschatz in die Hände des Kurfürsten von der Pfalz gen Heidelberg, von wo es durch die Franzosen weggeschleppt wurde.

Wunderbares aber begab sich mit dem Leichnam des Ermordeten; dieser verweste nicht, als er in der Kirche zu Sennewald beigesetzt war; das dünkte die Umwohner ein absonderliches Zeichen, und sie meinten, obgleich der Verstorbene stets ein Protestant gewesen, müsse er etwa doch ein heiliger Mann gewesen sein. Verschafften sich heimlich von ihm erst einen Finger, dann deren mehr, endlich wurde der ganze Leichnam hinweggeführt, gerade wie sein alter Liederschatz, nur mit dem Unterschied, daß die Sennenwalder Klage erhoben um den Leichnam des Hohensaxers, und er wieder herüberwandern mußte, da sie ihn denn noch heutigen Tages in ihrer Kirche als eine Mumie zeigen.

Es lebte auch noch ein Freiherr dieses edlen Geschlechts auf Hohensax, der war mit einem Ding begabt, das nicht eben selten ist in diesen felsreichen Alpentälern, einem Glied, das ihn ärgerte, und konnt' und mocht' es doch nicht ausreißen und von sich werfen, wie die Schrift gebeut. Da zog er mit zu Feld und in einer heißen Schlacht, in welcher Mann gegen Mann kämpfte, empfing er einen Schwerthieb, daß ihm gleich das Blut stromweis vom Hals abquoll. Doch hatte der Feind den glücklichsten Streich getan, er hatte dem Freiherrn von Hohensax das ärgernde Glied weggehauen, seinen Kropf. 200

Die Wildenburg

Im Kanton Sankt Gallen, am Wege nach Gams hinaus, liegen einsam, von den schönsten Tannenbäumen umzäunt, auf würfelförmigem Kalkfelsen die Überreste der Wildenburg, aus welcher ein viereckiger, etliche dreißig Fuß hoher Turm hervorragt.

Die uralte Sage erzählt, daß auf Wildenburg ungeheure Schätze in Schutt und Sand verborgen liegen, welche von zehn der häßlichsten Kobolde und Gnomen gehütet werden. Diese bösen Geister sollen die Zwingherren sein, welche zum Schrecken des Volks auf der wilden Burg wohnten, und die nun zur ewigen Strafe, Tyrannen zur warnenden Lehre, in den schrecklichsten Gestalten ihr zusammengestohlenes Gut Tag und Nacht bewachen müssen.

Um Mitternacht, wenn kein Sternchen glimmt, kriechen sie aus ihren Höhlen hervor, springen umher, leuchtend wie Irrwische, raufen sich die Haare und toben und heulen, daß es den Leuten in der Nachbarschaft durch Mark und Bein geht und die Alpen erschüttert. Zu gewissen Zeiten ändern sie die Gestalt. Das eine dieser Ungeheuer ist jung und frisch, das andere alt und kränklich, und ein drittes schwarz. Bald erscheinen sie als Riesen, bald als Zwerge mit Höckern, zuweilen als Hunde, Katzen, Schweine und Böcke. Wenn die Quatember- oder andere heilige Zeiten nahen, spuken sie in der Gegend weit umher. 201

Rudolf von Habsburgs Nase

Als Rudolf von Habsburg noch Graf war und sich auf seinem Schloß Kyburg aufhielt, kamen eines Tages die Herren von Regensberg – seine alten Nebenbuhler – zusammen und sprachen: «Diesmal soll der elende Graf unseren Händen nicht entwischen, diesmal soll er seine lange Nase verstoßen!» Nun war bei ihnen aber ein närrischer Mensch, den sie nicht achteten; dieser eilte sofort von Regensberg nach Kyburg, klopfte an das Tor und verlangte dringend den Grafen zu sehen. Als er hereingeführt wurde, betrachtete er sich das Antlitz des Grafen eine gute Weile und sprach dann kopfschüttelnd: «Nein, nein, so lang ist deine Nase doch nicht, wie meine Herren zu Regensberg heute gesagt haben!» Der Graf horchte diesen merkwürdigen Worten zu und sagte: «Was hast du gesagt, wie hast du gesprochen?» Der Narr aber erwiderte: «Meine Herren waren heute zahlreicher als sonst beisammen und sprachen: ‹Dem Grafen wollen wir seine lange Nase zerreiben!›»

Nun merkte Rudolf sogleich, was im Werke war, sammelte seine Kriegsschar, brach gen Regensberg auf, traf unterwegs die gegen ihn verschworenen Ritter und schlug sie zu Paaren, so daß diesmal die Gegner mit langer Nase abzogen. 202

Der Bichelsee

An der Grenze der Grafschaft Kyburg lag die Burg Bichelsee, von welcher noch jetzt auf zwei Hügeln Ruinen zu sehen sind. Nicht weit von der Burg zwischen Wiesen und Feldern liegt der schöne Bichelsee. Über diesen See soll einst eine Kette, von der heutzutage keine Spur mehr vorhanden ist, bis zur Burg Haselberg auf jenseitigem hohen Berg gezogen gewesen sein, welche einem Eichhörnchen als Brücke diente, um in gefahrvollen Zeiten Briefe von einem Burgherrn zum andern zu tragen. An der Stelle des Bichelsees, in dessen dunkelgrüner Flut sich die nahen waldigen Hügel spiegeln, war einst ein Eichwald, der einer frommen Witwe gehörte. Aber der wurde ihr von einem Nachbarn entrissen und ihre Klage fand kein Gehör. Da verwünschte sie den ihr freventlich geraubten Wald, und die Erde erbebte, ein schrecklicher Sturm brach los, feurige Zeichen drohten am Himmel, und als der Tag wieder anbrach, breitete sich ein See über den verschwundenen Wald aus. Lange Zeit zerrissen die Fischernetze an den aus der Tiefe emporstrebenden Eichen. Das Volk glaubt, der See sei unergründlich, und stehe durch verborgene Ruinen mit weitentlegenen Gewässern in Verbindung. 203

Der Kaiser und die Schlange

Als Kaiser Karl zu Zürich in dem Hause genannt «zum Loch» wohnte, ließ er eine Säule mit einer Glocke oben und einem Seil daran errichten: damit es jeder ziehen könne, der Handhabung des Rechts fordere, sooft der Kaiser am Mittagsmahl sitze. Eines Tages nun geschah es, daß die Glocke erklang, die hinzugehenden Diener aber niemand beim Seil fanden. Es schellte aber von neuem in einem weg. Der Kaiser befahl ihnen, nochmals hinzugehen und auf die Ursache acht zu haben. Da sahen sie nun, daß eine große Schlange sich dem Seil näherte und die Glocke zog. Bestürzt hinterbrachten sie das dem Kaiser, der alsbald aufstand und dem Tier, nicht weniger als den Menschen, Recht sprechen wollte.

Nachdem sich der Wurm ehrerbietig vor dem Fürsten geneigt, führte er ihn an das Ufer eines Wassers, wo auf seinem Nest und auf seinen Eiern eine übergroße Kröte saß. Karl untersuchte und entschied der beiden Tiere Streit dergestalt, daß er die Kröte zum Feuer verdammte und der Schlange recht gab. Dieses Urteil wurde gesprochen und vollstreckt. Einige Tage darauf kam die Schlange wieder an Hof, neigte sich, wand sich auf den Tisch und hob den Deckel von einem darauf stehenden Becher ab. In den Becher legte sie aus ihrem Mund einen kostbaren Edelstein, verneigte sich wiederum und ging weg.

An dem Ort, wo der Schlangen Nest gestanden, ließ Karl eine Kirche bauen, die nannte man Wasserkilch; den Stein aber schenkte er, aus besonderer Liebe, seiner Gemahlin. Dieser Stein hatte die geheime Kraft in sich, daß er den Kaiser beständig zu seinem Gemahl hinzog, und daß er abwesend Trauern und Sehnen nach ihr empfand. Daher barg sie ihn in ihrer Todesstunde unter der Zunge, wohl wissend, daß, wenn er in andere Hände komme, der Kaiser ihrer bald vergessen würde. Also wurde die Kaiserin samt dem Stein begraben; da vermochte Karl sich gar nicht zu trennen von ihrem Leichnam, so daß er ihn wieder aus der Erde graben ließ und 18 Jahre mit sich herumführte, wohin er sich auch begab.

Inzwischen durchsuchte ein Höfling, dem von der verborgenen Tugend des Steines zu Ohren gekommen war, den Leichnam und fand endlich den Stein unter der Zunge liegen, nahm ihn weg und steckte ihn zu sich. Alsbald kehrte sich des Kaisers Liebe ab von seiner toten Gemahlin und auf den Höfling, den er nun gar nicht von sich lassen wollte. Aus Unwillen warf einmal der Höfling, auf einer Reise nach Köln, den Stein in eine heiße Quelle; seitdem konnte ihn niemand wieder erlangen. Die Neigung des Kaisers zu dem Ritter hörte zwar auf, allein er fühlte sich nun wunderbar hingezogen zu dem Ort, wo der Stein verborgen lag; und an dieser Stelle gründete er Aachen, seinen nachherigen Lieblingsaufenthalt. 204

Die Kirche an der Limmat

Zwanzig Jahre nach seinen Brüdern hat Ferdinand Philipp Grimm (unter dem Namen Philipp von Steinau) die Sage vom Kaiser und der Schlange ein wenig anders erzählt:

Im Jahre 800 befand sich Kaiser Karl hofhaltend in seinem Palast zu Zürich. In der Nähe der Limmat ließ er eine Säule errichten und mit einer Glocke versehen, damit ein jeder, der seines Rechtsspruchs Begehren trage, solche anziehen möge. Zwei Wächter waren dabei aufgestellt.

Eines Tages vernahm der Kaiser den Anschlag der Glocke, und da niemand gemeldet wurde, fragte er, wer an der Glockenschnur gezogen habe. Die Wächter hatten wohl den Ton der Glocke gehört, doch keinen Menschen auf dem Säulenplatz gesehen.

Zum anderen Mal ertönt der Glockenklang durch die

Lüfte, und nochmals ruft der Kaiser aus: wer an dem Seile eben jetzt gezogen? Doch gleiche Antwort gelangt in sein Gemach: niemand habe eine lebendige Seele wahrgenommen. Da befiehlt er ernsten Wortes, daß man verborgen forschen möge nach dem kühnen Läuter drüben auf dem Platz.

Zum dritten Mal und laut und ungestümer erschallt ein hell Geläute. Da erblickten die Diener des kaiserlichen Hofes, wie eine Schlange sich zur Glocke windet und diese rührt. Sie hinterbringen dem Monarchen die seltene Kunde, der befremdet nach dem Platz schreitet und hier eine mächtige Schlange erkennt, die an dem Fuß der Säule ruht, bei seiner Ankunft sich aufrichtet, demütig vor ihm sich neigt und zum Limmatstrom eilt. Der Kaiser folgte ihr bis zum schilfigen Gestein des Ufers und findet hier über ihrem Nest mit Eiern eine giftige ungeheure Kröte ausgebreitet, auf welche jetzt die Schlange ihr flammendes Auge richtet; und schnell befiehlt er, das häßliche Getier zu fangen und zu töten, worauf die Schlange freudig von ihrem Eigentum wieder Besitz nimmt.

Des andern Tages, als Karl, umgeben von der Menge seines Hofes, beim Mittagsmahl sitzt, rauscht durch die aufspringenden Flügeltüren des Saales, zum Staunen und Entsetzen aller Anwesenden, die große Schlange mit wunderbarem Silberglanz herein, schwingt sich empor, löst den Deckel eines goldnen Pokals der Tafel, senkt einen funkelnden Edelstein in denselben, neigt noch einmal das Haupt dankbar vor dem edlen Fürsten und wallt durch die Tür des Saales wieder hinweg.

Kaiser Karl hebt voll Dankes gegen Gott seine Hände, der durch dieses gefürchtete Tier ihn an sein hohes Richteramt gemahnt; und zur Erinnerung an diese Begebenheit steigt auf sein Geheiß am Limmatstrom die prachtvolle Kirche empor, welche noch heute als eine Zierde Zürichs betrachtet wird.

Den Edelstein der Schlange, von hoher Pracht und Herrlichkeit, verlieh der Kaiser seiner Gemahlin Hildegard. 205

Goldkette zu Irchenhausen

Beim Zürcher Dorf Irchenhausen am Pfäffikonersee zeigen sich die wohlerhaltenen Erdwerke eines römischen Kastells. Ein Bauer hat jüngst folgendes von dort erzählt. Der frühere Besitzer dieses Platzes sah an manchen Abenden ein blaues Flämmchen innerhalb der alten Umwallung spielen. Weil

Kaiser Karl, Herr über Fürsten, Ritter und Knechte. Holzschnitt aus: Petermann Etterlin, Kronica von der loblichen Eydtgenoschaft.., Basel 1507

dies stets ein Zeichen ist von unterirdisch verborgen liegenden Schätzen, die sich auf solche Weise anmelden, begann er danach zu graben und hatte lange aber vergeblich gearbeitet. Auf einmal jedoch fing es an im Loch zu blinken und zu funkeln. «Potz Dunner-Hagel, e goldige Chetti!» rief er und schlug mit seinem Karst hastig drauf los. In diesem Augenblick setzte sich die goldene Kette, denn eine solche hatte er seiner Meinung nach wirklich ausgegraben, in Bewegung und schlüpfte wie ein Wurm wieder in das Loch zurück. Nichts war ihm davon geblieben als das letzte Kettenglied, das an der einen Zinke seines Karstes hing. Der Bauer machte sich in aller Stille davon, bot sein Gütchen feil und kaufte sich baldmöglichst in einer andern Gegend ein nicht verzaubertes Anwesen. Eine wunderliche Behauptung hört man um Trüllikon und Andelfingen. Dort liegt das Dörfchen Wildenspuch, und dieses glaubt seit Menschengedenken bis heute in allem Ernst, es sei der Mittelpunkt der Welt. 206

Das glückhafte Schifflein

Im Zeughaus zu Straßburg wird ein eherner Topf gezeigt, den sandte einst die Stadt Zürich voll Brei dahin, welches sie in Zürich gekocht und der noch warm in Straßburg ankam, und das geschah so.

Die Straßburger hielten großes Freischießen und luden dazu alle Nachbarstädte am Rhein ein, in der Rheinpfalz, im Elsaß und in der Schweiz; die kamen auch durch Gesandte zahlreich und nahmen teil am Fest; am weitesten hatten es freilich die Schützen von Zürich, drei Tagereisen. Da war zu Zürich ein wackerer Kumpan, der hieß Hans im Weerd und sann ein lustig Stücklein aus. Wir wollen gen Straßburg zu Wasser fahren, da brechen wir kein Rad und fällt uns kein Roß, und wollen das tun, so Gott will, in einem Tag, und einen heißen Brei, den wir hier gekocht, den Straßburgern mitbringen.

Dieser Rat fand großen Beifall, alles wurde vorgerichtet und gerüstet, der Brei wurde in einer Nacht gekocht, kam in einen warmen Topf von Erz und der Topf wurde in heißen Sand gestellt, und nun ging es schnell zu Schiff, als die Sterne noch glänzten. Vom Schiff wehten lustig die Wimpel mit Zürichs Farben, weiß und blau, und munter flog es über der Limmat rasche Wellen rasch dahin. Von der Limmat lenkten die fröhlichen Schweizerschützen in die Aare, vorüber an mancher gefährlichen Stelle; und aus der Aare in den Rhein, am Höllenhaken kühn vorbei durch Strudel und Klippen. Als das glückhafte Schifflein gen Rheinfelden kam, wohin schon Kunde von seiner Fahrt gelangt, wurde zur Mauer herab ein Korb voll edlen Weines zum Morgentrunk herabgelassen und unverweilt eingenommen. Als die Basler Glocke elf schlug, war es erst um zehn Uhr, und das glückhafte Schiff mit seinen Zürchern nahte schon der Brücke. Da schallte von aufgestellter Mannschaft und drängendem Volk herzlichfroher Bundesgruß entgegen, und die Geschütze krachten, aber wie ein Pfeil schoß das Schiff, getrieben von den Ruderschlägen stets sich ablösender kräftiger Ruderer immer rheinabwärts, und vorn im Schiff am Steuer stand lugenden und sorgenden Blickes der Hans im Weerd, und mitten im Schiff saß Kasper Thomann, der Zürcher erwählter Obmann und Sprecher beim Schützenfest.

So ging es weiter und immer weiter, an Neuenburg vorbei, an Breisach vorbei, durch die hundert Inseln und Werther und Riete im Rhein. Wohl sank der Abend nieder, wohl tauchte hinter der Vogesen blauer Bergkette das glühende Rad der Sonne unter, aber was leuchtete dort weit, weit her über die unermeßliche Stromtalfläche: eine rote Feuersäule? Im Sonnenscheidekuß flammte unser Frauen-Münsters-Turmriese, und der Jubel der Schiffer grüßte das leuchtende ferne Ziel.

Aber immer noch liegen Stunden zwischen dem Ziel und dem Schiff – der Tag schwindet, die Nacht bricht an, hell und rund steht der Mond am Abendhimmel, das Münster taucht empor, wie ein Geisterschiff, von der Schützenmatte her dringt dumpfer Lärm des Volksgewimmels; jetzt beginnen auch die im Schiff zu blasen mit hellen Zinken und Posaunen, Pfeifen und Drommeten – jetzt endlich ist Straßburg erreicht, und am Guldenturm legt das Schifflein an. Jubel begrüßt die nimmermüden Stromfahrer, die das nie Dagewesene vollbracht, an einem Tag gefahren die unendlichen Strecken und der Brei im Topf noch warm, gerade noch so mundrecht. Das war ein festliches Begrüßen, mit Musik und Fahnen wurden die werten Zürcher Gäste auf die Maurerstube geleitet zum herzlichen Willkommen und frohem Mahl. Von da brachte man die Zürcher, nachdem der Brei verzehrt war, in den güldnen Hirsch zur Rast, und am andern Tag beim Schießen wurden sie hoch geehrt vor allen Gästen, und der Topf blieb aufbewahrt für ewige Zeiten. 207

Das sind wohl alte Sagen

Als Fünfundzwanzigjähriger dichtete der Zürcher Gottfried Keller «Mein Lied an das deutsche Volk», es begann so:

Wie oft, wenn ich am jungen Rheine saß
Und mit der Seele folgte seinem Lauf,
Geschahs, daß ich die Heimat schier vergaß,
Und ihrer Urgebirge Riesenknauf
Schmolz hin vor meines Herzens heißem Sehnen:
Ich sah entzückt ins ebne Land hinaus,
Ins Land der Sagen und der Liebestränen,
Ins hohe weite deutsche Dichterhaus!

Dann sprach ich wohl: Du schöner grüner Rhein!
O könnt ich mit dir in die Fremde gehn!
Könnt ich ein Schiffer deiner Wellen sein,
Mit dir das liebe, fromme Deutschland sehn!

Diese Sehnsucht hielt nicht vor. In den siebziger Jahren beantwortete er eine scherzende Bemerkung seines Wiener Freundes über eine Annexion der Schweiz mit den folgenden – angeblich Uhlandschen – Versen:

Das sind wohl alte Sagen,
Die lange, lange gehn,
Daß in dereinsten Tagen
Der Brocken mitten in der Schweiz wird stehn!

Das war gar nicht so weit entfernt von den Ansichten des Frühromantikers August Wilhelm Schlegel, von dem der Satz überliefert ist: «Die Schweiz ist ein stehen gebliebenes Bruchstück des alten Deutschlandes, ein Spiegel dessen, was wir sein sollten.» 208

Die drei Urkantone

Die heiligen Quellen

Das Schweizer Landvolk redet noch von den heiligen Quellen, die im Rütli plötzlich entsprungen, als da der große Eidschwur geschah, und wie einem der Schwörenden, der den Bund verraten, sogleich Feuer zu Mund und Nase ausgefahren sei, auch sein Haus von selbst angefangen habe zu brennen. 209

Der Bund im Rütli

Einer von Schwyz, genannt Stauffacher, saß zu Steinen, dieserhalb der Burg, der hatte gar ein hübsches Haus erbaut. Da ritt auf eine Zeit Grißler, Vogt zu des Reiches Händen in Uri und Schwyz, vorüber, rief den Stauffacher und fragte, weß die schöne Herberg wäre. Sprach der Mann: «Euer Gnaden und mein Lehen», wagte aus Furcht nicht zu sprechen, sie ist mein. Grißler schwieg still und zog heim. Nun war der Stauffacher ein kluger, verständiger Mann, hatte auch eine fromme, weise Frau; der setzte sich die Sache zu Herzen und sie dachte, der Vogt nähme ihm noch Leib und Gut. Die Frau, als sie ihn bekümmert sah, fragte ihn aus; er sagte ihr alles. Da sagte sie: «Deß wird noch Rat, geh und klag es deinen vertrauten Freunden.» So geschah es bald, daß drei Männer zusammenkamen, einer von Uri, der von Schwyz und der Unterwaldner, dem man den Vater geblendet hatte. Diese drei schwuren heimlich den ersten Eid, des ewigen Bundes Anfang, daß sie wollten Recht mehren, Unrecht niederdrücken und Böses strafen; darum gab ihnen Gott Glück. Wann sie aber ihre heimlichen Anschläge tun wollten, fuhren sie an den Mittenstein, an ein Ende, heißt im Bettlin, da tagten sie zusammen im Rütli. 210

Der erste Schweizer Bund. Holzschnitt aus: Sebastian Münster, Cosmographia, 5. Buch, Basel 1628

Wilhelm Tell

Es fügte sich, daß des Kaisers Landvogt, genannt der Grißler, gen Uri fuhr; als er da eine Zeit wohnte, ließ er einen Stecken unter der Linde, da jedermann vorbeigehen mußte, richten, legte einen Hut drauf und hatte einen Knecht zur Wacht dabei sitzen. Darauf gebot er durch öffentlichen Ausruf: wer der wäre, der da vorüberginge, sollte sich vor dem Hut neigen, als ob der Herr selber zugegen sei; und übersähe es einer und täte es nicht, den wollte er mit schweren Bußen strafen.

Nun war ein frommer Mann im Lande, hieß Wilhelm Tell, der ging am Hut vorüber und verneigte sich keinmal: da verklagte ihn der Knecht, der des Hutes wartete, bei dem Landvogt. Der Landvogt ließ den Teil vor sich bringen und fragte, warum er sich vor dem Stecken und Hut nicht neige, wie doch geboten sei. Wilhelm Tell antwortete: «Lieber Herr, es ist von ungefähr geschehen; dachte nicht, daß es Euer Gnad so hoch achten und fassen würde; wär ich witzig, so hieß ich anders denn der Tell.»

Nun war der Tell gar ein guter Schütz, wie man sonst keinen im Lande fand, hatte auch hübsche Kinder, die ihm lieb waren. Da sandte der Landvogt, ließ die Kinder holen, und als sie gekommen waren, fragte er Tellen, welches Kind ihm das allerliebste wäre. «Sie sind mir alle gleich lieb.» Da sprach der Herr: «Wilhelm, du bist ein guter Schütz, und find't man nicht deinsgleichen; das wirst du mir jetzt bewähren; denn du sollst deiner Kinder einem den Apfel vom Haupt schießen. Tust du das, so will ich dich für einen guten Schützen achten.»

Der gute Tell erschrak, flehte um Gnade, und daß man ihm solches erließe, denn es wäre unnatürlich; was er ihn sonst hieße, wolle er gern tun. Der Vogt aber zwang ihn mit seinen Knechten und legte dem Kind den Apfel selbst aufs Haupt. Nun sah Tell, daß er nicht ausweichen konnte, nahm den

Pfeil und steckte ihn hinten in seinen Göller, den andern Pfeil nahm er in die Hand, spannte die Armbrust, und bat Gott, daß er sein Kind behüten wolle; zielte und schoß glücklich ohne Schaden den Apfel von des Kindes Haupt.

Da sprach der Herr, das wäre ein Meisterschuß. «Aber eins wirst du mir sagen: was bedeutet, daß du den ersten Pfeil hinten ins Göller stießest?» Tell sprach: «Das ist so Schützen Gewohnheit.» Der Landvogt ließ aber nicht ab und wollte es eigentlich hören; zuletzt sagte Tell, der sich fürchtete, wenn er die Wahrheit offenbarte: wenn er ihm das Leben sicherte, wolle er's sagen. Als das der Landvogt getan, sprach Tell: «Nun wohl! Sintemal Ihr mich des Lebens gesichert habt, will ich das Wahre sagen. Ich habe es darum getan, hätte ich des Apfels gefehlt und mein Kindlein geschossen, so wollte ich Euer mit dem andern Pfeil nicht gefehlt haben.»

Als das der Landvogt vernahm, sprach er: «Dein Leben ist dir zwar zugesagt, aber an ein Ende will ich dich legen, da dich Sonne und Mond nimmer bescheinen»; ließ ihn fangen und binden, und in denselben Nachen legen, auf dem er wieder nach Schwyz schiffen wollte. Wie sie nun auf dem See fuhren und kamen bis gen Axen hinaus, stieß sie ein grausamer starker Wind an, daß das Schiff schwankte und sie elend zu verderben meinten; denn keiner wußte mehr das Fahrzeug bei den Wellen zu steuern. Zudem sprach einer der Knechte zum Landvogt: «Herr, hießet Ihr den Tell aufbinden, der ist ein starker, mächtiger Mann und versteht sich wohl auf das Wetter: so möchten wir wohl aus der Not entrinnen.» Sprach der Herr und rief dem Tell: «Willst du uns helfen und dein Bestes tun, daß wir von hinnen kommen, so will ich dich heißen aufbinden.»

Da sprach der Tell: «Ja, gnädiger Herr, ich will's gerne tun, und getraue mir's.» Da ward Teil aufgebunden und stand an dem Steuer und fuhr redlich dahin; doch so lugte er allenthalben auf seinen Vorteil und auf seine Armbrust, die nah bei ihm am Boden lag.

Endlicher Ratschlag der ersten Eidgenossen anno 1307, in welchem die nötigen Schlüsse zur Behauptung der Freiheit abgefaßt werden.
Kupferstich von Johann Lochmann, Zürich 1731

Als er nun an eine große Platte kam – die man seither stets genannt hat «des Tellen Platte» und noch heute bei Tag so nennt –, deucht es ihn Zeit zu sein, daß er entrinnen konnte; rief allen munter zu, fest anzuziehen, bis sie auf die Platte kämen, denn wann sie davor kämen, hätten sie das Böseste überwunden. Also zogen sie der Platte nah, da schwang er mit Gewalt, weil er ein mächtig starker Mann war, den Nachen, griff seine Armbrust und tat einen Sprung auf die Platte, stieß das Schiff von ihm, und ließ es schweben und schwanken auf dem See. Lief durch Schwyz schattenhalb (im dunkeln Gebirg), bis daß er gen Küßnacht kam in die hohle Gassen; da war er vor dem Herrn hingekommen und wartete dort auf ihn. Als der Landvogt mit seinen Dienern geritten kam, stand Tell hinter einem Staudenbusch und hörte allerlei Anschläge, die über ihn gingen, spannte die Armbrust auf und schoß einen Pfeil in den Herrn, daß er tot umfiel. Da lief Tell hinter sich über die Gebirge gen Uri, fand seine Gesellen und sagte ihnen, wie es ergangen war. 211

Die drei Telle

In der wilden Berggegend der Schweiz um den Waldstättersee ist nach dem Glauben der Leute und Hirten eine Felskluft, worin die drei Befreier des Landes, die drei Telle genannt, schlafen. Sie sind mit ihrer uralten Kleidung angetan und werden wieder auferstehen und rettend hervorgehen, wenn die Zeit der Not fürs Vaterland kommt. Aber der Zugang der Höhle ist nur für den glücklichen Finder.

Ein Hirtenjunge erzählte folgendes einem Reisenden: Sein Vater, eine verlaufene Ziege in den Felsenschluchten suchend, sei in diese Höhle gekommen und wie der gemerkt, daß die drei drin schlafenden Männer die drei Telle seien, habe auf einmal der alte eigentliche Tell sich aufgerichtet und gefragt: «Welche Zeit ist's auf der Welt?» und auf des Hirten erschrockene Antwort: «Es ist hoch am Mittag» gesprochen: «Es ist noch nicht an der Zeit, daß wir kommen», und sei darauf wieder eingeschlafen. Der Vater, als er mit seinen Gesellen, die Telle für die Not des Vaterlands zu wecken, nachher oft die Höhle gesucht, habe sie doch nie wieder finden können. 212

Der Landvogt im Bad

Zu den Zeiten war auch ein Biedermann auf Allzellen im Wald gesessen, der hatte eine schöne Frau, die gefiel dem Landvogt, und hätte sie gern zu seinem Willen gehabt. Weil er aber sah, daß das wider den Willen der Frau war, und sie ihn bat, abzustehen und sie unbekümmert zu lassen, denn sie wolle fromm bleiben, da dachte er die Frau zu zwingen.

Eines Tages ritt er zum Haus der Frauen, da war der Mann gerade ins Holz gefahren; er zwang die Frau, daß sie ihm ein Bad machen mußte, das tat sie unwillig. Als das Bad gemacht war, saß der Herr hinein und wollte, daß die Frau sich zu ihm ins Bad setze; das war die gute Frau nicht willens und verzog die Sache so lange sie mochte, bat Gott, daß er ihre Ehre beschirmen und beschützen möge. Und Gott der Herr verließ sie in ihren Nöten nicht; denn als sie am größten waren, kam der Mann eben bei Zeit aus dem Walde; und wäre er nicht gekommen, so hätte die Frau des Herrn Willen tun müssen.

Als der Mann gekommen war und seine Frau traurig stehen sah, fragte er, was ihr wäre, warum sie ihn nicht fröhlich empfange. «Ach lieber Mann», sagte sie, «unser Herr ist da innen, und zwang mich, ihm ein Bad zu richten; und wollte gehabt haben, daß ich zu ihm säße, seinen Mutwillen mit mir zu verbringen, das hab' ich nicht wollen tun.» Der Mann sprach: «Ist dem so, dann schweig still und Gott sei gelobt, daß du deine Ehre behalten hast; ich will ihm schon das Bad segnen, daß er's keiner mehr tut.»

Und ging hin zum Herrn, der noch im Bad saß und auf die Frau wartete, und schlug ihn mit der Axt zu Tode. Das alles wollte Gott. 213

Teufels-Brücke

Ein Schweizer Hirte, der öfters sein Mädchen besuchte, mußte sich immer durch die Reuß mühsam durcharbeiten, um hinüber zu gelangen, oder einen großen Umweg nehmen. Es trug sich zu, daß er einmal auf einer außerordentlichen Höhe stand und ärgerlich sprach: «Ich wollte der Teufel wäre da und baute mir eine Brücke hinüber.» Augenblicklich stand der Teufel bei ihm und sagte: «Versprichst du mir das erste Lebendige, das darübergeht, so will ich dir eine Brücke bauen, auf welcher du stets hinüber und herüber kannst.» Der Hirte willigte ein; in wenig Augenblicken war die Brücke fertig, aber jener trieb eine Gemse vor sich her und ging hinten nach. Der betrogene Teufel ließ alsbald die Stücke des zerrissenen Tiers aus der Höhe herunterfallen. 214

Untergang von Rinderbüel

Zu Rinderbüel im Maderanertal, da liegt unter mächtigem Steingeröll begraben ein ganzes Sennten (Sennerei). Dort rief es eines Abends, als die Älpler die Kühe molken, von der jähen, unheimlich über den Hütten drohenden Felswand: «I lah's la gah» (Ich laß es fallen). Der Senn setzte beide Hände in Trichterform an den Mund und rief durch dieses Sprachrohr zurück: «Du magsch scho na g'ha!» (Du kannst es schon noch halten.) Am nächsten Abend erscholl die Stimme wieder: «I müess la gah!» und noch einmal antwortete der unerschrockene Senn: «Mal jetz häb nu ä chly!» (Jetzt halte das nur einmal ein bißchen). Der dritte Abend war eingezogen in die stille Alp, die letzte Kuh wurde gerade gemolken, aber das ganze Sennten stand noch wiederkäuend beieinander, da schrie es wieder von der überhängenden Felswand herunter mit furchtbar drohender und doch fast bittender Stimme: «Jäh, i müess la gah!» (Jesses, ich muß es fallen lassen). Der Senn rückte eben den einbeinigen Melkstuhl unter der Kuh weg, stellte sich mit dem vollen Eimer in der Hand auf und rief hinauf: «So lach's äbä la chu!» (So laß es eben kommen). Und im Augenblick berstete krachend der Fels, fiel donnernd und Funken sprühend herunter und begrub das ganze herrliche Sennten mit dem Senn und den Knechten unter haushohen Trümmern und Steinblöcken. Nur der Hirt und ein rotes Trychelchüehli, die einzige Kuh einer armen Witwe, entkamen. 215

Senne und Berggeist. Kupferstich aus: Alpenrosen – Ein Schweizer Almanach auf das Jahr 1813, Bern und Leipzig 1813

Das Sennentunscheli auf Golzer

Golzern war vor alten Zeiten eine Alp. Im jetzigen Metzgerberg stand eine Hütte, und da walteten drei Alpknechte oder drei Brüder, ein Senn, ein Küher und ein Dinner (Alpknecht). Sie hatten wenig Arbeit, denn das Vieh brauchte auf der Weide fast gar nicht gehütet zu werden und wurde nie gestallt. Einst, als sie vor Übermut und vor Langerweile nicht mehr wußten, was anfangen, gingen sie hin, schnitzten aus einem Stück Holz einen rohen Kopf, kleideten denselben in Lumpen und stellten die so entstandene Figur hinter den Tisch. Sie hatten ihr Gespött mit diesem Toggel oder Tunsch (auch Tunggel genannt) und nannten ihn «Häusäli»; mein Gewährsmann meint, das heiße Hanseli. Wenn sie geschwungene Nidel aßen, fragten sie: «Häusäli, magsch äu?» und warfen ihm einen Schläck zu; wenn sie ihren Nidelreisbrei verzehrten, fragten sie wieder: «Häusäli, magsch äu ä

Bitz?» und strichen ihm einen Chleipis unter die Nase und ums Maul. Nach und nach gaben sie ihm den Löffel in die Krallen und zeigten ihm, wie er dazu tun müsse, wenn er fressen wolle. Und bigoscht hindärä! Der Toggel fing an zu fressen! Da erschraken sie zuerst, gewöhnten sich aber für und für daran und trieben wieder ihre Späße. Als sie einmal Karten spielten, fragte der Senn: «Häusäli, wettisch äu spila?» und gab ihm die Karten in die Taapen. Zuerst mußte er nur die Karten halten und sein Partner schaute sie selber auf und spielte sie aus. Nach und nach hielt aber der Tunsch die Karten fest und spielte selber. Das war ein Spaß! Von nun an spielte er jedesmal mit, und wers' mit ihm hatte, der gewann immer.

Der Balg nährte sich gut und gedieh. Alle Sonntage mußten sie ihn auf den benachbarten Chrottäbiel an die Sonne hinübertragen, und er war so fett, daß alle Alpknechte miteinander ihn kaum zu tragen vermochten. Als sie in den Oberstafel fuhren, nahmen sie ihn mit und ebenso wieder, als sie im Herbst nach Golzern zurückkehrten. Am buntesten mit ihm trieb's halt doch der Senn.

Der Sommer war dahin; die Alptriften erbleichten, und der Winter hatte schon die ersten Vorposten auf die Bergspitzen gestellt. Da hieß es abfahren von der Alp. Als die Kühe zusammengetrieben waren und alles bereit stand, stellte sich auch Häusäli ein, aber nicht um einen rührenden Abschied zu feiern. Mit ernster und fester Geberde gebot der Toggel dem Senn, als dem Oberhaupt der Alp, zu bleiben, den andern erlaubte er, abzufahren, aber ja nicht zurückzuschauen, bis sie die Egg erreicht hätten. So geschah es, der Senn blieb, die andern zogen mit dem Vieh ab, und als sie die Egg erreicht hatten, schauten sie zurück und sahen mit Zittern und Schrecken, wie der Toggel des Senns blutige Haut auf dem Hüttendach ausspreitete. Seitdem heißt der Ort Metzgerberg. 216

Die verschwundene Kuh

Einisch am-mänä chüehla Morged, wos-si i Etzli innä hend wellä dz Veh zämä trybä, isch das ganz (sind beedi) Sänntä niena-n-ummä gsy. Sie hend gsüecht und gsüecht und hend's eifach gar nienä chennä findä. Uf einisch het's ufem Grad obä g'rieft, ob-s'es sell la chu. «Tüe's wo's gnu hesch!» het der Sänn drüff g'antwortet. Und danah sygs doch mit-em chu dur-nes sakrisches Grätsch appä, mä hätt sellä meinä, äs mießt alles kaput ga, und heig's b'bracht, g'sund und g'rächt, bis zu dä Hitta. Aber zwischet dä Chlawä heiget doch Kieh allzämä Choränähli (Kornähren) g'ha. Die mient da nu wyt fort g'sy sy. 217

Der Stierenbach

Mitten durch das Tal der Surenalp ergießt sich der Stierenbach, der aus dem Surenersee entspringt und einer Sage nach, die sowohl die Leute in Uri als in Engelsberg erzählen, durch folgende Geschichte den Namen erhalten haben soll.

Vor mehreren hundert Jahren lebte hier ein Alpenhirt, der in seiner Herde ein Lamm hatte, auf das er besonders viel hielt und dem er so zugetan war, daß er darauf verfiel, es taufen zu lassen und ihm einen Christennamen beizulegen. Was geschieht? Der Himmel, um diesen Frevel zu rächen, wandelte das Lamm in ein scheußliches Gespenst, welches bei Tag und Nacht auf der fruchtbaren Alpe umherging, alle Gräser und Kräuter abweidete und den Strich so verheerte, daß die Engelsberger künftig kein Vieh mehr darauf halten konnten.

Zu denen von Uri kam aber gerade ein fahrender Schüler und riet, wie sie das Untier zu vertreiben hätten. Nämlich, sie sollten neun Jahr lang ein Stierkalb mit purer Milch auffüttern, das erste Jahr von einer einzigen Kuh, das zweite von der Milch zweier, das dritte dreier Kühe und so fort; nach Ablauf der neun Jahre den solchergestalt mit Milch auferzogenen Ochsen durch eine reine Jungfrau auf die Alpe führen lassen.

Die Urner hofften auf guten Lohn von den Engelsbergern und nährten einen solchen Stier auf der Alpe Waldnacht, wo man noch heutzutag seinen Stall weist, genannt den Stiergaden. Wie nun der Stier zu seinen Jahren gekommen war, leitete ihn eine unbefleckte Jungfrau über den Felsengrat und ließ ihn da laufen. Der Stier, als er sich frei sah, ging sogleich auf das Gespenst los und fing einen Kampf mit ihm an. Der Streit war so hart und wütig, daß der Stier zwar das Ungeheuer zuletzt überwand, aber der Schweiß von seinem Leib heruntertroff. Da stürzte er zu einem vorbeifließenden Bach und trank so viel Wasser, daß er auf der Stelle des Todes war. Davon hat der Bach seitdem den Namen Stierenbach und außerdem zeigen die Einwohner noch jetzt die Felsen und Steine vor, in denen sich die Hinterklauen des Stiers während des heftigen Kampfes eingedrückt haben. 218

Der Uristier an der Reuß

Die gleiche Sage wird auch noch anders erzählt, so von Rochholz:

Am oberen Teil des Reußlaufes trieben Hirtenknaben die Ziegen ins Gebirg. Bei Nichtstun und Spiel kommt es ihnen in den Sinn, ihren Ziegenbock zu taufen, der als besonders mächtig und groß ausgezeichnet war. Gleich darauf wird das Tier so unbändig und wild, daß er die Herden auf den Alpen zerstreut und tötet, die Hirten in die Flucht jagt und bis ins Tal Verderben bringt.

Nun wird ihnen geraten, einen Ochsen groß zu ziehen und ihm von einem kleinen Mädchen täglich das Futter reichen zu lassen. Habe das Kind sein siebentes Jahr erreicht, so müßte es ihn in einem dünnen Faden auf die Alpe führen. So geschahs's; ein hübsches Kind wurde wohl erzogen, ein Ochse zu einer außerordentlichen Größe und Stärke herangemästet. Alles Volk im Tal versammelte sich, als nach sieben Jahren das Kind sein erstaunliches Tier an einem Seidenfädchen zu Berg führte. Oben entbrannte nun mit dem Ziegenbock ein Kampf, in welchem beide Tiere tot blieben. Aus den Hörnern des erlegten Ochsen aber machte man Alphörner, und der deutsche Kaiser ließ sie dem Hirtenvolk mit Silber beschlagen. In mancher Schlacht wurden sie geblasen und erst gegen die Welschen gingen sie verloren. Das Landeswappen der Urner soll sich von jenem Kampfe herschreiben. 219

Der Grenzlauf

Die Ennetmärcht oder den Urnerboden gewannen die Urner den Glarnern im berühmten Grenzlauf ab. Sie kamen eines Tages überein, den alten Streit um die Landesmarken beizulegen. Von Altdorf, wie von Glarus weg, sollte zur Tag- und Nachtgleiche, beim ersten Hahnenschrei je ein Läufer abgehen. Wo sie zusammenträfen, sollte für alle Zeiten die Grenze sein. Die Urner ließen ihren Hahn hungern, die Glarner mästeten den ihrigen, auf daß er freudig den neuen Morgen grüße. Der schmachtende Hahn in Altdorf krähte aber schon vor dem Morgengrauen, der Glarner «Güggel» war am lichten Tag noch nicht munter. Als der geängstigte Glarnerläufer endlich aufbrechen konnte und eben in den Anstieg am Klausen kam, sah er an der Scheidegg schon den Urner über den Grat herniederschreiten. Über den Fruttbergen trafen sie zusammen, und hier wäre eigentlich die Grenze. Doch der Glarner bat den Urner recht beweglich, ihm noch ein Stück Weidland abzutreten, etwa so weit bergwärts zu, als er ihn zu tragen vermöchte! Manche Tritte gelangen ihm noch, aber plötzlich versagte ihm der Atem. Da trank er jählings vom kalten Wasser eines Baches und sank tot zu Boden. Dort, wo er starb, ist bis zum heutigen Tag die Grenze. 220

Winkelried und der Lindwurm

In Unterwalden beim Dorf Wyler hauste in der uralten Zeit ein scheußlicher Lindwurm, welcher alles, was er ankam, Vieh und Menschen, tötete und den ganzen Strich verödete, dergestalt, daß der Ort selbst davon den Namen Odwyler empfing.

Da begab es sich, daß ein Eingeborener, Winkelried geheißen, als er einer schweren Mordtat halben landesflüchtig werden müssen, sich erbot, den Drachen anzugreifen und umzubringen, unter der Bedingung, daß man ihn nachher wieder in seine Heimat lasse. Da wurden die Leute froh und erlaubten ihm wieder das Land; er wagt' es und überwand das Ungeheuer, indem er ihm mit seiner Linken eine Dornwelle in den aufgesperrten Rachen stieß. Während es nun suchte, die Dorne auszuspeien und nicht konnte, versäumte das Tier seine Verteidigung, und der Held nutzte die Blößen. Frohlockend warf er den Arm auf, womit er das bluttriefende Schwert hielt und zeigte den Einwohnern die Siegestat, da floß das giftige Drachenblut auf den Arm und an die bloße Haut, und er mußte alsbald das Leben lassen. Aber das Land war errettet und ausgesöhnt; noch heutigentags zeigt man des Tieres Wohnung im Felsen und nennt sie die Drachenhöhle. 221

Der Graf Berthold im Sülichgau an der Donau war lange kinderlos und hatte gelobt, daß wenn ihn Gott mit einem Sohn beglücken würde, er ihn der Kirche weihen wolle. Da gebar ihm seine Gemahlin ein Söhnlein, das den Namen Meginhard oder Meinrad erhielt und im Kloster Reichenau seine geistliche Laufbahn antrat. Später entwich Meinrad in ein entferntes Alptal, baute sich da eine Zelle und Kapelle, wodurch er den Grund zu dem berühmten Kloster und Wallfahrtsort Einsiedeln legte.

In dieser Einsiedelei wurde er im Jahre 861 am 21. Januar von zwei Mördern, welche Geld und Kostbarkeiten bei ihm zu finden hofften, umgebracht. Bevor er aber seinen Geist aufgab, flogen Raben über ihn hin, von denen der heilige Mann sagte, daß sie seinen Tod offenbaren würden. Die Mörder aber kümmerten sich wenig darum.

Als sie jedoch später in Zürich vor einem Wirtshaus saßen und Raben vorbeiflogen, sagte der eine zum anderen: «Sieh, des Meinrads Raben!» Das hörte jemand und zeigte es dem

Stadt und Kloster Einsiedeln. Kupferstich aus: Daniel Meisner, Politisches Schatzkästlein, 2. Buch, 1. Teil, Frankfurt 1627

Gericht an, worauf die beiden eingezogen und des Verbrechens als schuldig befunden und bestraft wurden. Daher entstand auch im Deutschen das Sprichwort: «Sankt Meinrads Raben», d. h. kein Mord bleibt verschwiegen. 222

St. Meinrads Raben. Holzschnitt aus: Petermann Etterlin, Kronica von der loblichen Eydtgenoschaft..., Basel 1507

Berner Land und Oberwallis

Freiburg

Zwei gleichnamige Städte gibt's, die ungefähr zur selben Zeit gegründet worden sein mögen. Ein unwiderleglicher Gelehrter bin ich nicht und will daher jedenfalls behutsam sein. Beide Städte heißen Freiburg. Eine liegt im Üchtland, innerhalb schweizerischer Eidgenossenschaft. Die andere liegt im Breisgau, d. h. im Badischen.

Die Bezeichnungen Alemannien, Helvetien fallen mir hier ein. Ebenso Burgund usw. Alles dies führt ins Mittelalter, dessen Leistungen ich incroyablement hochachte.

Es französelt hier ein bißchen; darf das aber füglich. Ich bin ja

Fribourg im Üchtland. Kupferstich aus: Daniel Meisner, Politisches Schatzkästlein, 1. Buch, 2. Teil, Frankfurt 1625

Schweizer und folglich sanft berechtigt, einige Brocken Französisch zu riskieren. Genf und Lausanne liegen ja ganz in der Nähe. – Ursprünglich war Freiburg eine deutsche, heute jedoch ist's eine französische Stadt.

Macht das etwas? Geniert uns das? Mich absolut nicht! Ich kann welsch und deutsch reden hören und finde beides ganz appetitlich. Ich will aber ernstlich aufpassen, daß ich nicht in ein Schwabulieren gerate. 223

Robert Walser

Bern wird gebaut

Bertolf der Vierte von Zähringen baute seinerzeit die beiden Städte Freiburg im Breisgau und Freiburg im Üchtland. Er war ein strenger und gerechter Mann. Man sagt von ihm, er habe das Bersten, so nennt man die Geißelschaft, in das Land gebracht.

Damit aber die stadthaften Leute, so allenthalben in diesem Land gesessen, besser Schirm und Frieden hätten, beschloß er, noch eine Stadt zu bauen bei seinem Schloß Nideck, in einer Gegend, die man nennt im Sack, und dort war ein großer Eichenwald. Als Bertolf einst jagte, sprach er: «Die neue Stadt soll genannt werden nach dem ersten Tier, das gefangen wird.» Sie fingen aber einen Bären. Auf der Stelle, wo die Stadt gebaut wurde, stand viel schönes Bauholz, aus dem nicht wenig Häuser gezimmert wurden. Beim Abhauen kam ein Sprichwort unter den Werkleuten auf, welches so hieß:

Holz, laß dich hauen gern,
Die Stadt muß heißen Bern. 224

Hans Jetzer von Zurzach wird vom Predigerorden in Bern aufgenommen. Über dem Stadttor das Wappen der Stadt Bern. Titelholzschnitt aus: Nicolas Manuel Deutsch, Der Jetzer-Handel, Bern um 1520

Die hinkende Kostkuh

So oft ein Emmentaler Senne im Herbst von seiner Alp zog und heimfahren wollte, mußte er eine Kostkuh droben im Stall stehen lassen; anders konnte er niemals glücklich das Tal wieder erreichen. Die Kostkuh ist jenes Tier eines ganzen Stoßes, das dem Sennen zu seiner eigenen täglichen Nahrung zusteht, solange er auf der Alp käst, das also am meisten um ihn ist und ihm besonders vertraut und lieb wird. Von jener preisgegebenen Kuh aber fand man dann im kommenden Jahr, wenn man wieder den Berg befuhr, nichts mehr im Stall als das am Baren stehende Gerippe. Nun war der Senne eben wieder heimgekehrt, und wie üblich war auch diesmal das bestimmte Stück, die hübsche Kuh, droben allein zurückgeblieben. Aber diesmal konnte sie der Sennknecht nicht vergessen und verschmerzen; sie reute ihn zu sehr. Er ließ mit Bitten nicht ab, bis ihm zuletzt der Meister erlaubte, sie nachholen zu dürfen.

Also nimmt er eine Kienfackel, ein Stück Brot und den großen Hund mit auf den Weg, und erreicht spät am Abend die verlassene Hütte. Sogleich schaut er in den Stall. Da steht denn die arme Blumi noch und brüllt ihm freundlich zum Melken entgegen. Ehe er dies tut, will er erst sein Herdfeuer anmachen, damit er sich die frischgemolkene Milch sieden kann; denn draußen bläst der Schneewind und er selber ist tüchtig zusammengefroren. Auch wäre es unmöglich, den weiten Weg bei eintretender Finsternis und mit dem Tier heute noch zurück zu machen; also richtet er sich gleich aufs Übernachten ein. Sein Feuer löscht ihm aber trotz aller Bemühung immer von neuem aus, das Holz fährt zischend und knallend vom Herd, obschon die Fichtenwedel nicht grün oder naß sind. Ärgerlich darüber, daß ihm alles mißrät, läßt er endlich das Feuer unangemacht, die Kuh ungemolken und also auch die Milch ungetrunken; aus Eigensinn mag er nicht einmal sein Stück Brot aus dem Sack ziehen, sondern nüchtern steigt er hinauf übers Heu und legt sich in sein Gaster (Kammer) zum Schlafen.

Aber auch zum Einschlafen soll's nicht kommen. Denn alsbald entsteht unter ihm in der Hütte ein großes Gepolter. Er hört alle Vorkehrungen machen zum Milchsieden und Käsen. Der Welikessel mit dem großen Eisenring wird klirrend an den Turner gehangen, dann wird dieser waagrechte Balken über den Herd hergedreht, daß man ihn laut knirschen hört; nun spratzelt auch vernehmlich drunter die Flamme schon. Alsbald kommt jemand über den Melkgang hergeschritten und herauf zum Sennen; eine unkenntliche Gestalt ist's, die ins Gaster hereintritt und ihn essen und trinken heißt, was sie ihm darreicht. Es ist alles stockfinster und dem Knecht will's grausen; endlich nach längerem Weigern trinkt er doch und merkt, es ist frische, kuhwarme, herrlich-

Bärenjagd im Kanton Waadt. Holzschnitt 16. Jahrh.

gute Milch. Nun soll er auch essen, was jener ihm ins Gesicht schiebt. Beim ersten Versuch beißt er auf Fleisch. Aber nun weigert er sich hartnäckig, mehr zu nehmen, und ist schon entschlossen, sich mit Gewalt zu widersetzen. Hierauf verschwindet die Gestalt und drunten scheint es still zu werden.

Beim frühesten Morgen steigt der Knecht hinunter, findet das Herdfeuer noch glimmend, zündet daran seine Fackel an und geht mit seinem Hund in den Stall. Die Kuh ist noch lebendig. Sogleich nimmt er sie am Strick heraus, geht ihr mit der Fackel voran und der Hund muß hart hinterdrein laufen. So kann ihm der Schwarze nichts anhaben, der nun mit entsetzlichem Getöse hervor aus der Hütte bricht und die drei über die Alp bis zur ersten Staffel (oberster Weidezaun) hinunter verfolgt. Glücklich langen sie zu Hause an. Da steht schon der Meister mit Weib und Kind und schaut ihnen entgegen; alle sehen zugleich, daß die Kuh hinkt. Man untersucht sie, aber nichts fehlt ihr als oben am Hinterfuß ein schon vernarbtes Stücklein, gerade so groß wie jener Bissen Fleisch, den der Knecht in voriger Nacht im Gaster hat essen müssen. 225

Bliämlis-Chuäh

Bliämlisalp ufem Uri-Rotstock, das isch än Alp gsy, wiämmä niänä-n-ä keini meh findet, vo Bliämlänä, diä sind leetigs Milch gsy. Drymal im Tag hennt s' miässä mälchä. Und danah hennt sy mit Chäs und Ankä g'stäget. Und uff das het's afah schnyä. Und der Sänn het wellä fliäh und miässä midem Chessi under der Hittätirä blybä. A Chuäh isch au neiwä dertä gsy; diä heig Bliämli gheissä; aber was mit deerä gsy isch, weiß ich nit, bastä, sy het au miässä underem Firä blybä. 226

Blümelisalp

Im Berner Oberland liegt ein Bergzug, die Klariden geheißen, darauf waren herrliche Weiden, alle voll der kräftigsten Alpenkräuter und Blumen, so daß jede Kuh des Tages dreimal gemolken werden konnte und jedes Melken dritthalb Maß in den Milcheimer gab. Da war auch eine Alp, die war absonderlich schön, triftreich, und ganz voll Blumen, deswegen hieß man sie auch die Blümelisalp. Darauf hatte ein reicher Hirte sein Haus, das war ihm weit nicht schön genug, wollt's schöner haben, baut' ein großes neues, baute eine Treppe von eitel Käsen, darüber ging er mit seiner liebsten Sennerin, seinem Hund und seiner Kuh, und wenn die Käsetreppe schmutzig geworden war, so ließ er sie mit Milch abwaschen. Im Tale wohnte des Hirten fromme Mutter, die wußte nichts von ihres Sohnes Frevel und gottlosem Tun, ging einmal eines Sonntags hinauf auf die Blümelisalp, wollte die Sennerei besuchen und dürstete sehr, bat deshalb, als sie kam, um einen Labetrank. Die Sennerin sah die Alte ungern kommen und der Sohn desgleichen, beide fürchteten deren Vorwürfe und wollten sie gern bald wieder hinab haben. Und als die Alte trank, fand sie, daß eine ruchlose Hand Sand auf die Milch gestreut hatte. Da wandte sich die Alte alsbald von hinnen, schritt die Alp hinunter, stand drunten still, hob die Hände empor und verwünschte die Gottlosen. Alsbald brach ein Wetter los, wie wenn der Jüngste Tag käme, und der kam auch für die Blümelisalp und für alles, was auf ihr lebte, Hirt und Sennerin, Kuh und Hund, Haus und Gehöft – alles fand seinen Untergang, und über die Alp lagerten sich Gletschereis und Felsentrümmer. Auf diesem öden Gefild spukte nachher der Geist des Hirten umher und klagte:

«Ich und min Kathrin,
Min Kuh Brandlin,
Und min Hund, der Rhyn
Müssen stetig uf Klaride syn!»

Es geht die Sage, diese umirrenden Geister wären zu erlösen, wenn einmal an einem Karfreitag ein frommer Senne die gespenstige Kuh ganz stillschweigend ausmelke, der Dornen an den Handschuhen habe. Einstmal wagt' es einer, ob die Kuh sich wegen der Dornen noch so wild stellte, und hatte schon den Eimer halb voll. Da klopft' ihn ein Mann auf die Schulter, und fragte: «Schäumt's auch wacker?» Der Senn vergaß des Schweigens Bedingung und sagte: «O ja, es schäumt wohl.» Da riß mit einem Ruck die Kuh sich los, trat den Eimer um und verschwand, und die Geister der Blümelisalp blieben unerlöst. 227

Der Gemsjäger

Ein Gemsjäger stieg auf und kam zu dem Felsgrat, und immer weiter klimmend, als er je vorher gelangt war, stand plötzlich ein häßlicher Zwerg vor ihm, der sprach zornig: «Warum erlegst du mir lange schon meine Gemsen und lässest mir nicht meine Herde? Jetzt sollst du's mit deinem Blut teuer bezahlen!» Der Jäger erbleichte und wäre bald hinabgestürzt, doch faßte er sich noch und bat den Zwerg um Verzeihung, denn er habe nicht gewußt, daß ihm diese Gemsen gehörten. Der Zwerg sprach: «Gut, aber laß dich hier nicht wieder blicken, so verheiß ich dir, daß du jeden siebenten Tag morgens früh vor deiner Hütte ein geschlachtetes Gemstier hängen finden sollst, aber hüte dich mir und schone die andern.» Der Zwerg verschwand und der Jäger ging nachdenklich heim und die ruhige Lebensart behagte ihm wenig.

Am siebenten Morgen hing eine fette Gemse in den Ästen eines Baumes vor seiner Hütte, davon zehrte er ganz vergnügt und die nächste Woche ging's ebenso und dauerte ein paar Monate fort. Allein zuletzt verdroß den Jäger seine Faulheit und er wollte lieber selber Gemsen jagen, möge erfolgen, was da werde, als sich den Braten zutragen lassen. Da stieg er auf und nicht lange, so erblickte er einen stolzen Leitbock, legte an und zielte. Und als ihm nirgends der böse Zwerg erschien, wollte er eben losdrücken, da war der Zwerg hinter hergeschlichen und riß den Jäger am Knöchel des Fußes nieder, daß er zerschmettert in den Abgrund sank.

Andere erzählen: Es habe der Zwerg dem Jäger ein Gemskäslein geschenkt, an dem er wohl sein Lebelang hätte genug haben mögen, er es aber unvorsichtig einmal aufgegessen oder ein unkundiger Gast ihm den Rest verschlungen. Aus Armut habe er demnach wieder die Gemsjagd unternommen und sei vom Zwerg in die Fluh gestürzt worden. 228

Das Bergmännchen

In der Schweiz hat es im Volk viele Erzählungen von Berggeistern, nicht bloß auf dem Gebirg allein, sondern auch unten am Belp, zu Gelterfingen und Rümlingen im Bernerland. Diese Bergmänner sind auch Hirten, aber nicht Ziegen, Schafe und Kühe sind ihr Vieh, sondern Gemsen und aus der Gemsenmilch machen sie Käse, die so lange wieder wachsen und ganz werden, wenn man sie angeschnitten oder angebissen, bis man sie unvorsichtigerweise völlig und auf einmal, ohne Reste zu lassen, verzehrt. Still und friedlich wohnt das Zwergvolk in den innersten Felsklüften und arbeitet emsig fort, selten erscheinen sie den Menschen, oder ihre Erscheinung bedeutet ein Leid und ein Unglück; außer wenn man sie auf den Matten tanzen sieht, welches ein gesegnetes Jahr anzeigt. Verirrte Lämmer führen sie oft den Leuten nach Haus, und arme Kinder, die nach Holz gehen, finden zuweilen Näpfe mit Milch im Wald stehen, auch Körbchen mit Beeren, die ihnen die Zwerge hinstellen.

Vorzeiten pflügte einmal ein Hirt mit seinem Knecht den Acker, da sah man es daneben aus der Felswand dampfen und rauchen. «Da kochen und sieden die Zwerge», sprach der Knecht, «und wir leiden schweren Hunger, hätten wir doch auch ein Schüsselchen voll davon.» Und wie sie den Pflugsterz umkehrten, siehe, da lag in der Furche ein weißes Laken gebreitet und darauf stand ein Teller mit frischgebackenem Kuchen und sie aßen dankbar und wurden satt. Abends beim Heimgehen waren Teller und Messer verschwunden, bloß das Tischtuch lag noch da, das der Bauer mit nach Haus nahm. 229

Das Rücken der Kühe

Sturm und plötzlicher Schneefall auf den Alpenweiden, auch die Nähe wilder Tiere oder Schwärme von stechenden Insekten machen manchmal eine Kuhherde auf der Alp so verwirrt und wild, daß sie die Flucht ergreift und, ohne auf das Locken und Rufen des Hirten mehr zu hören, über die Felswände hinab in den Tod stürzt. Dies nennt man das Rücken der Kühe.

Der Hirte Oswald zu Intramen im Grindelwaldtal wollte am kommenden Morgen seine Alp einen Tag lang verlassen, um seine Leute drunten im Tal zu besuchen, und hatte sich mit aller Vorarbeit für sein Vieh so übermüdet, daß er heute vor der Zeit mit einemmal einschlief, ohne vorher den Abendsegen gesprochen zu haben. Dies geschieht mit singender Stimme durch einen vor den Mund gehaltenen großen Milchtrichter, Bolle genannt, und es zu unterlassen ist nicht allein unchristlich, sondern bringt im Gebirge auch mancherlei Schaden. Es dient statt des Schalls der Abendglocke, die in diesen Höhen fehlt, es begrüßt die andern Sennen auf den benachbarten Alpen und hilft besonders den verstiegenen Wanderern und verlaufenen Tieren, die dann bei einbrechender Nacht die verfehlte Richtung wieder gewinnen können. Schon nach etlichen Stunden wurde Oswald durch das laute Brüllen seines Viehes wieder aus dem Schlaf geweckt und sah im Mondschein, wie ein Hirtenmännlein die Herde mit lautem Ruf zusammenlockte, dem nächsten Felsenbord zutrieb und da samt ihr am letzten Rand verschwand. Die Kühe waren fort und Oswald hatte das Nachsehen. Tagelang durchkletterte er nun alle Schluchten der Alp, rief, pfiff und lockte, aber nicht eine Spur mehr war aufzufinden. Sieben Häupter waren so auf einmal verloren, es wollte ihm das Herz vor Jammer zerspringen.

Aber er lernte sich bemeistern, und ein alter Glaube sagte ihm, es sei das Beste, nun so zu tun, als wäre nichts verloren. Alle Tage ging er daher wieder zu seinem leeren Stall hinauf und hantierte da herum, als ob die sieben Stücke noch immer siebenfache Melktern Milch ergäben. Er zettete den Mist mit der Gabel und gab frische Streu, er schnallte den Melkstuhl an und setzte sich gegen den leeren Baren, er pfiff und redete wie sonst beim Melken jeder Kuh freundlich zu, nannte sie beim Namen, reichte die Tränke und lockte, als wollte er sie wieder auf die Weide hinaus bringen. So trieb er seine unergiebige Wirtschaft fort und wurde dabei geduldiger, frommer und arbeitsamer als je vorher. Es kam der Winter, und auch da ging er die übereisten Stege zur leeren Hütte hinauf. Alles wüste Reden, mit dem sich das Sennenvolk die mühselige Arbeit zu erleichtern sucht, hatte er sich abgewöhnt, und nur einmal noch, als er auf der abschüssigen Halde ausglitschte und einen harten Fall tat, war ihm ein halber Fluch zwischen die Zähne gekommen.

Nun wurde es wiederum Mai, wieder stieg Oswald den

alten Weg; und als er den frischen Jahressegen betrachtete, wie so schön ringsum das junge Gras auf der Weide zu wachsen begann, wurde ihm recht traurig und weh. Mit schweren Gedanken näherte er sich jener Unglücksstelle, wo ihm seine schönste Habe in den Abgrund gestürzt war. Aber da sah er plötzlich sieben Kühe zur Weide herein ziehen und sieben prächtige Kälber liefen ihnen zur Seite, jegliches kugelrund und feist, daß es vor Lust mit den Vorderfüßen bockte und mit den Hinterfüßen ausschlug. Das waren seine sieben Kühe mit schimmerndem Fell, alle zugleich mit frischen Kalben. Auch das Hirtenmännlein fehlte nicht; es hatte ein Lecktäschlein über die Schulter geschnallt und ein Rütlein in der Hand. Während es so hertrieb, legte es einen Finger, wie zum Zeichen des Stillschweigens, auf seine Lippen und deutete mit der Gerte auf das Euter der vordersten Kuh. Jetzt erkannte Oswald, wie mild diesmal der liebe Gott seine Verzagtheit hatte büßen wollen. Strotzend und voll war das Euter der Leitkuh, aber eine von den vier Melkzitzen fehlte daran; das allein und nicht mehr hatte er zur Strafe für seinen unbesonnenen Fluch. 230

Dreierlei Schatzbohnen

Am Strättlinger Turm beim Schloß Spiez am Thuner See ging ein Mann nach Ostern im Gestrüpp umher und sah hier eine Jungfrau sitzen, die auf ausgebreitetem Tuch dreierlei Haufen Bohnen vor sich hatte.

Dem Mann gefielen die Bohnen ihrer Art wegen und er erbat sich davon, um sie jetzt der Jahreszeit nach bald im Garten zu setzen. Die Jungfrau gab ihm bereitwillig die Hände voll von jeder Sorte. Auf dem Heimweg wurden ihm die Bohnen gar zu schwer im Sack. Als er nachschaute, waren die der gelben Sorte in Goldstücke, die der weißen in Taler,

Spiez am Thuner See. Holzschnitt aus: Sebastian Münster, Cosmographia, 5. Buch, Basel 1628

und die der schwarzen Sorte in Scheidemünze verwandelt. Jetzt wußte der Mann, daß er die Strättlinger Jungfer gesehen hatte. 231

Das Drachenloch

Bei Burgdorf im Bernischen liegt eine Höhle, genannt das Drachenloch, worin man vor alten Zeiten bei Erbauung der Burg zwei ungeheure Drachen gefunden haben soll. Als im Jahr 712 zwei Brüder, Syntram und Bertram (nach andern Guntram und Waltram genannt), Herzöge von Lensburg, ausgingen zu jagen, stießen sie in wilder und wüster Waldung auf einen hohlen Berg. In der Höhlung lag ein ungeheurer Drache, der das Land weit umher verödete. Als er die

Menschen gewahrte, fuhr er in Sprüngen auf sie los und im Augenblick verschlang er Bertram, den jüngeren Bruder, lebendig. Syntram aber setzte sich kühn zur Wehr und bezwang nach heißem Kampf das wilde Getier, in dessen gespaltenem Leib sein Bruder noch ganz lebendig lag. Zum Andenken ließen die Fürsten am Ort selbst eine Kapelle, der heiligen Margaretha gewidmet, bauen und die Geschichte abmalen, wo sie noch zu sehen ist. 232

Das Rottal

Steile Felsen umringen ein von wilden Gletschern durchzogenes schauerlich tiefes Tal im Kanton Bern, unweit Lauterbrunnen.

Diese ungeheure Kluft wird das Rottal genannt. Über ihm schimmert das schneeige Haupt der Jungfrau. Nur gegen die Nordseite hin ist es offen, wo die Spitzen des elftausendfußhohen Doldenhorns und der Blümlisalp sich zeigen.

Seit Jahrhunderten wohnt in diesem Felstal ein Zwergenvolk, welches die Bewohner der Gegend besucht und oft auf der zerfallenen Rinkenburg und andern alten Schlössern gesehen wird. Die Zwerge sind gutmütigen Charakters; sie führen zuweilen friedliche Menschen und gute Kinder über goldne Stufen in ihre unterirdischen Wohnungen, beschenken sie mit Kuchen, süßen Früchten und glückbringenden Alpenblumen, und warnen das Landvolk vor ausbrechenden Windstürmen und Lawinenfällen. Doch wer sich unfreundlich gegen die zusprechenden Kluftmännchen erweist und ihren Bitten mit Hohn begegnet, wird von ihnen auf wegelose Pfade geführt, wo er Schaden nimmt an Leib und Seele.

Neben diesen milden Bergzwergen haust ein böses Geistergeschlecht. Dies sind die lasterhaften Burgritter der Vorzeit, welche Land und Volk quälten und mißhandelten, und auf ewige Zeiten in diese Untiefen verbannt wurden. Mit Entsetzen vernahm das Volk ihr ungestümes Toben und Lärmen, sah sie auf den Alpen einander sich bekämpfen, größer und größer werden und endlich als Riesengestalten zum Schaden der Bewohner in die Täler herabkommen, wo alles vor ihrer Gewalt mit Furcht erfüllt war.

Diese Gebirgsgeister werden die «gewaltigen Herren des Rottals» genannt, und viele schreiben ihrem Wirken den Sturz der Lawinen und das Toben der Stürme zu. 233

Der Sattlerfranz auf der Grimsel

Ein piemontesischer Säumer brachte einen Zug Saumpferde über die Grimsel durchs Haslital herab und jedes war mit zwei Lägeln guten welschen Rotweins beladen. Er hatte sich auf seinem beschwerlichen Tagmarsch schon tüchtig bezecht, als ihm auf dem engen Felsensteig bei Guttannen, an jenem steilen Felsen des Zuben, wo das Ausweichen gefährlich wird, das Zwergmännlein Selbtan begegnete. In seiner wilden Trunkenheit war es dem groben Gesellen zuviel, zum Leitroß vorzugehen und es hübschlich auf die Seite zu treiben; von hinten her schwang er sogleich die langgedrehte Riemenpeitsche und hieb dem armen Zwerg die allerdicksten Schwielen. Der Kleine drückte sich in die Bergwand und schrie so jämmerlich, daß alle Zwerge aus dem ganzen Tal zusammenliefen. Dann riefen sie seiner Schwester in die Rotenfluh hinauf:

Lauf, lauf, Rebärben,
Der Vater will sterben!

und zogen von Stund an miteinander aus dem Haslital fort. Drei Tage und drei Nächte dauerte ihr Zug über den Grimselpaß. Man hörte sie dabei laut schluchzen. Den Säumer erreichte schnell sein Verderben. Bevor er noch den Brienzer See erreichte, stürzte sein Leitpferd den schlüpfrigen Pfad an der Hellen Platte hinunter und riß die übrigen Saumtiere, mit denen es der faule Kerl zusammengekoppelt hatte, gleichfalls mit in den Abgrund. Als er seine ganze Habe verloren sah, stürzte er sich selbst verzweifelt nach. Aber sein grausamer Geist muß von nun an «säumen» bis an den Jüngsten Tag.

Die Älpler, die am Rizlihorn und bei der Handeck wohnen, kennen alle die unsichtbare Säumerei: ein Geschelle von Rossen und Maultieren, ein Pfeifen, Rufen und Peitschenknallen des Treibers, das oft Nächte lang in einer Strecke von sieben Wegstunden das Tal erfüllt. Oben am Grimselhospiz hat man den Welschen gut gekannt; man nennt daher dies Gelärm dorten den Sattlerfranz und den Grimselfuchs. 234

Das Paradies der Tiere

Oben auf den hohen und unersteiglichen Felsen und Schneerücken des Mattenbergs soll ein gewisser Bezirk liegen, worin die schönsten Gemsen und Steinböcke, außerdem aber noch andere wunderbare und seltsame Tiere wie im Paradies zusammen hausen und weiden. Nur alle zwanzig Jahre kann es einem Menschen gelingen, in diesen Ort zu kommen und wieder unter zwanzig Gemsenjägern nur einem einzigen. Sie dürfen aber kein Tier mit herunterbringen. Die Jäger wissen manches von der Herrlichkeit dieses Orts zu erzählen, auch daß in den Bäumen die Namen vieler Menschen eingeschnitten ständen, die nach und nach dort gewesen wären. Einer soll auch einmal eine prächtige Steinbockshaut mit herausgebracht haben. 235

Der Ewige Jud auf dem Matterhorn

Der Mattenberg unter dem Matterhorn ist ein hoher Gletscher des Walliserlands, auf welchem die Visper entspringt. Der Leutsage nach soll dort vor Zeiten eine ansehnliche Stadt gelegen haben.

Durch diese kam einmal der laufende Jud gegangen und sprach: «Wenn ich zum zweiten Mal hier durchwandere, werden da, wo jetzt Häuser und Gassen sind, Bäume wachsen und Steine liegen. Und wenn mich zum dritten Mal der Weg daher führt, wird nichts da sein als Schnee und Eis.» Jetzt ist schon nichts mehr da zu sehen als Schnee und Eis. 236

Das verfluchte Dorf

Tiefer drunten im Vispertal, wo man von oben herein in das Nicolaital eingeht, liegt ein Dorf unterm Weißhorn, das heißt Täsch, und über Täsch rechter Hand lag auf sonniger Matte noch ein Dorf gleichen Namens, da stand einmal eine reiche Bäuerin, die hatte überm Feuer einem Kessel mit Anke (Rahm), den sott sie, und es sollte gute Butter geben. Da kam ein armer alter Mann herein und bat, sie möge ihm doch ein Weniges von ihrer Anke zur Speise geben, ihn hungere gar sehr. «Geh weg, du Lump!» sagte die Frau, «hier ist nichts übrig für solche Stromer.»

«O Bäuerin!» sprach der Mann, «hättest du mir etwas gegeben, so hätt' ich deinen Kessel segnen wollen, daß er nimmer leer geworden, so aber sei verflucht mit dem ganzen Dorf!» Und da krachten alsbald droben der Cimagipfel und das Mittaghorn zusammen, und schütteten Fels auf Fels herunter, und der ganze Ort wurde unter Trümmern begraben, und nichts blieb mehr sichtbar als die Fläche des Kirchen-

Schneelawine. Kupferstich von David Herrliberger nach Tuschfederzeichnung von Daniel Düringer, Basel 1758

altars, und über diesen fließt jetzt ein Bächlein aus dem Praborgne-Gletscher, der das Dorf überdeckt, herunter nach Täsch durch die Felsenschluchten in die Visper. 237

Das Muttergottes-Bild am Felsen

Im Vispertal an einer schroffen Felsenwand des Rätibergs hinter St. Niklas steht hoch oben, den Augen kaum sichtbar, ein kleines Marienbild im Stein. Es stand sonst unten am Weg in einem jetzt leeren Kapellchen, daß die vorbeigehenden Leute davor beten konnten.

Einmal aber geschah's, daß ein gottloser Mensch, dessen Wünsche unerhört geblieben waren, Kot nahm und das heilige Bild damit bewarf; es weinte Tränen. Als er aber den Frevel wiederholte, da eilte es fort, hoch an die Wand hinauf und wollte sich auf das Flehen der Leute nicht wieder herunter begeben. Den Fels hinanzuklimmen und es zurückzuholen, war ganz unmöglich; eher, dachten die Leute, könnten sie ihm oben vom Gipfel herab nahen, erstiegen den Berg und wollten einen Mann mit starken Stricken umwunden so weit herniederschweben lassen, bis er vor das Bild käme und es in Empfang nehmen könnte. Allein im Herunterlassen wurde der Strick, woran sie ihn oben festhielten, unten zu immer dünner und dünner, ja als er eben dem Bild nah kam, so dünn wie ein Haar, daß den Menschen eine schreckliche Angst befiel und er hinaufrief, sie sollten ihn um Gotteswillen zurückziehen, sonst wär er verloren. Also zogen sie ihn wieder hinauf und die Seile erlangten zusehends die vorige Stärke. Da mußten die Leute von dem Gnadenbild abstehen und bekamen es nimmer wieder. 238

Die Felsenbrücke

Ein Hirt wollte abends spät seine Geliebte besuchen und der Weg führte ihn über die Visper, da wo sie in einer tiefen Felsenschlucht rauscht, worüber nur eine schmale Bretterbrücke hängt. Da sah er, der Chiltbube, was ihm sonst niemals widerfahren war, einen Haufen schwarze Kohlen mitten auf der Brücke liegen, daß sie den Weg versperrten; ihm war dabei nicht recht wohl zumute, doch faßte er sich ein Herz und tat einen tüchtigen Sprung über den tiefen Abgrund von dem einen Ende glücklich bis zu dem anderen. Der Teufel, der aus dem Dampf des zerstobenen Kohlenhaufens auffuhr, rief ihm nach: «Das war dir geraten, denn wärst du zurückgetreten, hätt ich dir den Hals umgedreht, und wärst du auf die Kohlen getreten, so hättest du unter ihnen versinken und in die Schlucht stürzen müssen.» Zum Glück hatte der Hirt, trotz der Gedanken an seine Geliebte, nicht unterlassen, vor dem Kapellchen der Mutter Gottes hinter St. Niklaus, an dem er vorbeikam, wie immer sein Ave zu beten. 239

Der Tiifel und der Weisuvogt

Ganz friejer emaal... sigi im Wallis eso embrüf ame Bärgdoorf, da sigi e güete Ma gsii, wo ne liebi Frou gkieratu gka hät. Die häind mitenandere Chinder gka, die häind da riewig und flott da obena mitenandere g'gläbt, die häind niemerem eppis gschtoohlen und niemerem eppis z'leid getaa, und der Pfarrher(r) und der Gemeindpräsident und alli häind eigentlich chenne an dem Päärli Freid ha. Und wenn das eso witer gigange wäri, de nachhär wäri die Chinder erzooge woorde und hätten oi wider flotti Lüt gegää. Aber denn ischt uf einermal z' Unglück cho und der Maa isch krank woorde. Er hät nimme mägu, mu isch zum Dokter gegangen und hät... und hät Medizine gebrungen und da hät me Thejini kochet und Papjini und Salbini, und das häder alls gmacht, aber es hät eifach nit verfange, und er ischt immer schwächer woorde und schwächer woorde und schwächer woorde, bis er ufm Totbett gsin ischt, und der nachhär hätmu der Herr Pfarrer gerüefen und der hät me zuegredt und hät me d' Sakrament gschpändet und hät g'glüeget wienerem oi cha uf d' andere Site uberhälfen... und do isch der güet Maa gschtoorbe.

D' Frou hät gegriint, der Herr Pfarrer hät dene arme Chinder ober der Scheitel gschtriche und hätne versproche, er luegu denn oi es bizji, und schi selli oi jetzt Geduld han und i Gott's Name schich in der Wille Gottes fiiege.

Und der nachhär ist der Pfarrer trüürige trüürige z' dem Hüüs üüs und isch der z' Gässi embri gigangen und de z' under(u)scht im Gässi, wamme denn in Wald inechunt... da häterschi nochemal umgekehrt und hät gäged das Hüüs z'rugg g'glüegt ganz trüürige und ischt erchlipft und gseht: Herrschaft nochemal! – Uf dem Tachfirscht vo dem Hüüs obena hocket der läbhaftig Tiifel. Der Herr Pfarrer hät e Zoor(u) uberchoo, er hätti am liebschte en Guffer üfg'gläse und das afa emal derdir embrüf getribu.

Er isch, so gschwind daß er mäge hät wider der di Gassen embrüf und unter dem Hüüs ischter stahn geblibe(n) und hät i schinem Zoorn embrüf grieft: «Du vertammte Tiifel, was machesch du da? Du häsch da nix verloore. Der Maa hanich mit alle Sakramente versäh, und der ischt em Herrgott und der ischt uf der richtige Situ uf der ander... am andere Oort, und du häsch da... (?), du häsch däne Maa eifach nimme z' plaage.»

Und wie meh der Pfarrer unnena getiopt häig und embrüf gschumpfe, (da) häigi der Tiifel obena, uf dem Tachfirscht afa lachen und lachen und schließlich heier gseit: «Darfi jetz oi eppis säge... Herr Pfarrer?... regid Che doch nid eso üüf, das isch scho in Oornig, natiirlich isch der Maa christlich gschtoorbe, natiirlich isch de Maa scho in der Ewigkeit und im Himmel änena, wannerne mit Gwalt welt ha. Aber, Herr Pfarrer, da unnana, die Weisuchinder in der Stubu, die berchumend je(tz) denn e Weisuvogt, und deer, Herr Pfarrer, deer isch de ganz sicher miine!» 240

Von Luzern bis Basel

Luzerner Harschhörner

Die Schweizer brauchen Trompeten, Trummeln und Pfeifen, doch ist ein großer Unterschied zwischen dem landsknechtischen und eidgenössischen Schlag; denn der ist etwas gemächer. Die von Uri haben einen Mann dazu verordnet, den man den Stier von Uri nennt, der im Krieg ein Horn von einem wilden Urochsen bläst, schön mit Silber beschlagen. Die von Luzern brauchen aber ehrine Harschhörner, die gab ihnen König Karl zu Ehren, als sie tapfer stritten in der Runcifaller Schlacht. Da gönnte er ihnen, daß sie immerdar Hörner führen möchten und sollten, wie sie Roland sein eigner Vetter auch geführt. 241

Dem Ofen erzählt

Zur Zeit, als die Schweiz sich erhob, gab es in Luzern eine Partei, die war noch gut Österreichisch gesinnt, die erkannten sich an den roten Ärmeln, die sie an ihren Wämsern trugen. Die versammelten sich unter dem großen Schwibbogen an der Ecke der Schneiderzunftstube und verabredeten, daß sie um Mitternacht alle Eidgenössischen überfallen und morden wollten. Ein Bettelbube vernahm's, wurde aber entdeckt und mit dem Tod bedroht, wenn er nicht schweige; mußte deshalb einen Eid schwören, niemand den Anschlag anzusagen. Der Junge ging auf die Metzgerzunftstube, da zechten noch viele Gesellen, und er legte sich auf die Ofenbank und seufzte:

> O Ofen, o Ofen, was muß ich dir klagen,
> Weil ich's bei'm Eid sonst niemand darf sagen.
> Die Landsknecht wollen, wenns zwölfe wird schlagen
> Alles ermorden und alles erschlagen.

Da horchten die Zecher hoch auf, und alsbald lief einer aufs Rathaus, ein anderer zum Glöckner, daß er nicht Zwölfe anschlage, ein dritter und vierter und fünfter zu den Zünften, und kamen den Rotmänteln zuvor. Hernach ist das Bild des Jungen auf der Metzgerzunftstube hinter dem Ofen gemalt lange Zeit zu sehen gewesen. 242

Der Türst, das Posterli und die Sträggele

Wann der Sturm nachts im Walde heult und tobt, sagt das Volk im Luzernergau: «Der Türst, oder der Dürst jagt!» Im Entlebuch weiß man dagegen von dem Posterli, einer Unholdin, deren Jagd die Einwohner Donnerstag vor Weihnachten in einem großen Aufzug mit Lärm und Geräusch jährlich vorstellen. In der Stadt Luzern heißt die Sträggele eine Hexe, welche in der Fronfastennacht am Mittwoch vor den heiligen Weihnachten herumspukt und die Mädchen, wenn sie ihr Tagewerk nicht gesponnen, auf mancherlei Art schert; daher auch diese Nacht die Sträggele-Nacht genannt wird. 243

Der Drache fährt aus

Das Alpenvolk in der Schweiz hat noch viele Sagen bewahrt von Drachen und Würmern, die vor alter Zeit auf dem Gebirge hausten und oftmals verheerend in die Täler herabkamen. Noch jetzt, wenn ein ungestümer Waidstrom über die Berge stürzt, Bäume und Felsen mit sich reißt, pflegt es in einem tiefsinnigen Sprichwort zu sagen: «Es ist ein Drach ausgefahren.» Folgende Geschichte ist eine der merkwürdigsten:

Ein Binder aus Luzern ging aus, Daubenholz für seine Fässer zu suchen. Er verirrte sich in eine wüste, einsame Gegend, die Nacht brach ein und er fiel plötzlich in eine tiefe Grube, die jedoch unten schlammig war, wie in einen Brunnen hinab. Zu beiden Seiten auf dem Boden waren Eingänge in große Höhlen; als er diese genauer untersuchen wollte, stießen ihm zu seinem großen Schrecken zwei scheußliche Drachen auf. Der Mann betete eifrig, die Drachen umschlangen seinen Leib verschiedenemal, aber sie taten ihm kein Leid. Ein Tag verstrich und mehrere, er mußte vom 6. November bis zum 10. April in Gesellschaft der Drachen harren. Er nährte sich gleich ihnen von einer salzigen Feuchtigkeit, die aus den Felsenwänden schwitzte. Als nun die Drachen witterten, daß die Winterzeit vorüber war, beschlossen sie auszufliegen. Der eine tat es mit großem Rauschen und während der andere sich gleichfalls dazu vorbereitete, ergriff der unglückselige Faßbinder des Drachen Schwanz, hielt fest daran und kam aus dem Brunnen mit heraus. Oben ließ er los, wurde frei und begab sich wieder in die Stadt. Zum Andenken ließ er die ganze Begebenheit auf einen Priesterschmuck sticken, der noch jetzt in des heiligen Leodagars Kirche zu Luzern zu sehen ist. Nach den Kirchenbüchern hat sich die Geschichte im Jahr 1420 zugetragen. 244

Drachenstein zu Luzern

Ein Bauer, der bei Luzern mit Mähen beschäftigt war, sah plötzlich einen Drachen über sich, der nach dem Pilatusberg flog. Unterm Fliegen enttröpfelte dem Ungeheuer eine Feuchtigkeit, die gleich frischem Blut auf dem schwarzen Boden anzusehen war, und in der Feuchtigkeit fand der Bauer einen vielfarbigen Stein, der noch zu Luzern bewahrt wird und ein kräftig Heilmittel ist gegen pestartige Krankheiten; davon zeugen die Stadtbücher. 245

Die Stadt Luzern. Holzschnitt aus: Peter Etterlin, Kronica von der loblichen Eydtgnoschaft . . . , Basel 1507

Der Pilatus und die Herdmanndli

In der ganzen Schweiz, im Berner und Luzerner Land, im Haslital und fast allenthalben gehen Sagen von Zwergen und Berggeistern, die sich vielfach ähnlich sind. Absonderlich viel erzählt wird von dem hohen Berg Pilatus und den Zwergen, die sonst in seinem Geklüft wohnten, die heißen Herdmanndli. Der Pilatus das ist der rechte und wahre Brokkenberg der Schweiz, auf welsch Frarmont (mons fractus) geheißen, auf lateinisch aber mons pileatus, Hut-Berg, weil im Land die bekannte Rede geht:

Hat der Pilatus einen Hut
So steht im Land das Wetter gut.

Aber es geht die Sage, daß nach Christi unseres Herrn Leiden, Tod und Auferstehung, der römische Landpfleger Pilatus in dieses Land gezogen sei, oder gar, daß der Satan seinen Leichnam hergetragen, und da habe er am Berg den ungeheuerlichen See gefunden, der hat weder Zu- noch Abfluß und ist wegen der unergründlichen Tiefe schwarz und gräßlich anzusehen, ein unheimlicher Moorgrund. Lange hat die Sage gelebt, daß wer etwas in den See werfe, alsbald ein heftiges Unwetter mit Hagel und Wolkenbrüchen errege, wie auch das Gewässer den Krienser Boden und Luzern, die Stadt, in den Jahren 1332 und 1475 in große Not gebracht, darum hat man Fremde nicht gern hinzugelassen und das Hineinwerfen von Steinen oder Holz bei Leib- und Lebensstrafe verboten. In diesen See habe sich der römische Landpfleger gestürzt, weil sein Gewissen ihn fort und fort gepeinigt, andere sagen, der Teufel habe ihn hineingesteckt. Die Herdmanndli, die wohnten vielfach in der Pilatus-Höhle, die hoch oben liegt, tief und schaurig. Sie waren den Menschen gar gut und hilfreich, gar «gespäßige Lüet» wie die Hirten sagen, sie verrichteten nachts der Menschen Arbeit; kamen vom Berg auch herunter in die Täler, schafften und ackerten redlich, und ein Herdmanndli konnte mehr verrichten als zehn Meister mit allen Knechten. Aber sehen ließen sich die Manndli wunderselten, und auch da hatten sie lange graue Kutten an, die bis auf die Erde reichten, daß man nimmer ihre Füße sah.

Ein Hirte hatte einen reichtragenden Kirschbaum oben am Berg, dem pflückten die geschäftigen Zwerglein die Kirschen ab und brachten sie zum Trocknen auf die Hürten, daß hernach gutes Kirschwasser gebrannt werden konnte. Der Hirt wurde aber neugierig, zumal mocht' er gern die Füße der Herdmanndli sehen, ging her und streute Asche rings um den Baum, als die Früchte im nächsten Jahre wieder reiften. Die Herdmanndli kamen, pflückten redlich die Kirschen ab, und am Morgen sah der Hirt ihrer Füßlein Spur in der Asche. Es waren kleine Gänsefüße. Der Hirte lachte, und sagt' es freudig seinen Genossen an, daß er nun wisse, was für Füße die Herdmanndli haben. Die Zwerge aber ergrimmten, zerbrachen des Hirten Dach und Fach, versprengten seine Herde, zerknickten dem Kirschbaum Ast um Ast, und ihrer keines kam jemals wieder herunter, den Menschen hilfreich zu sein. Sie blieben droben in ihrer tiefen Höhle und in ihrem Geklüft wohnen. Der Hirte aber wurde ganz tiefsinnig, schlich bleich umher und hat nicht lange gelebt. 246

Die Herdmanndli ziehen weg

Es ist schon viel gesagt, wie gut gegen die guten Menschen die Berglütlenen des Pilatus waren; kleine, zwei Fuß hohe Männlein mit grünen oder grauen Röckchen, mit Füßen, die man nicht sah, langem Silberbart bis zur Erde herunter, die hüteten das edle Gestein im Berg, waren den Menschen hilfreich, kamen wohl auch und begehrten Speise, liebten insonderheit das Schweinefleisch; und wer ihnen gab, hatte es gut und erfreute sich ihrer Gunst. Wenn ihnen die Sennerinnen etwas Milch beiseite stellten, so molken und fütterten sie und waren ganz heimisch bei den Mägden; sie konnten auch wahrsagen aus Karten und Händen und waren geschickt zu allen Dingen, aber erzürnen durfte man sie nicht. Wem sie im Sommer beim Heuen halfen, der konnte zufrieden sein, sie mehrten das Heu wunderbar. Manchmal sahen sie auch dem Heuen zu und halfen nicht. Einst verdroß das einen Heuer, der machte mit noch einem Kameraden, bevor die Arbeit anging, ein Feuer auf den Felsstein, darauf die Herdmanndli zu sitzen und zuzusehn pflegten, und kehrte dann geschwind Asche und Kohlen vom heißen Stein weg. Als die Manndli kamen und den Stein betraten, verbrannten sie sich ihre Füße. Da schrien sie und kamen nimmermehr wieder.

So kamen auch Bergmanndli vom Pilatus ins Haslital von der Flüh herunter, den Heuern zuzuschauen; die waren gewohnt sich auf die Äste und Zweige eines schattigen Ahornbaumes zu setzen. Das merkten Schälke und sägten die Äste knapp durch, daß die armen Manndli herunterfielen. Da erhoben sie ein jämmerlich Geschrei und riefen:

O wie ist der Himmel so hoch!
O wie ist die Untreu so groß!
Heute hier und nimmermehr!

Und nachher hat sich im Haslital niemals wieder eins sehen lassen. 247

Der Zwerg auf Kastelenalp

In Kriens lag eine Witwe gichtkrank; ihr Töcherlein Magdalena entschloß sich daher, zum reichen Vetter auf die Kastelenalp hinaufzugehen und von diesem eine Unterstützung für die verdienstlose Frau zu erbitten. Er empfing sie mit grobem Hohn und jagte sie, trotz des furchtbaren Gewitters, das gerade am Himmel stand, zur Türe hinaus.

Im Unwetter erreichte sie weiter unten am Berg die Hütte des armen Aloys, den sie schon lange herzlich liebte. Er nahm sie auf, tröstete sie und ließ sie, als der Regen vorüber war, nicht ohne das einzige Käslein fortgehen, das er noch besaß. Auf dem nassen Alpengras glitschte Magdalena aus, und das Käslein, das sie ihrer Mutter mitbringen wollte, fuhr in hohen Sprüngen von Wand zu Wand unaufhaltsam in die Tiefe. Während sie es wieder suchen will, wird es drüber Abend und Nacht. Da fühlt sie sich im Dunkel zu nicht geringem Schrecken an der Hand gefaßt, und wie sie sich umsieht, steht vor ihr ein Zwerglein, grau und winzig klein, das auf der Schulter ein Stück vom verlornen Käse und in der Hand Kräuter trägt. «Fürchte dich nicht», sprach es, «ich habe wohl gesehen, wie du heute beim Aloys geweint hast. Diese Kräuter werden deine Mutter heilen, und hier ist ein Stück von deinem Käse wieder; geh achtsam heim und meide die Sprünge.» Magdalena kam glücklich heim, die Mutter wurde gesund, das Stückchen Käse aber war zu Gold geworden. Jetzt kaufte sie ihrem Aloys die Bründleralp und wurde seine glückliche Frau. Die Kastelenalp aber war im Ungewitter jenes Tages von einem Felsenrutsch verschüttet worden, der reiche Vetter zog mit einem zerschlagenen Fuß bettelnd im Lande umher. 248

Vo de Härdmändlene uf der Ramsflue

Hinder der Aerlisbacher-Egg, zwüschen em Dörfle Hard und dem alte Lorenze-Kapällele, stoht im ene Taele so ganz elleige e grüsli verträite Flue, se säge-ere d'Ramsflue. Uf der hindere Site isch se hohl, und d'Höhli het numme e chline Igang. Do sind denn emole, me weiß nit äxact i wele Johrgänge, so rarige Mändle gsi, die sind i die Höhle us- und igange, händ ganz e so es eiges Läbe gfüehrt und en apartige Hushaltig, und sind ganz b'sunderig derhär cho, so wärklich gstaltet; und mit eim Wort, es isch halt kei Mönsch us-ene cho, wer se denn au seige, und was se tribe. Ämel chochet händ se nüt, und Würzle und Beeri g'gässe. Unden a der Flue vorbi lauft es Bächli, und i dem Bächle händ die Mändlene im Summer badet, wie Tüble, aber eis von ene het immer Wacht gha und het pfiffe, wenn öpper derhär cho isch uf em Fueßwäg: denn sind se amme gsprunge, was gisch, was hesch, der Bärg uf, daß ene kei Haas noh cho wär, und wie der Schwick in ehre Höhle gschloffe.

Dernäbe händ se kem Mönsch nüt z'leid to, im Gäggeteil, Gfelligkäite, wenn se händ chönne.

Einisch het derHardpur es Füederli Riswälle glade, und wil er elei gsi isch, het er's au fast nit möge. E so'nes Mandle gseht's vo der Flue oben abe und chunt dert dur ab z'höpperle über d'Riese, und hilft dem Pur, was es het möge. Wo se de der Bindbaum wänd ufe tue, so isch das Mandle uf em Wage gsi und het grichtet, und der Pur het überunde azoge a de Bindchneble. Do het das Mandle s'Seil nid rächt ume g'liret, und wo der Pur azieht, schnellt der Baum los und trifft s'Mandle ane Finger und het's würst blessiert. Do foht der Pur a jommere und seit: «O heie, o heie, wenn's nummen-au mer begegnet wär.» Do seit das Mandle: «Abba, das macht nüt; sälben to, sälben gha!» Mit dene Worte springt's vom Wagen abe, het es Chrütli abbroche, het's verchavlet und uf das bluetig Fingerle g'leit, und das het all's ewägg putzt. Do

Das Schwingen (unteres Bild) und das Steinstoßen (oben) sind, neben Laufen und Fahnenschwingen, Jodeln und Alphornblasen, die festen Bestandteile der Älplerspiele. Schwinget- und Älplerfeste finden in den verschiedensten Kantonen statt, meistens im August

springt's wieder ufe Wage und het zum Pur gseit, er soll s'Seil numme wieder umme ge.

Mängisch wenn rächtschaffne Lüt dur'n Tag g'heuet oder bunde händ und se sind nit fertig worde bis z'Obe und s'het öppe welle cho rägne, so sind d'Härdmandle cho, und händ g'schaffet und g'wärnet druf ine, bis alles im Schärme gsi isch. Oder wenn's dur d'Nacht isch cho wättere, händ se s'Heu und s'Chorn, wo dusse glägen isch, de Lüte zum Tenn zuetreit, und am Morge het halt alles groß Auge gmacht und se händ nid gwüßt, wer's to het. Denn hend erst no die Mandle kei Dank begehrt, nummen-au daß me se gern het.

Amme-n-im Wunter, wenn alles Stei und Bei gfrore gsi isch, sind die Mandle is oberst Hus cho z' Aerlispach; se händ's halt gar guet chönne mit dene Lüte, wo dört gwohnt händ, und sind amme durh d'Nacht uf em Ofe gläge, und am Morge vor Tag händse se wieder drus gmacht. Was aber gar gspäßig gsi isch: se händ ehre Füeßli nie vüre glo, händ es scharlachrots Mäntele träit vom Hals bis ufe Bode-n-abe. Jetz hets im Dorf so gwunderige Maitle und Buebe gha, die sind einischt z'Nacht vor das Hus go gen Äsche streue, daß se gsäche, was de Härdmändle für Füeßle hebe. Und was händ se g'funde? s'isch frile wunderli: Änten- und Geißfüeß sind i der Äschen abdruckt gsi.

Aber vo säller Stund a isch keis Mandle meh cho, und se sind au nümme uf der Ramsflue bliebe; i die Kräche händ se se verschloffe, tief i d'Geisflue hindere, und händ keis Zeiche me von ene ge, und chömme nümme, so lang d'Lüt eso boshaft sind. 249

d'Härdwibli am Strihä

Mä g'hört nüt meh vo de Härdwiblenä. D'Lüt si affäh gar ful (boshaft) und sit s'enä Äschä g'sträut häigä, sigä si nümmä cho. Das si au Lüt gsi, wedder nummä chliligi, und häi ne Mänschefuäß und e Gäüsfuäß gha. Sie häigä de Lütä ghulfä z'Acher fahra; do derfür häig n'enä d'Lüt, eb si ab em Feld hei sige, wäijä uf e Pflug gleit, und wenn sie wieder anä cho sige, se häigä si Gold druf gha. Im Ifang (Name eines Mattlandes) sigä sibä Hüser gsi und dörthi sige d'Härdlüt ammä z'liächt. Derno häig es Härdwibli inerä Frau d'ristä a'gleit (Flachreisten aufgebunden) und häig gsait, si söll's niäm sägä, und us der glichä Ristä häig si drü Johr chönne spinnä. Ihre G'vatteri häig si mänigst gfrogt, wiä , si's au mach, si spinn allä wil und häig immer diä glichlig Ristä. Z'letzt het si's der G'vatteri gsait: es häigerä si 'nes Härdwibli a'gleit. Derno häig si aber numme no zweü Hüfli chönne drus spinnä und sig demit abgsi. Allwäg het si 'ringer g'schwigä. Mä sait d'Härdwibli sigä im Strihä (Strichen, Juraberg) innä und wäschä drinn, und dessetwägä lauf's Äschäbrünneli z'all Mittwuchä und Fritig trüab. 250

Der Kreuzliberg

Auf einer Burg in der Nähe von Baden im Aargau lebte eine Königstochter, welche oft zu einem nahgelegenen Hügel ging, da im Schatten des Gebüsches zu ruhen. Diesen Berg aber bewohnten innen Geister und er ward einmal bei einem furchtbaren Wetter von ihnen verwüstet und zerrissen. Die Königstochter, als sie wieder hinzukam, beschloß, in die geöffnete Tiefe hinabzusteigen, um sie beschauen zu können. Sie trat, als es Nacht wurde, hinein, wurde aber alsbald von wilden, entsetzlichen Gestalten ergriffen und über eine große

Menge Fässer immer tiefer und weiter in den Abgrund gezogen. Folgenden Tags fand man sie auf einer Anhöhe in der Nähe des verwüsteten Bergs, die Füße in die Erde gewurzelt, die Arme in zwei Baumäste ausgewachsen und den Leib einem Stein ähnlich. Durch ein Wunderbild, das man aus dem nahen Kloster herbeibrachte, wurde sie aus diesem furchtbaren Zustand wieder erlöst und zur Burg zurückgeführt. Auf den Gipfel des Bergs setzte man ein Kreuz, und noch jetzt heißt dieser der Kreuzliberg und die Tiefe mit den Fässern des Teufels Keller. 251

Das Verenenbad in der Stadt Baden

Das Verenenbad, welches man das heilige heißt, ist ein so geräumiges Bassin mit Umwandung und Eindachung, daß gegen hundert geduldige Menschen miteinander darin Platz finden; es ist für die Armen bestimmt, die hier unentgeltlich die Wohltat des Heilbades benutzen können und deshalb aus allen Kantonen der Schweiz regelmäßig hergeschickt werden.

In langen Reihen sitzen sie dann in ihren Badhemden zusammen, die einen bis an den Hals, die anderen bis zur Herzgrube ins Wasser getaucht. Steinbänke gehen ins Gevierte an den Wänden hin, außen an den Gängen spazieren die Fremden und die Besucher, ein Badmeister hält Aufsicht über seine Patienten von so verschiedenartigen Sitten; ehemals war er sogar mit einer Rute versehen, die er an langer Stange gegen die Ungebührlichen im Wasser schwang. Im Mittelpunkt des Beckens steigt eine Säule empor, auf welcher das holzgeschnitzte Bild der heiligen Verena in einer Nische steht und auf die Hilfsbedürftigen niederblickt. Das heiße Wasser tritt unmittelbar aus dem Boden des Beckens selbst in das Bassin ein, und diese Öffnung, aus welcher die Quelle hier hervorwallt, heißt Verenaloch. Aber nicht bloß die Armen nehmen ihre Zuflucht zu diesem einzelnen Sprudel unter den vielen gleichen in der Stadt zu Baden; auch junge Ehefrauen, die sich nach einem Erben sehnen, suchen heimlich sich hier Zutritt zu verschaffen. Wenn in nächtlichen Stunden die Badwäscher das verbrauchte Wasser abfließen lassen, den Boden und die Steinsitze reingespült haben, dann, wenn alle Neugierigen schlafen, kommt die junge Frau mit ihrem Dienstmädchen gegangen und drückt dem Badwäscher ein Geldstück in die Hand. Der versteht den Wink, und nachdem sie in ihre Badehre gekleidet ist, einem langen Hemd von feiner Wolle, führt er sie hin zum Verenaloch, wo der heiße Sprudel aus dem Boden tritt. Sie senkt ein Bein in die Röhre hinab und läßt es recht durchwärmen; alsdann hofft sie sicher, diese Verrichtung helfe zur baldigen Erfüllung ihrer mütterlichen Wünsche. Die Gläubige läßt dann brennende Wachskerzen in dem steinernen Gehäuse vors Verenenbild aufstecken; und das Bild mit seinem stets frischen Blumenkranz im Haar, über das eine hohe Flitterkrone von Golddraht gestellt ist, sieht gar schimmernd und Gutes verheißend in das einsame Wasserbecken hinunter. 252

Entstehung des Brugger Jugendfestes

Auf eine Zeit beschlossen die Bürger der Stadt Brugg, im Gemeindsbann einen Eichwald zu pflanzen. Also zogen sie einst an einem Regentag aus, machten mit Stecken Löcher in den Waldboden, ließen in jedes Loch eine Eichel hinunter und traten das Loch mit dem Fuß zu. So setzten sie an einem Tag bei zwölf Mütt Eicheln; und am Abend bekam jede Person ein Weißbrot zum Andenken an die Pflanzung des Waldes. Allein die Eicheln waren zu tief und zu fest im Boden und wuchsen nicht.

Danach pflanzte man dasselbe Landstück mit Roggen und Hafer an, pflügte es nach der Ernte wieder um und legte nun zum zweiten Mal Eicheln. Allein auch so kamen nur wenige aus den Furchen, und statt der Eicheln wuchs Gras. Nun heuete man das Gras und ließ beim Mähen die jungen Eichlein vorsichtig stehen. Aber sie wollten doch nicht wachsen und verserbten in dem Rasen.

Daher stellte man die Sache noch einmal anders an. Am 20. Weinmonat des Jahres 1532 zog die ganze Gemeinde mit Weib und Kind hinaus in den Wald. Alles mußte junge Eichlein ausgraben. Danach zogen sie mit ihren Setzlingen hin, wo sie den Eichenwald pflanzen wollten und setzten sie. Und als man von der Arbeit heimkam, wurde jedem Kind ein Brötlein gegeben, damit sie sich an die Pflanzung des Waldes erinnerten. Männer und Frauen aber hielten auf der Stadtstube ein fröhliches Nachtessen. Und die Eichen, sagt die Chronik, wuchsen nun. Dessen freute sich die Bürgerschaft sehr, und zum Andenken zog man alle Jahre aus und machte mit der Jugend einen Umgang im Wald. Zum Zeichen aber, daß die Eichen wüchsen, mußte dann jedes Kind einen Zweig mit sich in die Stadt heimbringen, und danach bekam es zum Abend ein Brötlein.

Von daher ist das jährliche Jugendfest in der Stadt Brugg entstanden und wird darum dort Rutenzug genannt. 253

Wässerrecht zu Ursprung

Folgende Geschichte gehört den letzten Jahren an. In einem Haus in Ursprung, eine starke Viertelstunde von Bötzberg, fällt plötzlich reichliches Wasser von der Stubendecke, ohne daß die Hausbewohner die Ursache davon finden können. Dieses wiederholt sich mehrere Wochen, so daß die Stube fast unbewohnbar wird. Die Betten werden durchnäßt, die

Hausfrau schläft mehrere Tage gar nicht mehr darin. Man muß zuletzt die Stubendecke neu machen lassen und nun scheint der Sache abgeholfen. Da wird ein kleines Kind in Haus und Kost genommen, das einmal den Drang in sich fühlt («es heig nit anders chönnä»), ein Becken voll Wasser gegen die neue Decke zu spritzen, und seither tropft das Wasser wieder herunter, wie zuvor. Selbst das Mittagessen ist nicht sicher davor; man ißt einmal auf der Ofenkunst zur größeren Sicherheit unter einem Regenschirm; nichts desto weniger fällt auch da ein Platsch Wasser in den Härdöpfelbräusi (geröstete Kartoffeln). Die Kohlenpfanne, die man in die Stube gesetzt hat, um die Betten zu trocknen, findet sich nach einer Weile ebenfalls voll Wasser. Während der Spuk im besten Gange war, brach Feuer im Haus aus, ebenfalls auf unerklärte Weise. Es fing unter dem Dach an und zog sich allmählich tiefer. Das Haus verbrannte von Grund aus. Verdacht von Brandstiftung liegt nicht vor. Man sagt, wie das Wasser von oben herunter kommen konnte, so konnte es auch das Feuer. Man mutmaßt, der Mann der letzten Hausbesitzerin, der seit vielen Jahren tot ist, hätte einmal einen allgemein für falsch gehaltenen Eids wegen eines Wässerungsrechtes getan, und das sei nun die Strafe.

Recht Ähnliches erzählt man in Hausen bei Brugg von einem Bauern, der dem dortigen Wirt gewässerten Wein im Jahr 1846 verkauft haben soll. Während des darüber erhobenen Prozesses starb der Bauer, und seitdem triefte die Hausdecke so von Wasser, daß man im Freien essen mußte. 254

Nothaus für Ertrunkene

Nach einem im Freiamt geltenden Glauben muß ein durch eigene Schuld ums Leben Gekommener so lange ruhelos wandeln, bis die Zahl der ihm bestimmt gewesenen Lebensjahre voll ist, und man hat dafür folgende Geschichte aus dem hinteren Entlebuch. Ein unbesonnener Bursche badete sich häufig in einem Gumpen (Bachloch), dessen Wasserstand durch plötzliche Gebirgszuflüsse oft sehr gefährlich wurde. Dort fand man ihn einmal ertrunken. Da man durch geheiligte Losbücher heraus brachte, daß er wohl siebenzig Jahre alt geworden sein würde, so erbarmte man sich seiner und ließ ihm ein Häuschen mit Tagelöchern ans Gestade hinbauen, damit er doch gegen Wind und Wetter geschützt sei. Einer aus dem Dorf Marbach hat ihn dorten aus dem Tageloch schauen sehen und ist darüber in ein anhaltendes Weh verfallen. Der Volksglaube faßt dies in dem Satz zusammen: Ein Gespenst muß ein Dach haben, hat es keins, so sucht es eins. 255

Das Gundisheer um Muri

Außerhalb Muri hebt der Umzug des Gundisheeres an. Wie eine laut nüschelnde (wühlende) Schweineherde zieht es über das Klosterfeld durch das äußere Dorf nach Buttwil den Berg hinan. Hinter Geltwil geht es einer Hecke nach bis ins Schlattholz und fährt über den hohen Lindenberg weiter. So sahen es einmal junge Burschen vom Dorf Geltwil den Berg heraufkommen, und einer von ihnen ließ sich bewegen, ein hinterdrein laufendes Ferkelchen aufzufangen. Die Kameraden brachten ihm einen Sack, er band es hinein, lud es auf und wollte es heimtragen. Da rief eine Stimme mit Macht aus der Höhe herab, wo eben die Herde dahinbrauste: «Hagöhrli (Eberöhrlein), wo bisch au?», und zum Schrecken der Burschen antwortete sogleich das Ferkel im Sack: «I's Heiniguggeli's Sack inne!» Der Träger fuhr zusammen und ließ den Sack fallen, dann eilte er mit den anderen davon. Nachher fanden Vorübergehende wohl den Sack, aber leer. Seitdem soll das Gundisheer dort nicht mehr erschienen sein. 256

Die Ringlisaumatte

Im Wald zwischen Gansingen und Bütz haust ein Ungeheuer. Gehe nur einer oberhalb der Ringlisaumatte durch das Dickicht, welches das Märsche heißt, und er wird es selbst erfahren, wie unratsam es ist, sich zur Nachtzeit hierher zu begeben. So geschah es drei Burschen, die hier einen Maibaum hieben, um ihn dem Nachbarn, der seinen neuen Wein auswirten wollte, vor das Haus zu stellen. Beim Heimschaffen war ihnen der Baum zu schwer geworden und sie sägten deswegen ein Stück davon ab. Da es ihnen im Weitertragen noch nicht besser gehen wollte, machte sich der eine mit dem Fluch Luft: «Ich wollte, der Teufel nähme sich auch noch sein Stück davon.» Hierauf stand eine schwarze Gestalt mit schimmernder Axt vor ihnen und ließ diese klingend in den Baum fahren. Die drei sprangen sich fast zu Tode, bis sie wieder zu Hause waren. Noch jetzt soll an jener Stelle der Boden krachen und stürzen, und schon am hellen Mittag schien der ganze Wald in Feuer zu stehen. 257

Der Hausgeist im Brandbalken

In Tägerig, unweit Mellingen, brannte ein Strohhaus ab. Das Brennholz des niedergerissenen Gebäudes kaufte ein Mann aus der Umgegend an, um es nach seiner Wohnung heimzufahren. Nun gilt der Glaube, daß man niemals alles Holz zusammen von einer Brandstätte wegnehmen dürfe, weil man sonst leicht auch den Hausgeist mit sich brächte, welcher stets in dem Rest zurückbleibt, den man ihm auf der Baustelle liegenläßt. Dieses wußte zwar der Käufer, aber von Geiz getrieben ließ er's diesmal außer acht. Beim Wegfahren von der Brandstätte maß er noch einmal seine volle Ladung und fragte befriedigt den Knecht: «Jetzt haben wir wohl alles?» Eine Stimme von der Landwied her erwiderte schnell darauf: «Jo, fahret numme zue, i sitze scho uf der Landwidd hinde.» 258

Burg Habsburg

Als Burg und Stamm der Aargauischen Grafen von Habsburg noch im höchsten Glanz standen und eines Abends der Graf vom Burgsöller in die schöne Landschaft herabblickte, sah ein Hirte zu ihm auf, dessen Herde am buschigen Schloßberg weidete.

«Unser Burgherr dort», rief er aus, «ist so reich und so karg im Wohlstand, ach, hätt' ich einmal nur etwas von seinem Überfluß, ich armer Mann!»

Betrübt lehnte der Hirte sich auf seinen Stab und drückte ihn tiefer in die Erde. Da war es ihm, als wenn er etwas Hartes berühre. Er grub nach und ein Klumpen Metall schimmerte ihm entgegen, der beim Anstoß einen hellen Klang von sich gab. Er nahm ihn und trug den Fund zu einem Goldschmied nach Bern, welcher sagte: «Laßt mir das Stück, ich will's euch lohnen», und gab dem Armen reichlich dafür.

Nach einiger Zeit ritt Graf Habsburg zur Werkstätte des Berner Goldschmieds. Er verlangte eine Goldkette, die vom feinsten Gold und bald fertig sein müsse. Der Meister versprach sie zu liefern und brachte eine Kette vom subtilsten Gold nach der Burg.

Der Graf betrachtete sie mit Wohlgefallen, dann sprach er: «Das Gold ist so fein wie das meiner Marken, sag' mir, Goldmann, wo du's her hast, es muß von dem meinigen sein.»

Der Goldschmied erschrak, wollte nicht sagen, wie es ihm zugekommen, doch als der Graf in ihn drang, bekannte er, es von dem armen Habsburger Hirten für gute Münze eingelöst zu haben.

Rudolf von Habsburg empfängt 1273 vor Basel die Krone. Stahlstich von W. Pobuda, aus: Historisch-Biographisches Universum, 1. Bd., Stuttgart 1841

Der Hirt gestand alles; er sagte, daß er sich aus Herzensgrund etwas von Gott erbeten, und da hätte auf einmal sein Stab das Metall unter der Erde berührt.

Wild fuhr der Graf gegen den armen Hirten, nannte ihn einen Betrüger, der das Gold seinen Gruben entrissen, und ließ ihn auf die Folter legen. Die Schmerzen, die der treue Knecht erdulden mußte, waren fürchterlich. Seine Frau und Kinder warfen sich gnadeflehend vor dem Grafen nieder. Er hörte sie nicht. Da verfluchte der Unglückliche, ehe er seinen Geist aufgab, den grausamen Burgherrn und sein Geschlecht. Der Graf vernahm den Fluch und schauderte.

Von diesem Tag an kehrte Unglück in die Burg ein. Der Graf ertrank in der Aare, und jedesmal starb das Erstgeborne in der Familie eines plötzlichen Todes, solange die Habsburger regierten. 259

Der leuchtende Flußpfad

Ein altes Schloß, bis auf seine vier Grundmauern zusammengebrochen, liegt im Aargauer Dorf Gauenstein am Rand der vorbeiströmenden Aare. Hier wohnte in ältester Zeit die freie Königin des Landes. Der Bruder und sein hochmütiges Gesinde haßten sie; sie merkte einen Anschlag gegen ihr Leben und flüchtete sich noch nachts aus dem Schloß an den Strom herab.

Allein der Ferge und sein Schiff war nirgend zu finden. Verfolgt und gedrängt wollte sie lieber freiwillig den Tod nehmen als dem bösen Bruder in die Hände fallen; sie lief stromauf den gefährlichen Bergpfad zum Nachbarschloß Biberstein und stürzte, noch ehe sie es erreichte, von den steilen Klippen in den reißenden Strom. Doch dieser verschlang die Königin nicht, sondern gewährte ihr einen sicheren Weg, und so ging sie jene Nacht mitten in der Aare fort bis in die Pfalz von Basel. Noch sieht der Fromme in stillen Nächten die Fußstapfen der Königin auf den Wellen der Aare in mildem Glanz strahlen. 260

Die Quellen der Schafmatt

Auf der nördlichen Seite der Schafmatt, jenes abgelegenen Jurapasses, der das Aargau vom Baslergebiet trennt, liegt die Winterhalde des Dorfes Oltingen. Dort sowohl am Fuß des Berges wie weiter gegen das Dorf Zeglingen hin entspringen zwei Quellen, deren Wasser zu allen Jahreszeiten an Kälte und Fülle sich gleich bleibt. Es behaupten daher die Leute, daß unter jenen Halden ein großes Gewässer von drohender Gewalt sich bewege; und so oft die zahlreichen Wallfahrer aus dem Elsaß ihren Weg zum wundertätigen Marienbild von Einsiedeln über diese Höhen nehmen, fallen sie hier auf die Knie und beten zu Gott, er möge die in dieses Gebirg versenkte Flut nicht abermals hervorbrechen und die Welt verwüsten lassen. 261

Das Loch in die Unterwelt

Zwischen der Wasserfluh und der Egg, zwei nachbarlichen Bergzügen im Aarauer Jura, trifft man große Erdspalten und Klüfte, deren Tiefe unermeßlich ist; sie alle führen in die Unterwelt. So ist im dort gelegenen Hochwald Rotholz ein tiefer langer Graben, daß man ein Haus der Breite nach hinein bauen könnte; er wird aber jetzt noch immer tiefer und größer, da das Gestein seines Innern ringsum heraufwächst. Darum konnte da jener Basler Falschmünzer, der sich hier oben verbergen und seine Fünfbätzler fortprägen wollte, kein Glück haben; die Erde stieß ihn aus, und nun sitzt er wieder in demselben Schellenwerk gefangen, wo er entsprungen war. Gerade so ist es auf dem oberen Grat der Wasserfluh. Der Hubel dieses Berges ist viel höher als die überall hin sichtbare Spitze, und gerade dort ist ein solches befremdliches Erdloch. Buben warfen da einmal eine Katze hinein, aber sie kam lebendig am Fuß der Fluh bei einem Quell wieder hervor. Ein anderer Junge ließ sich von den Kameraden halten und blickte in den Schlund. Er sah zuerst schwarze stockfinstere Nacht, die rückte plötzlich zur Seite, denn es war ein schwarzer riesenhafter Vogel, der unterirdisch in der Luft gehangen hatte und nun wegfliegend ins leere Blau blikken ließ. An den Füßen mußte man den Knaben wegziehen, im Schwindel wäre er sonst dem Vogel nachgesunken. Ließe man die Länge einer endlosen Schnur hinab, sie käme in Amerika wieder heraus. 262

Schwedenholz und Schwedenloch

Als die Schweden die Rheinstädtchen Laufenburg und Rheinfelden belagerten, verwüsteten sie ringsum alles Land im benachbarten Jura und verfuhren namentlich in den Tälern von Mandach und Hottwil auf eine unmenschliche Weise. Sie gossen den Leuten Mistjauche ein und banden sie an den Schwanz ihrer Rosse; dann jagten sie mit ihnen oberhalb Wil durch die Barte, das Härdlen- und das Götzelenholz, dann durchs Immenholz auf dem Altweggäßlein nach Gippingen zur Aare und stürzten die Armen hier übers Ufer in den Fluß. Fragt man aber, warum sie von hier aus niemals in die innere Schweiz, und nicht einmal weiter in die hier offene Landschaft eingedrungen seien, die man das Kirchspiel nennt, so weist man auf ein altes Haus in Hettenschwil, an welchem die Wappenschilde der acht alten Orte (Kantone) angemalt sind. Diese Schildzeichen, sagt man, hätten den Feind so in Respekt gehalten, daß er seine Truppen nie über das Sennenloch, ein Waldtal von Hettenschwil, vorgeschoben hat, sondern droben im Versteck des Berges Verschanzungen anlegte, die noch vor fünfzig Jahren gestanden und dem Platz bis zur Stunde den Namen Schwedenholz bewahrt haben. Wo aber der Name der Eidgenossen damals nicht verlautete, da ging es gerade umgekehrt.

So nennt man im Fricktaler Dorf Ittental eine geräumige Berghöhle das Schwedenloch, weil sich die unbeschützten Bauern alle in sie flüchten mußten. Auf den gleichen Waldwegen nun, auf denen damals das arme Landvolk zu Tode geschleppt worden ist, fahren jetzt die schwedischen Reiter auf halben Rossen Nächte lang hin und her. Sie treiben da ihre Pferde auf die Weide und reiten sie in die Tränke. Letztere liegt an der sogenannten Schwetti. Einer reitet ihnen dabei voran, der besonders an der Sichel kennbar ist, die er in der Hand schwingt. Die Wallbacher am Rhein wissen gleichfalls von ihm und sagen, er sei von einem Fricktaler mit der

Sichel geköpft worden, als er diesem verwehren wollte, die schon überreif gewordene Frucht zu schneiden. Bei Laufenburg sagt man, es sei der Schwedenkönig selber, dem seine eigenen Leute bei einem Lagertumult das Haupt abgeschlagen hätten. Bei regnerischer Witterung beginnt ein hundertstimmiges Hurrarufen, ein Kesseln und Rasseln, daß sich kein Mensch in der ganzen Gegend nachts in den Wald wagen würde; und dieses wunderliche Getöse hat man Mattisee genannt. Das «Schwedenhaus», welches der Feind sonst droben auf der Waldhöhe «Schwedenholz» bewohnte, ist ins Dorf herabgeschafft worden und steht da noch. 263

Wiä n äs gangä isch, wo der Schwedi isch cho

Jä, das goht lang, bis i's verzellt ha! Wo d'Schwedä cho si, sä sigä si vor Rhifäldä glägä, bis die i der Stadt nummä no äis viertäl Chärnä (Weizen) und ä' n alta Chuä gha häigä. Derno häigä si diä Chuä uf d'Stadtmu'r uä gstellt und ära wärch um d'Hörnär ummä gmacht und a d'Stirrnä gschribä:

Sä wenig as 's Chüäli lehrt spinnä,
sa wenig wärdät är Rhifäldä gwünnä.

Derno häigä si si wiedär abä g'no und häig'ärä de Chärnä z'frässa geh und si derno enanderno gmetzgät und der Sack (Wanst) von ärä Für usä gleert. Wo der Schwedi das gseh häig, häig är gseit: mar wai nummä goh, wenn sie do no 's veh mit äm Chärnä fuähra (füttern) chönne! Derno sigä si übärä Rhi übärä und do durh's Fricktal uf cho, und häigä alls umbrocht und verbrännt. I dem Hof uf 'm Bühl sig äs Chind i där wiägä zruckblibä, denn alls isch furt is Holz und i d' Bärg' ussä gflohä. Derno sig ä Schwed cho i das Hus iä, häig das

Chind gseh und äs häig g'lachet gegä n'äm. Derno häig er wöllä furt und ihm nüt wöllä z'läid tuä; aber er häig gseh än andärä Schwed cho und häig gwüßt, wenn er s'Chind löss läbä, daß är hig'macht wärd, derno sig er widär z'ruck und häig si vo dem chlinä Chind g'kehrt und häig äm der Dägä uf's Herz g'ha und häig's erstochä, o je! Mä het das Chind derno lang hindä-nohe no ghört briäggä, ämol öppa vor 40 oder 50 Johrä no. s'Hus aber häi si azündt und verbrännt. Mä tet gwüß jetz no Gwölber und Gält dört findä.

Und wo 's Deischniders Hus stoht (Deischneiders und Toniseppis Haus steht noch in Oberhofen, neben letzterem auch die erwähnte Kapelle), sigt dört scho n'es Hus gsi, und sigä diä biamtätä Schwedä dri gangä. Si häigä no nä altä-altä Ma verwitscht, dä häig mit enä müässä i n-allä Hüserä, und was sie no gfunda häigä, zämä trägä. Wo n' er gsait häig, jätz isch nienä nüt meh, sä häigä s'em z'erst s'Hoor mit Öl ag'salbet und häigä n'em se wöllä azündä und en halt rächt traktiärä, bis er tot gsi wär. Derno häig de Soldat, wo mit dem Altma häig müäßa alls go z'sämä suächä, gsait: äi, was wäimär au schmökkä, was der Hund schißt! Und häignä hintä n-usä gführt und durh's Dundischniders Rai uf und furt gschickt. Der Rai sig aber ganz mit erlenä überwachsä gsi, wiä s' Moos au. Diä Hüser wo z'Oberhof gsi si, häigä si alle verbrännt, numma 's Donisepps Hus häigä si nit chönnä, und si häigäs doch an alle vier Eggä azündt gha. Aber diä Lüt, wo's ihrä gsi sig, häigä versprochä, es Chäppäli lo z'bauä und z'unterhaltä, wenn's nit verbränn, und dä, wo derno is Hus cho sig, häig müässä das Chäppäli unterhaltä, und mä häig em dägegä es Stücke Land im Grabmättli (ein Landstück, eine Viertelstunde von Oberhofen) geh; 's Donis häi jo iäz no es Stücke dervo. 264

Die Basler Uhrglocke

Vor Zeiten haben die Basler in ihrer Stadt eine sondre Zeitrechnung gehabt, daß allemal die Uhrglocke eine Stunde früher schlug als anderswo, darüber gehen noch verschiedene Sagen. Es habe ein Concilium zu Basel noch etwas länger gedauert als der Unterflachsenfinger Landtag, nämlich dreizehn volle Jahre, das sei geschehen 1431 bis 1444, und da habe man die Zeit beschleunigen wollen, und die Uhr um eine Stunde vorgerückt, sei aber mit diesem Fortschritt kein Haar breit weiter gelangt. Andere sagen, daß einst eine Verschwörung zu Basel angezettelt gewesen sei, und hätten die Verschwörer zur zwölften Stunde den Rat überfallen und meuchlings ermorden wollen. Aber der allsehende Gott habe das durch ein Wunder verhindert, indem alle Glocken der Stadt mit einemmal statt zwölf Uhr ein Uhr geschlagen. Dadurch sei über die Aufwiegler ein sonderbarer Schreck gekommen, ihr Anschlag sei vernichtet, sie selbst verraten und insgesamt erschlagen worden. Darauf habe der Rat verordnet, stets die Uhrglocke eine Stunde vor der gewöhnlichen Zeit voraus schlagen zu lassen. 265

Die zwölf Rheinfeldner Ratsherren

Die Pest, welche man den Schwarzen Tod hieß, drang im 14. Jahrhundert auch in die Schweiz. Sie kam den Rhein herauf über Basel her. In dieser Stadt zählte man im Jahr 1348 vierzehntausend Leichen; seitdem ist der Tod von Basel sprichwörtlich geblieben.

Die Seuche wütete bald in dem benachbarten Rheinfelden. Da fand sich kein Totengräber mehr, die Leichen lagen unbeerdigt vor den Häusern auf der Straße und verpesteten die Luft noch mehr. Alles starb hin bis auf zwölf alte Männer.

Lautenspiel bei der Basler Mittagstafel. Am Tor die Stadtwappen, der Krummstab und die Mitra. Holzschnitt aus der Elsässer Schule, um 1500

Diesen sang ein Vögelein aus dem Himmel herab von Heilkräutern; solche pflückten sie und erhielten sich damit am Leben. Dann einten sie sich zu einer Totenbruderschaft, pflegten die verlassenen Kranken und bestatteten die Toten. Diese Verbrüderung besteht noch heute. An dem Tag, wo jenes Vögelein erschien, müssen nun alljährlich zwölf Ratsherren oder auch sonst hierfür bestimmte Männer den Morgen in der Stadt-Kirche zubringen. Nachmittags ziehen sie zu einem gemeinsamen Mahl in ein Haus, das man für das älteste der Stadt hält; es soll aus Heidenzeiten stammen und ein Schatz darinnen vergraben liegen. Zu Weihnachten um Mitternacht halten sie dann in langen Mänteln und Laternen tragend einen Umzug. 266

Ruf der Sterbenden

Im Jahre 1564 wütete eine sehr heftige Pest am Rhein und besonders in der Gegend von Basel. Während dieser hat man durchgängig gesehen, daß von ihr Ergriffenen im ärgsten Augenblick ihrer Krankheit und ihrem Tod den Namen des einen oder anderen aus ihrer Verwandtschaft ausriefen, oder auch den eines ihrer Bekannten oder Nachbarn. Es dauerte dann nicht lange und der Gerufene wurde gleichfalls ergriffen von der Pest und rief wieder, ehe er den Geist aufgab, einen andern, der gleichfalls bald darauf erkrankte und es ebenso machte. 267

Die Basler Silberglocke

Zur ersten Zwinglischen Predigt im Münster zu Basel sollte mit der alten, hochgeweihten Silberglocke geläutet werden; aber beim ersten Zug fiel sie aus dem Turm in den Rhein hinab. Man weiß, wo sie liegt, und hat mehrmals versucht, sie herauszuziehen; es wird jedoch erst dann gelingen, wenn das Münster wieder eine katholische Kirche ist. 268

Der alte Schrank

In Basel wohnte nicht lange vor dem zuletzt daselbst gehaltenen Concillium ein Mann, der der Zauberei verdächtig war; der hatte eine Tochter, und als er alt zu werden begann, heiratete die ins Haus. Nicht lange nachher erkrankte der Vater, der auch schon ziemlich bei Jahren war, und er sah wohl voraus, daß er nicht mehr genesen werde.

Eines Tages nun wies er mit dem Finger auf einen alten

Schrank und sprach zu seinem Schwiegersohn und dessen Frau, seiner Tochter: «Laßt den Schrank ruhig stehen, wenn ich sterben sollte, und rückt ihn nicht von der Stelle; es würde euch sehr gereuen.»

Bald darauf starb der Alte. Seine Tochter kümmerte sich nicht viel um ihres Vaters Warnung wegen des Schrankes, wollte selbst das Haus nicht mehr bewohnen und in ein andres ziehen. Ihr Mann packte also den Schrank auf den Rükken, um ihn in die neue Wohnung zu tragen und das ging anfangs wohl und gut, auch war der Schrank nicht sonderlich schwer; je weiter er aber ging, um so schwerer wurde der, so daß er am Ende seine Frau bitten mußte ihm zu helfen; so kamen sie mit dem Schrein in das neue Haus. Ob nun die Frau den Schrank dort geöffnet hat, oder was damit geschehen ist, das weiß man nicht; soviel ist aber sicher, daß, als sie mit ihrem Kindlein in das Haus kam, sie wie wütend über dessen Wiege herfiel und das Würmchen töten wollte. Der Mann sprang glücklicherweise früh genug dazu und hielt sie davon ab, holte auch einen Geistlichen, der sie belas. Der Teufel rief aber aus ihr, er werde nicht weichen, ohne sie zu töten, und so geschah es auch, und sie starb unter dem Belesen. Andern Tags ging der Mann über die Straße und ein Stein fiel oben von einer Dachrinne herab, ihm grade ins Gesicht, wodurch er so zugerichtet wurde, daß er kaum noch einem Menschen ähnlich sah. 269

Die Basler Nachtigall

Während des Conziliums von Basel gingen einige von den gelehrten Doktoren in einem Wald spazieren und hörten da eine Nachtigall, die so wunderbar sang, daß sie nie in ihrem Leben so etwas gehört hatten. Das kam einem der Herren verdächtig vor und er beschwor die Nachtigall, zu sagen,

Oben: Scheibenschießen in Basel. Nach einer Zeichnung von Jeremias Fischer 1630 im 19. Jahrh., ausgemalt von Reinhard Keller.
Unten: Büchsenschießen in Zürich. Titelholzschnitt zu: Außreden und fürwort der loblichen Büchsenschützen … zu Ehren und wollgefallen der loblichen Geselschafft der Büchsenschützen, der uralten Statt und Landschaft Zürych», o. J.

wer sie sei. Da sprach der Vogel, er sei eine verdammte Seele und müsse in dem Wald wohnen bis zum Tag des Jüngsten Gerichts. 270

Alemannisches Credo

Die Alemannen haben weder eine Peterskirche gebaut, noch haben sie einen Dostojewski, und wenn sie aus heimatlichem Dünkel nichts von fremder Art und Kunst wissen wollen, so tue ich nicht

Der Umzug des «Vogel Gryff» in Basel – am 14., 21. und 28. Januar. Holzstich aus: Otto Freiherr von Reinsberg-Düringsfeld, Das Festliche Jahr, Leipzig 1863

mit. Aber alles, was von alemannischer Herkunft ist, hat Heimatgeruch für mich, ist mir ohne weiteres verständlich und nah. Manches gefällt mir bei den Schwaben besser: so die wunderbare Musik bei den schwäbischen Dichtern, bei Hölderlin und Mörike. Anderes liebe ich wieder speziell bei den Schweizern: Phantasie hinterm Anschein von Nüchternheit wie bei Gottfried Keller. Und noch etwas, worin die Schweizer anderen Alemannen voraus waren: eine bürgerlich-demokratische Mischung der Stände und Gesellschaftsschichten ohne scharfe Grenzen, Selbstbewußtsein und Selbstgenügsamkeit beim «Volk», und Aufgeschlossenheit des «Gebildeten» gegen Volksgenossen aller Stände. Darin hatten wir auf der reichsdeutschen Seite manches verlernt und versäumt, was wir jetzt neu zu lernen im Begriff sind.

Das alemannische Land hat vielerlei Täler, Ecken und Winkel. Aber jedes alemannische Tal, auch das engste, hat seine Öffnung nach der Welt, und alle diese Öffnungen und Ausgänge zielen nach dem großen Strom, dem Rhein, in den alles alemannische Wasser rinnt. Und durch den Rhein hängt es von alters her mit der großen Welt zusammen. 271

Hermann Hesse

Das Elsaß

Himmlische Landschaft

Wir sind nebeneinander aufgewachsen, der Maler Emil Bizer rechts, ich links des Rheins, im großen geründeten Garten zwischen Vogesen und Schwarzwald, der so eins und unteilbar ist, daß die politischen Grenzen deutlich als eine Fiktion erscheinen.

Es ist die Landschaft, die im ‹Simplicissimus› Grimmelshausen, auf einem Vorberg des Schwarzwaldes sitzend, als die Gegend schildert, «in welcher die Stadt Straßburg mit ihrem hohen Münsterdom, gleichsam wie das Herz mitten in einem Leibe beschlossen, hervorprangt», und die Philesius am Ende des fünfzehnten Jahrhunderts in seinem Vogesengedicht überaus anmutig besang:

«Hier wächst lieblicher Wein auf sonnengesegneten Hügeln...»

Wird nicht jeder Badener, dem ich das Gedicht vorsage, lächeln wie einer, dem man von seiner vertrauten Liebe spricht? Nicht minder erkennen wir Elsässer in Hebels Gedichten und Geschichten und selbst in Thomas Bildern den Abglanz unsrer Täler und Hänge. Daß sie dennoch verschieden sind, erhöht den Reiz der Familienähnlichkeit. Links des Rheins sind die Menschen lebhafter, glatter, aufgeweckter in jeder Beziehung, die Berge spröder und abseitiger. Auf dem rechten Ufer verhält es sich gerade umgekehrt. Da sind die Berge ein einziger, weitgeöffneter Park, alte Rast- und Erholungsstätte, wo schon alle Sprachen der Erde geklungen haben, die Bewohner aber eckiger, unzugänglicher, vielfach noch ganz in sich versunken. Der Fremde sieht den Unterschied greifbarer bei den Menschen, wir Alemannen empfinden ihn stärker in der Natur. (Um die Unterschiede in einer so kunstvoll geschlossenen Landschaft zu erkennen, muß man darin leben, die Unterschiede des

Temperaments stoßen dem Fremden eher auf.) Im übrigen sehen die meisten, wie sie sehen wollen, nämlich politisch. Weshalb über keinen Erdenfleck so viel albernes Zeug geschrieben und geredet worden ist wie über diesen.

So ist das alemannische Rheinland. 272

René Schickele

Die Herdwible von Mörnach

Zu Mörnach, an der südlichen Grenze des Sundgaus (Oberelsaß), gab es vor noch nicht gar langer Zeit viele Erdweibchen, von den Bewohnern Herdwible genannt; sie waren von niedlicher Gestalt und nur anderthalb Fuß hoch. Sie lebten in Fichten oder unter der Erde, beim Propstweiher. Oft kamen sie ins Dorf und kehrten dann am liebsten beim Vogel-Toni ein, wenn er Leute zu kelten (Spinnstube halten) hatte, und ergötzten alle durch ihr liebliches Singen. Lange Röcke bedeckten ihren Leib und fielen bis auf die Fuße herab, was die vorwitzigen Jungen und Mädchen gewaltig verdroß, und längst hätten sie wissen wollen, wie diese Füße beschaffen seien. Sie konnten endlich ihre Neugierde nicht länger bezähmen und bestreuten an einem Keltabend die Stube mit Asche. Als nun die Herdwible kamen, drückten sie Gänsfüße in die Asche ab. Sie merkten alsbald die böse List, verschwanden eilig und haben sich seitdem auch nicht wieder gezeigt.

Die Leute halten sie für «verwiesene oder verwunschene Menschen». So erzählte mein Freund Stoffel, Steuereinnehmer in Dirlinsdorf. 273

Das Doggele

In Illzach erscheint oft ein Dorfgespenst, das Doggele genannt, welches sich mitten in der Nacht den Kindern zentnerschwer auf die Brust setzt und sie zu erdrücken scheint. Es ist eine Art Alp oder Vampyr, von unbestimmter, zusammengeknäuelter Tierform. Um es abzuhalten, malt man zwei, in umgekehrter Richtung der Winkel stehende Dreiecke an die Stubentür; auch hängt man zwei gekreuzte Degen in die Stube oder legt sie in die Wiege des leidenden Kindes. 274

Der Elsässer Belchen

Auf dem Gipfel des großen Belchen (Ballon d'Alsace) bei Sulz sind viele Feldmesser gebannt, die bei Lebzeiten die Leute um ihr Gut betrogen haben. Sie müssen in einem fort den Berg ausmessen und führen oft diejenigen, die ihn besteigen wollen, lange Zeit in der Irre herum und lassen sie auf unwegsame Orte, an sumpfige Stellen geraten.

Der Belchensee wird von einer Menge seltsamer und unheimlicher Fische bewohnt, unter andern von einer großen moosbedeckten Forelle, der ein Tannenbäumchen aus dem Rücken wächst. Im Jahr 1128 sind aus diesem See Hühner mit vier Füßen und 1304 ein furchtbarer Drache ans Land gestiegen.

Es wird erzählt, daß der Belchensee vor Zeiten eine schöne, fruchtbare Wiese gewesen sei, die sich im Besitz einer Köhlerfamilie forterbte. Ein reicher Mann im Tal suchte sie vergebens zu erhandeln. Da hängte er dem Köhler einen Prozeß an und brachte es soweit, daß ihm, dem Reichen, die Wiese zugesprochen wurde. Das sollte nun besonders gefeiert werden. Das erste Heu dieser Wiese wurde auf

Das Pfingstfest im Elsaß. Holzstich aus: Otto Freiherr von Reinsberg-Düringsfeld, Das Festliche Jahr, Leipzig 1863

Der Besuch vom Christkindchen und Hans Trapp. Elsässischer Brauch. Holzstich aus: Otto Freiherr von Reinsberg-Düringsfeld, Das Festliche Jahr, Leipzig 1863

einem goldenen Wagen heimgeführt, und der Köhler, der hinter einer Tanne stand und es mit ansehen mußte, rief Gott um Gerechtigkeit an. Da ertönte ein Donnerschlag, es wurde finster, und die Erde bebte. Und als es wieder heller wurde, fand man weder Wiese noch Wagen. Alles war verschwunden in den Tiefen eines Sees, der sich dort gebildet hatte: des Belchensees. 275

Der Senne vom Mordfeld

Nordöstlich von Sulzern, im kleinen Münstertal, erhebt sich das Kerbholz, ein hoher Berg, dessen First mit gewürzigen Weidekräutern übersät ist. Dort helfen die Zwerge den trefflichen Münsterkäse bereiten.

Als einmal am Michelitag der Senne vom Mordfeld zu Tal fuhr, da bemerkte unterwegs der Hirtenknabe, daß er etwas in der Melkerei vergessen hatte. Ohne Zögern kehrte er um. Da es aber schon gegen Abend ging und er zudem ermüdet war, so beschloß er, oben die Nacht zuzubringen. Bald schlief er denn auch ein.

Er mochte kaum einige Augenblicke geruht haben, als er aus dem Schlaf auffuhr. Er vermeinte Lärm gehört zu haben. Und richtig, die Melkerei war beleuchtet. Er hörte kommen und gehen und sprechen und sah unter dem Kessel das Feuer. Er hob etwas den Kopf, und was bemerkte er? Bergmännlein und Bergweiblein waren mit dem Zubereiten von Käse beschäftigt. Schon hatte ein Mägdlein ihn bemerkt und es der Zwergmutter mitgeteilt. «Lad ihn zum Essen mit uns ein!» gebot diese. Und der Knabe ließ sich nicht zweimal rufen. Sie stellten ihm zwei Käschen auf: das eine duftig, weiß, aus Milch gepreßt, die aus Versehen im Lauf des Jahres verschüttet worden war; das andere schwarz aus verdorbener Milch oder aus solcher, die unter Fluchen verschüttet worden war.

Neujahrsbrauch in den Vogesen. Holzstich aus: Otto Freiherr von Reinsberg-Düringsfeld, Das Festliche Jahr, Leipzig 1863

Von beiden konnte der Knabe essen, doch sprach er dem weißen zu. Als er das Mahl beendet hatte, sagte die Zwergmutter zu ihm: «Nimm mit, was übriggeblieben ist.» Das tat er. Und siehe, solange er daran schabte und davon aß, niemals wurde das Käschen kleiner. Andern Morgens stieg der Knabe ins Tal hinab. Sein neidischer Bruder ging noch am Abend desselben Tages auf das Mordfeld und legte sich auch zur Ruhe nieder. Doch weil er ein Flucher war, zerrissen ihn die Bergmännchen. 276

Vom Wigigerle und anderen Weingeistern

Zu Thann im Rangen / Zu Gebweiler in der Wannen / Zu Türkheim im Brand / Wächst der beste Wein im Land / Doch gegen den Reichenweirer Sporen / Haben sie alle das Spiel verloren.» Nahe Reichenweier (Riquewihr) liegt das ebenso durch seinen Riesling weitbekannte Städtchen Kaysersberg. Eine Brunneninschrift warnt den Durstigen: «Drinckstu waser in deim Kragen / Uber Disch es kalt din Magen / Drink masig alten subtiln Wein / Rath ich und las mich waser sein.»

Wenn die Reben blühen und ihr süßer Duft einen günstigen Herbst verspricht, hört man im Brunnstatter Rebhügel das Wigigerle (Weingeigerlein) lustig drauflos fiedeln, dabei auch Gläserklirren und Tanzen im Innern des Berges. Soll es jedoch ein schlechtes Weinjahr geben, so vernimmt man nur manchmal einzelne klagende Saitenklänge, und in und um den Hügel her scheint alles öde und trüb.

Auf den Ettendorfer Hügeln hört man zur Zeit der Rebenblüte in der warmen Sommernacht oft ein Klingen, bald leiser, bald lauter. Es rührt vom Schellenmännlein her, das mit hellen Silberglöckchen durch die Wingerte wandelt und guten Wein verheißt. Man hat es wohl auch schon gesehen, wie

Das Fest der Weinlese. Kupferstich um 1780

es, an eine Weinlaube gelehnt, eine Traube in der Hand hielt und sie in eine Schale preßte. Gerät der Wein nicht, so hört man nur ein seltenes, leises Klingen, und das Schellenmännlein sitzt mit leerer Hand und trauriger Miene am Feldrain.

In Sulzbach vermag der Bürgermeister die Güte des neuen Weines vorauszusagen, von ihm heißt es: «We d'r Maire vo Sulzbach uf d'r Triwelsack (die Menge, die auf einmal gekeltert wird) huckt un e nasser Arsch bekummt, d'rno gits Gebitschierter.» Bleibt noch nachzutragen, daß der petschierte, mit Lack versiegelte Wein einen besonders guten Jahrgang kennzeichnet. 277

Der Flieger

In Kaysersberg lebte vor noch nicht allzu langer Zeit ein Mann, der bis an sein Ende in der Stadt und in der ganzen Umgegend unter dem Namen Flieger bekannt war. Als er nämlich eines Tages in seinen Reben bei der Weinlese war, reichte ihm eine Frau seines Alters, die bei ihm als Taglöhnerin arbeitete, eine Traube hin mit den Worten: «Versuch doch einmal diesen Süßling!» Kaum hatte der Bauer einige Beeren von der Traube gekostet, so fühlte er sich emporgehoben, schwebte zunächst längere Zeit über den Wipfeln der Bäume hin, flog sodann über das Tal hin und ließ sich endlich am linken Ufer der Weiß bei einer Kapelle nieder. Er wurde dort gefunden und bewußtlos nach Hause gebracht, wo er mehrere Wochen lang auf den Tod krank lag. An dem Ort auf dem Weinberg, wo er aufgeflogen war, und da, wo er sich niedergesenkt hatte, ließ er später zwei Denksteine setzen in Gestalt kleiner Kapellen. Die Fliegerkapelle, ein jetzt leeres Heiligenhäuschen, steht heute noch. 278

Rappoltstein

Auf den drei Schlössern Rappoltstein bei Rappoltsweiler (Ribeauvillé) haben vormals drei Schwestern gewohnt, jede in einem der drei. Jede Nacht riefen sie sich den Abschied durch ein Waldhorn zu, und ebenso begrüßten sie sich allmorgendlich.

Eine von ihnen soll immer prächtige Kleider getragen haben und recht eitel gewesen sein. Man sieht sie noch oft im obersten Schlosse (Hochrappoltstein) vor einem Spiegel stehen, der an der Mauer hängt, und sich festlich schmücken.

Vom Schloß Hochrappoltstein herab fährt jedes Jahr in der Christnacht, um die Mitternachtsstunde, eine große mit vier

Rappen bespannte Kutsche. Sie rollt durch die Hauptstraße der Stadt, am Schützenhaus vorbei, auf der Straße nach Gemar hin. Niemand sitzt darin, und kein Kutscher lenkt die Rosse. Nach zwei Uhr kehrt sie jedesmal denselben Weg wieder zurück und weckt die Schläfer durch ihr unheimliches Rasseln auf.

Ein Junge, der einst noch spät einen Auftrag in dem benachbarten Gemar zu besorgen hatte, traf die Kutsche auf seinem Rückweg an, und da er müde war und sehr fror, bat er, man möchte ihn doch mitnehmen. Er bekam zwar keine Antwort, allein die Pferde hielten still. Der Schlag ging auf und wieder zu, nachdem der Junge in die Kutsche gestiegen war. Er mag wohl eingeschlafen sein. Nachdem ihn aber die Eltern die ganze Nacht vergeblich gesucht hatten, fanden sie ihn am Morgen in den Ästen einer hohen Pappel sitzend. Wie er da hinaufgekommen war, konnte er nicht sagen.

Unter dem Schutz der Herren von Rappoltstein standen früher die fahrenden Spielleute des Elsaß. Am 22. April 1400 verlieh Schmaßmann (Maximilian) Herr von Rappoltstein das «Amt des Königreichs fahrender Leute» seinem Pfeifer Henselin, nachdem Heintzmann Gerwer das Amt krankheitshalber niedergelegt hatte: dies ist die erste urkundliche Nachricht über die Bruderschaft der Musikanten, deren Schutzheilige die Muttergottes von Dusenbach gewesen ist. Im Jahre 1434 wurde Loder, der Trummeter (Trompeter) Schmaßmanns, das «Pfeiferkönigtum» verliehen. Solch einem König mußten die Mitglieder der Bruderschaft alljährlich am St. Jakobstag (25. Juli) Abgaben entrichten. Am 8. September kamen alle Spielleute zum sogenannten Pfeifertag in Rappoltsweiler zusammen, bis die Französische Revolution dem ein Ende machte. In Erinnerung an den Pfeifertag wird noch heute am ersten Sonntag im September ein großes Volksfest gefeiert. 279

Familientragödie in Reichenweier: Mord der schwangeren Gattin und anschließender Selbstmord, anno 1553. Aus: Wickiana der Zentralbibliothek Zürich

Die heilige Odilia

Als Herzog Attich in seinem Zorn den eigenen Sohn erschlagen hatte, ließ er nach seiner Tochter Odilia schicken und sie die niedrigsten Magddienste im Haus tun.

Der Ruf ihrer Schönheit aber und auch der des Glanzes, welcher an ihres Vaters Hof herrschte, drang weit in die Lande. Bald kamen angesehene Freier von allen Seiten herbei und warben um die Hand der edlen Fürstentochter. Allein, so sehr auch ihr Vater in sie drang, daß sie sich vermähle, sie blieb bei ihrem Gelübde, allein Gott zu dienen. Schließlich wollte er sie mit Gewalt zwingen, einem reichen und angesehenen Fürstensohn aus Deutschland ihre Hand zu reichen.

Da weinte Odilia die ganze Nacht auf ihrem harten Lager und betete. Als aber der Tag anbrach und die Brücken niedergelassen wurden, da stieg sie als Bettlerin verkleidet ins Tal hinab und floh zu Fuß bis an den Rhein, wo sie alsbald von einem Fährmann ans andre Ufer gebracht wurde. Von da floh sie dem Gebirge zu.

Als Herzog Attich ihre Flucht merkte, stieg er mit Odilias

jungem Freier und einem Gefolge von Rittern und Knechten zu Pferde und begann die Verfolgung. Und sie ließen auch nicht ab zu verfolgen, als ein furchtbares Gewitter entstand, daß es dunkel wurde wie die Nacht.

In einem dichtbewaldeten Tal bei Freiburg hörte Odilia von ferne das Pferdegetrappel und erkannte ihre Verfolger. Sie rannte den Berg hinauf und suchte nach einem Versteck. Vor einer Felswand fiel sie entkräftet nieder. In ihrer Verzweiflung breitete sie die Arme zum Himmel und flehte Gott um Erbarmen an. Da öffnete sich der Felsen vor ihr, eine geräumige Halle tat sich auf, sie trat hinein, und da schloß der Fels sich wieder. Draußen aber fuhr ein flammender Blitz hernieder, und alles war wie Feuer. Die Pferde scheuten, und Attich stürzte und verletzte sich schwer. Man brachte ihn nach seiner Pfalz nach Ehnheim, und er bekehrte sich. Als Attich wieder gesund geworden war, ließ er seine Tochter suchen und schenkte ihr den hohen Berg, auf dem die Heiden ihre Götter verehrt hatten, damit sie dort ein Kloster gründe und dem Herrn diene. Da zog Odilia hinauf und baute das Kloster auf dem später nach ihr benannten Odilienberg. Sie war das Vorbild ihrer Klosterfrauen, nicht nur durch ihre Frömmigkeit, sondern auch durch ihren einfachen und strengen Lebenswandel: «Ire spise was girsten (Gersten) brot, ir bette eines beren hut, und ir küssin ein herter stein.»

Als sie einst von Hohenburg nach Niedermünster hinabsteigen wollte, fand sie an einem Felsen einen Pilgersmann liegen, der mit der üblen Misselsucht behaftet war und vor Durst fast umkam. Da schlug sie mit ihrem Stab an den Felsen und alsbald sprang daraus eine frische Quelle, mit dessen Wasser sie Mund und Augen des Siechen benetzte und ihn heilte. Über dieser Quelle, die unter einem steinernen Kreuz heraus in einen Trog läuft, erhebt sich ein Häuschen in Form einer Kapelle, wo die Gläubigen beten, sich die Augen waschen und von dem heilkräftigen Wasser in Gefäße füllen und mit sich nehmen.

Noch viele andere Wunder hat Odilia gewirkt. Der Festtag der Heiligen, der 13. Dezember, wird im alten Märtyrerbuch zusammen mit denen vermerkt, die schon im 8. Jahrhundert im Bistum Straßburg feierlich begangen wurden. Sie ist die Schutzpatronin des Elsasses. 280

Vater und Sohn

Es war ein Graf im Oberelsaß, Herr Hugo von Egisheim (Eguisheim), dem gebar sein Ehegemahl einen Sohn, der wurde Bruno genannt in der heiligen Taufe. Aber ein böser Argwohn umdüsterte des Grafen Herz, als sei das Söhnlein nicht sein eigen, und da befahl er einem Knecht, daß er es hinaustrage in den Wald, es töte und ihm sein Herz, der Tat zum Zeugen, bringe. Den Knecht aber jammerte des unschuldigen Kindleins und er konnte solchen Mord nicht über das Herz bringen. Er gab das Kind in sichere Hut, erlegte ein Rehkälbchen und brachte dessen Herz seinem grausamen Herrn.

Der Knabe wuchs und kam weit hinweg, die Jahre vergingen, und über den alten Grafen kam die Reue, denn es war ihm klar und offenbar geworden, daß er damals im Irrwahn befangen, die schrecklichste Sünde begangen hatte. Und da litt es ihn endlich nicht länger mehr in der Heimat, er verließ seine Schlösser und sein Land, und ging in Pilgertracht über die Alpen und wandelte gen Rom, dem Heiligen Vater seine schwere Schuld zu bekennen, und eine Buße sich auferlegen zu lassen. Er kam zum Papst, kniete zu dessen Füßen, beichtete und flehte um Entsündigung.

Da erhob sich von seinem Thronsitz der heilige Vater und sprach: «Graf Hugo von Egisheim! Der allbarmherzige Gott hat nicht gewollt, daß Bruno, dein Sohn, sterbe, sondern hat ihn aufbehalten zu hohen Dingen. Und Gott verzeiht dir durch mich, dem Knecht seiner Knechte, den grausamen Vorsatz. Deine Reue soll deine Buße gewesen sein. Steh auf Graf Hugo, umarme mich, ich bin es, der dir Verzeihung kündet, ich bin Bruno, dein Sohn, Leo der Neunte geheißen auf St. Petri heiligem Stuhl!»

So ist es in Hunklers Leben der Heiligen des Elsasses 1839 aufgezeichnet. Während jener Chronist Schloß Egisheim für den Geburtsort Leos IX. hält, stimmen Schöpflin, Grandidier und andere für Dagsburg oder Dabo, das Stammschloß von Leos Mutter. 281

Das versunkene Heer

Bei Rufach (Rouffach) im Oberelsaß ist ein großes Tal, das man das Ochsenfeld nennt. In diesem Tal soll vor vielen hundert Jahren unter Kaiser Karl ein Kriegsheer gestanden sein, das in allen Schlachten gesiegt hatte, aber dadurch mitsamt seinem Anführer so stolz und übermütig geworden war, daß es eines Tages aus allen Kanonen und Gewehren zumal gegen den Himmel feuerte. Und das geschah auf Befehl des Anführers. Kaum hatten sie aber losgeschossen, so versank das ganze Heer in die Erde. – Alle sieben Jahr indes sieht man das Heer wieder bei Nacht auf demselben Platz, wo es versunken ist, zu Pferd exerzieren. 282

Die Frauen von Rufach

Nachdem Kaiser Heinrich IV. sich für den Gegenpapst Clemens erklärt hatte, wollte er alle Bischöfe des Reiches zwingen, diesen anzuerkennen; denen, die sich weigerten, nahm er ihre Bistümer weg. Dies geschah nun auch dem Bischof von Straßburg. Auf kaiserlichen Befehl wurde ihm Rufach (Rouffach), eines der ältesten Besitztümer der Bischöfe von Straßburg, weggenommen. Das Schloß wurde mit Truppen besetzt und die Einwohner aufs grausamste gedrückt. Diese Gewalttaten nahmen nur noch zu unter der Regierung Heinrichs des V., der ein starkes Heer rings um die Stadt zusammenzog. Zu dieser Zeit, 1105, trieb besonders der kaiserliche Schloßvogt sein böses Spiel mit den Bewohnern von Rufach, die, ohnmächtig, sich zur Wehr zu stellen, alle Unbill über sich ergehen lassen mußten.

Am Ostersonntag hatte der Vogt eine schöne Bürgerstochter, die mit ihrer Mutter eben in die Kirche gehen wollte, überfallen und ins Schloß bringen lassen. Die Verzweiflung der Mutter kannte keine Grenzen. Sie beschwor die Männer,

«Anno 360 ungefehrlich zogen abermals die Alemanni über den Rhein, wurden mehrertheils erschlagen bey der Statt Argentorato, jetzt Straßburg, von Juliano dem Keyser.» Damals war das Elsaß unter römischer Herrschaft; Kaiser Julian hatte durch seinen Sieg über die Alemannen 357 n. Chr. die Rheingrenze gerettet, doch schon fünfzig Jahre später fiel den Alemannen das Elsaß zu. – Holzschnitt 1592

zu den Waffen zu greifen, ihre Tochter von der Schande zu erretten und endlich das schmähliche Joch der fremden Herrschaft zu brechen. Allein die Männer wagten es nicht, sich der Übermacht des Feindes entgegenzusetzen. Da wandte sich die Mutter an die Frauen und beschwor sie bei der Liebe zu ihren eigenen Kindern, die ja ebenfalls der Willkür des Tyrannen ausgesetzt seien, ihr in ihrem Jammer beizustehen. Ihre Worte fanden Widerhall. Die Frauen bewaffneten sich, drangen ins Schloß, sprengten die Türen und schlugen die Wache zusammen. «Sie waren vor Zorn eitel Mann und schlugen den Keyser, daß er Kron und keyserliche Kleinot verzettelt und hinter ihm ließ», schreibt Bernhard Hertzog in der Edelsasser Chronik.

Nun wuchs auch den beschämten Männern der Mut. Die ganze Bevölkerung erhob sich. Die kaiserlichen Truppen wurden zurückgedrängt, der Kaiser selbst entkam mit Mühe und floh nach Colmar.

Die Frauen brachten Krone, Zepter und Mantel, die er zurückgelassen hatte, im Triumph zur Kirche und legten sie auf den Altar der heiligen Jungfrau nieder.

Von dieser Zeit an aber hatten die Rufacher Frauen bei

Rufach. Kupferstich aus: Daniel Meisner, Politisches Schatzkästlein, 1. Buch, 3. Teil, Frankfurt 1625

allen öffentlichen Feierlichkeiten und Aufzügen den Vorrang vor den Männern. Der besteht noch heutzutage darin, daß sie in der Kirche die Stühle auf der rechten Seite des Altars innehaben. 283

Die Knöpfler

In Colmar lebte einst ein Schultheiß, der sich stets genau zu der von ihm für die Ratsversammlung bestellten Stunde im Sitzungssaal einfand; allein oft mußte er lange auf die übrigen Mitglieder warten. Dies ärgerte ihn am Ende, und da er dem Stadthaus gegenüber wohnte, so gebot er dem Weibel, sich in Zukunft vor die Tür desselben zu stellen und ihm von Zeit zu Zeit durch Berührung und Abzählung der Knöpfe an seiner bunten Amtsmontur die Zahl der anwesenden Ratsherren zu bezeichnen.

Man lachte über diese eigentümliche Weise des Schultheißen, sich von der Anwesenheit seiner Räte zu überzeugen, und davon ging der Scherzname Knöpfler auf sämtliche Bewohner der Stadt über. 284

Der Knabe zu Colmar

Bei Pfeffel in Colmar war ein Kind im Hause, das wollte nie über einen gewisen Flecken im Hausgarten gehen, auf dem seine Kameraden ruhig spielten. Diese wußten nicht warum und zogen es einmal mit Gewalt dahin; da sträubten sich ihm die Haare empor und kalter Schweiß brach aus seinem Leib. Wie der Knabe von der Ohnmacht endlich zu sich kam, wurde er um die Ursache befragt, wollte lange nichts gestehen, endlich auf vieles Zureden sagte er: «Es liegt an der

Stelle ein Mensch begraben, dessen Hände so und so liegen, dessen Beine so und so gestellt sind (welches er alles genau beschrieb) und am Finger der einen Hand hat er einen Ring.» Man grub nach, der Platz war mit Gras bewachsen, und drei Fuß unter der Erde tief fand sich ein Gerippe in der beschriebenen Lage und am benannten Finger ein Ring. Man beerdigte es ordentlich und seitdem ging der Knabe, dem man weder davon noch vom Ausgraben das mindeste gesagt, ruhig auf den Flecken.

Dieses Kind hatte die Eigenschaft, daß es an dem Ort, wo Tote lagen, immer ihre ganze Gestalt in Dünsten aufsteigen sah und in allem erkannte. Der vielen schrecklichen Erscheinungen wegen härmte es sich ab und verzehrte schnell sein Leben. 285

Der Teufelsgeiger

Bei der Hohen Tonne, Donon, liegt der Weiher von Lamaix. An seiner Stelle erhob sich vor vielen Jahren eine Wiese, in deren Mitte sich auf einer kleinen Erhöhung ein einzelner Baum befand, wo die jungen Leute des nahe gelegenen Dorfes sich am Sonntag zu versammeln pflegten.

Eines Tages erschien ein fremder Spielmann beim Ausgang der Messe, der spielte auf seiner Geige so seltsame Weisen, so lustige Tänze auf, daß ihn die Burschen und Mädchen baten, ihnen zur Wiese zu folgen. Er weigerte sich nicht, und Paar an Paar zogen sie hinaus und tanzten unermüdlich nach dem immer lockender tönenden Spiel des Fremden.

Als die Glocke zur Vesper läutete, hielten sie wohl eine Weile an, als wollten sie der Einladung zum Dienste Gottes folgen; allein da begann der Geiger mit noch schöneren Tanzstücklein. Die Glocke war verhallt und rascher flog die Runde um den Baum auf der Wiese.

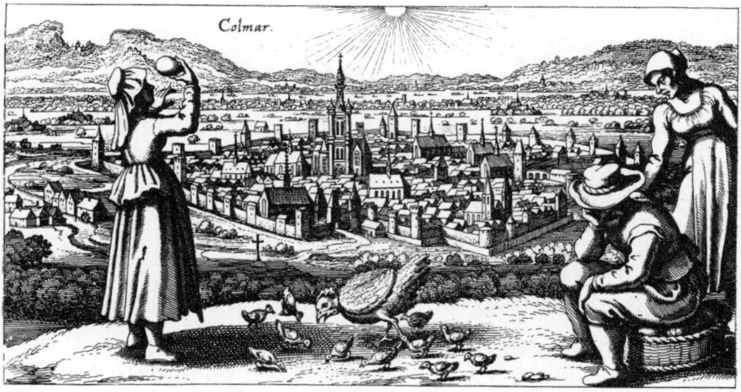

Colmar. Kupferstich aus: Daniel Meisner, Politisches Schatzkästlein, 1. Buch, 2. Teil, Frankfurt 1625

Der Geistliche, dem das Ausbleiben der ganzen erwachsenen Jugend des Dorfes auffiel, ließ nochmals die Glocke anziehen; allein in ihren immer leidenschaftlicheren Tänzen hörten sie die Mahnstimme des Himmels nicht und fuhren fort in ihrem sündlichen Tun, ohne darauf zu achten, daß der Boden unter ihren Füßen zu sinken begann.

Plötzlich schwieg das Geläute. Der Geiger hörte auf zu spielen und mit einem Male versank die Wiese mit allen in den Grund, aus welchem unterirdische Wasser hervorströmten, die den Weiher von Lamaix bildeten.

Der Geiger war in die Lüfte geflogen, nachdem er sein Instrument an einem Felsen zerschmettert; die Stücke flogen weithin, flammend und einen starken Schwefelgeruch verbreitend. Im Grunde des Wassers hörte man noch das Rufen und Jammern der betörten Jugend, das jedoch durch das höllische Gelächter des Spielmanns übertönt wurde. 286

Feenreigen

Feen gibt es auf dem Donon, dem Mittelpfeiler der Vogesen. Eine Schar weißer Frauen tanzt allnächtlich in der Geisterstunde auf seiner breiten Kuppe, bis ein mit feurigen Rossen bespannter Wagen durch die Wolken einherjagt und die Tänzerinnen vertreibt. Und die abergläubischen Waldarbeiter jener Gegend wissen noch diesen und jenen zu nennen, die den geheimnisvollen Spuk miterlebt haben, aber bald nach dem Ereignis verstorben sind.

Der Grand Donon war einst eine bedeutende Kultstätte der druidischen Kelten. Auch der Druidenkreis auf der Ziegenburg bei Niederbronn gilt als Feenaufenthalt. Um nächtliche Feuer führen weiße Jungfrauen einen schaurigen Reigen auf, wie dies um dieselbe Stunde auch auf dem Bollenberg bei Rufach geschieht. Bei Urbeis im Oberelsaß, unweit der Quelle der gegen St. Die fließenden Fave, heißt eine wilde Felspartie «Die Feen». Den Bewohnern des Weißtales gilt der Ort als im höchsten Grade unheimlich, und jedermann vermeidet es, ihn bei der Nachtzeit zu begehen. 287

Die Wohnungen der Feen

Von den Zeugen der alten Steinverehrung, den Steindenkmälern, sind die Spindelsteine oder Menhire, aufrecht stehende Steine, am meisten vertreten; in den Vogesen zwischen Niederbronn und Schirmeck sind sie heute noch an acht Orten nachzuweisen. Sie gelten als Wohnungen der Feen, daher auch Feenspindel, Feenkunkel und Spillsteine genannt. Weitere interessante keltische Steindenkmäler finden sich in den Wäldern bei Zabern (Saverne) und des Dagsburger Landes sowie in den oberen Tälern der Saar.

Besonders reich an alten Kultsteinen verschiedener Art ist

die Umgebung der Kempelhöhe bei Dagsburg. Es macht fast den Eindruck, als ob hier und in der Umgebung in keltisch-römischer Zeit ein Mittelpunkt der Kultus- und Opferstätten gewesen sei.

Südlich gegenüber dem Schlosse Ochsenstein bei Zabern auf dem Spillberg erhebt sich eine 8,90 m hohe Felsensäule, die nach ihrer Gestalt die «Spille» (Spindel) genannt wird, und von der erzählt wird, daß die Feen mit ihr gespielt und sie aufgepflanzt hätten. 288

Das Riesenspielzeug

An einem wilden Wasserfall in der Nähe des Breuschtales liegen die Trümmer einer alten Riesenburg, Schloß Nideck geheißen. Von der Burg herab ging einstmals ein Fräulein bis schier gen Haslach, das war des Burgherrn riesige Tochter, die hatte noch niemals Menschenleute gesehen, und da gewahrte sie unversehens einen Ackersmann, der mit zwei Pferden pflügte, das dünkte sie etwas sehr Gespaßiges, das kleine Zeug; sie kauerte sich zum Boden nieder, breitete ihr Schürztuch aus, und raffte mit der Hand Bauer, Pflug und Pferde hinein, schlug die Schürze um sich herum, hielt's mit der Hand recht fest, und lief was sie nur laufen konnte, und sprang eilend den Berg hinauf. Mit wenigen Schritten, die sie tat, war sie droben, und trat jubelnd über ihren Fund und Fang vor ihren Vater, den Riesen hin, der gerade beim Tische saß und sich am vollen Humpen labte. Als der die Tochter so mit freudeglühendem Gesicht eintreten sah, fragte er: «Nu min Kind, was hesch so Zwaselichs in di Furti? Krom's us, krom's us!» – «O min Vater!» rief die Riesentochter, «gar ze nettes Spieldinges ha i funden.» – Und da kramte sie aus ihrem Vortuch aus, Bauer und Pferde und Pflug, und stellt's auf den Tisch hin, und hatte ihre Herzensfreude daran, daß

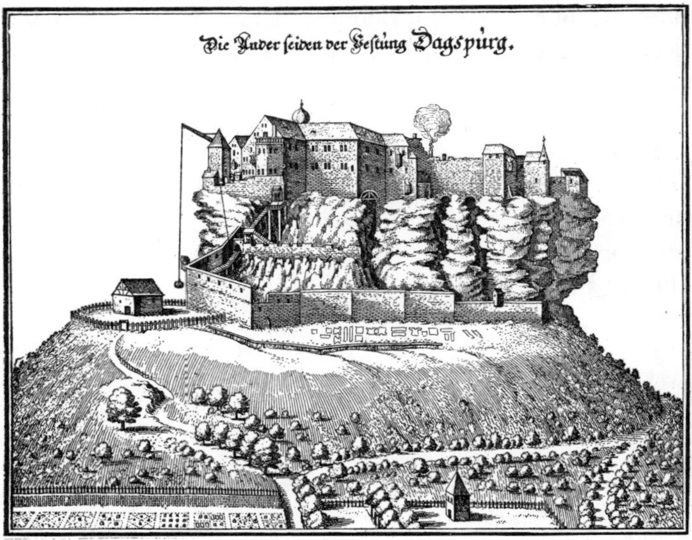

Die Dagsburg. Kupferstich von Matthaeus Merian 1645

das Spielzeug lebendig war, sich bewegte und zappelte. «Ja min Kind», sprach der alte Riese, «do hest de ebs Schöns gemacht, dieß is jo ken Spieldings nitt, dieß is jo einer von die Burn; trog alles widder fort und stells widder hin ans nämlich Plätzli, wo du's genommen hast!»

Das hörte das Riesenfräulein gar nicht gern, daß sie ihren Fund wieder forttragen sollte und greinte, der Riese aber ward zornig und schalt: «Potz tusig! daß de mir nett murrst! E Bur ist nitt e Spieldings! Wenn die Burn nett ackern, so müssen die Riesen verhungern!» Da mußte das Riesenfräulein seinen vermeintlichen Spielkram als wieder forttragen, und stellte alles wieder auf den Acker hin.

Zugleich als Probe der Straßburger Mundart folgt hier das «Riesenspielzeug» in der ursprünglichen Versfassung von Frau Charlotte Engelhardt (Tochter des Straßburger Gelehrten Schweighäuser), der Entdeckerin der durch Chamisso und die Brüder Grimm bekannten Sage.

Im Waldschloß, dert am Wasserfall,
Sinn d' Ritter Risse gsin.
E Mol kummt's Fräule 'rab in's Tal
Un geht spaziere drin.
Sie duet bis geje Haslach gehn,
Vorm Wald, im Ackerfeld,
Do bliet sie voll Verwundrung stehn
Un siehgt, wie 's Feld wurd b'stellt.
Sie lüjt dem Ding e Wil so züe,
Der Pfluej, die Roß, die Litt
Sin ihr ebs Neijs, sie geht derzüe
Un denkt, die nimm i mit!
Do hürt sie an de Bodde hien
Un spreit ihr Fürrdi üs,
Fangt alles mit der Hand, düets nin
Un lauft gar froh noch Hüs.
Dert, wo der Berri isch so gäh,
Daß mer nur müijsam stejt in d'Höh,
Springt sie de Waldwäij nuff ganz frisch
Un brücht nur eine Schritt.
Der Ritter sitzt just noch am Disch:
«Min Kind, was bringsch de mit?
D' Fraid lüijt der üs den Aue nüs,
Ze kram nur g'schwind din Fürrdi üs,
Was hesch so Zawwlis drin?»
«O Vatter, Spieldings gar ze nett.
I ha noch nie ebbs Scheens so g'het!»
Un stellt ihm alles hin.
Un uf der Disch stellt sie der Pflüij,
Die Büüre hin und ihri Roß,
Lauft drum erum, un lacht derzüe,
Ihr Fraid isch gar ze groß!

«Ja, Kind, dis isch ke Spieldings nit,
Do hesch ebbs Scheens gemacht!»
Saat druf der Ritter glich un lacht:
«Geh, nimms nur widder mit!
Die Büüre sorjen uns für Brot,
Sunsch wärde mir in großer Not,
Dra alles widder furt!»
S' groß Fräule grint, der Vatter schilt:
«E Büür mer nit als Spieldings gilt,
I lied nit, daß mer murrt!
Pack alles sachte widder in
Un draa's ans nämli Plätzel hin,
Wo de 's genumme hesch!
Böijt nit der Büür sin Ackerfeld,
So fehlt's bi uns an Brot un Geld
In unserm Felsenescht!» 289

Die Stiftung des Straßburger Münsters

Nachdem Chlodwig in der Schlacht zu Tolbiac das Taufgelübde getan und damit den Sieg gewonnen hatte, kam er nach Straßburg, nahm den königlichen Palast oder «Königshof» ein und ließ sich durch das Volk huldigen und schwören; baute überall im Lande viele Festen, Burgen und Schlösser, vornehmlich an den Hauptpässen und Eingängen der Täler und an der Stelle der alten, beinahe durchgängig zerstörten oder zerfallenen römischen Kastelle, um sich den Besitz des Landes zu sichern und das Volk in Gehorsam zu erhalten. Erst aber als ihn die Königin Chlotilde – oder Guthuldt, wie Specklin sie nennt – an das Versprechen mahnte, das er in der Bedrängnis der Schlacht getan hatte, ließ er sich von dem heiligen Remigius, der damals Bischof zu Reims und zu Metz war, taufen und mit ihm wohl dreitausend edler Franken.

Das Straßburger Münster. Lithographie von E. Simon

Und zwar sei das geschehen zu Straßburg in dem «alten heidnischen Tempel des Kriegsgottes Krutzmanna, das ist soviel als Kriegsmann».

Hernach ließ Chlodwig alsbald Krutzmanns Tempel zu Straßburg abbrechen und baute, Gott zur Danksagung, die erste christliche Kirche auf dieselbe Stätte, scheinbarlich und groß, doch nur von schlichtem Holz und Stein «auf gut altfränkisch», mit einem großen, ungeheuren Dach, und ließ sie einweihen in der Ehre der Heiligen Dreifaltigkeit und der Jungfrau Maria. Und das war, fügt Specklin hinzu, der erste christliche Tempel, der in deutschen und fränkischen Landen von den Franken zur Ehre eines Heiligen errichtet worden ist. Im Jahre 504 soll der Bau begonnen und nach Verlauf von sechs Jahren, im Jahre 510, vollendet worden sein, im neunzehnten Jahre von Chlodwigs mächtigem Reich.

Auf solches änderte Chlodwig auch sein heidnisches Wappen. Die drei schwarzen Kröten wandelte er um in drei goldene Lilien in himmelblauem Feld, um durch diese zarte Farbe die Lieblichkeit des christlichen Glaubens anzuzeigen, im Gegensatz zu den alten garstigen, nach damaligem Volksglauben giftigen Tieren. Und auch der Stadt Straßburg erteilte er das Recht, eine Lilie führen zu dürfen in ihren Münzen. 290

Chorkönig

Das alte Münster zu Straßburg hatte Chlodwig erbaut, der Frankenkönig; es war ursprünglich nur ein hölzern Gebäu, und im Jahre 1002 brannte es Hermann, Herzog von Elsaß und Schwaben, der mit Kaiser Heinrich um die Kaiserkrone stritt, fast ganz zum Grunde nieder, doch blieb der Chor Karls des Großen stehen, aber 1007 schlug das Wetter hinein, und der Rest des Baues sank in Trümmer. Da geschah es, daß

Kaiser Heinrich II. im Jahre 1012 gen Straßburg kam, des Münsters Untergang beklagte, und sich die Regel und Ordnung der Chorherren vorlegen ließ, die gefiel ihm also wohl, daß er bei sich beschloß, der Bürde seiner Königskrone zu entsagen und ein Chorherr in Unser Lieben Frauen-Münster zu Straßburg zu werden. Das erschreckte alle seine Getreuen, denn das Reich bedurfte seiner, und sie redeten ihm zu, von diesem Vorhaben abzustehen; Kaiser Heinrich aber, den man seines frommen Sinnes und seiner Mildtätigkeit gegen Klöster und Stifte den Heiligen nannte – er war auch der Begründer des Bistums Bamberg –, wollte mitnichten von seinem Vorsatz lassen. Nun war zu Straßburg ein Bischof, der hieß Werinhard, als dieser sah, daß der Kaiser sich nicht abbringen ließ von seinem Vorhaben, so beschloß er, ihm die geistlichen Gelübde abzunehmen, vor allem das Gelübde des Gehorsams.

Wie der Kaiser das geleistet hatte, befahl er ihm Kraft Gottes und in dessen Namen, die Kaiserkrone zu behalten, und des Reiches Regiment und Herrschaft, das seiner nicht entraten könne. Der Kaiser sah sich überlistet, doch gebot er, so solle fortan an seiner Statt ein anderer Chorherr im Frauenmünster Gott dienen und das Amt versehen, und am Altar für ihn singen und beten, der solle der Chorkönig heißen. Stiftete auch eine reiche Pfründe in das Gotteshaus, das war die Chorkönigspfründe, die hat bestanden weit über siebenhundert Jahre. Und Bischof Werinhard war es, der hernach im Jahre 1015 den Grundstein zu dem steinernen Münster in Straßburg legte. 291

Die Münsteruhr

Zu Straßburg im Münster ist ein kostbares Uhrwerk, das seinesgleichen in der ganzen Welt nicht hat. Hoch und stolz, ein wundersames figurenreiches Gebäu, steht es da vor Augen, aber leider steht es eben und geht schon längst nicht mehr. Im Piedestal zeigt sich neben einem Himmelsglobus ein Pelikan, darüber erhebt sich ein Kalender, in dessen Mitte die Erdkugel ersichtlich ist, zu beiden Seiten stehen der Sonnengott und die Mondgöttin, welche mit ihren Pfeilen Tages- und Nachtstunden zeigen. Darüber fuhren in Wagen, von verschiedenen Tiergespannen gezogen, die sieben Planetengötter als Tagesboten, jeden Tag zeigte sich sanft vorrükkend ein anderes Gespann. Darüber ein großer Viertelstundenzeiger, und zur Seite vier Gebilde, die Schöpfung, Tal Josaphat, Jüngstes Gericht und Verdammnis. Zur Rechten des Beschauers steht ein freier Treppenturm am Uhrgebäu, zur Linken ein ähnlicher von anderer Form mit Göttergestalten, auf der Spitze ein großer Hahn, welcher die Stunden krähte und mit den Flügeln schlug. Am Sockel der Türme halten zwei große aufrechtsitzende Löwen je einer den Helm mit dem Kleinod, der andere das Wappenschild Straßburgs.

Recht in der Mitte ist das riesiggroße mannigfach verzierte und mit kunstvollem Triebwerk versehene Zifferblatt, umgeben von den Bildern der vier Jahreszeiten, darüber steht: Dominius lux mea – quem timeo. Den Zeiger bildet ein geschlängelter Drache, dessen Zungenpfeil auf die Stundenzahl deutet. Über dem Zifferblatt zeigte ein kleinerer Kreis mit der Mondscheibe genau des Mondes wechselnde Zeiten. Darüber zeigten sich zwischen Schildhaltern und Wappenfiguren wandelnde Gestalten der Menschenalter, die an die offen hängenden Viertelstundenglocken anschlugen, über ihnen hing die Stundenglocke; nach jedem Viertelstundenschlag trat der Tod hervor, die Stunde zu schlagen, aber da begegnete ihm die Gestalt unseres Heilands und wehrte ihm, erst wenn die Stunde voll war, durfte der Tod sein Stundenamt üben.

Hoch empor über allen diesem, hob sich noch eine gotische Krone, mit den frei stehenden Gestalten der vier Evangelisten, die Tiere der Offenbarung neben sich, und über diesen standen zwei musizierende Engel, dahinter aber barg sich gar ein schönes klangvolles Glockenspiel. Dieses herrlichen Werkes Meister hieß Isaak Habrecht, der hatte gar lange gesonnen Tag und Nacht und gearbeitet unermüdlich, bis er es vollendet, und bis es durch seinen lebendigen Gang alle Welt zum Erstaunen hinriß. Als es nun vollbracht war, gedachte der Meister, auch anderswo seine unvergleichliche Kunst zu üben, da blies der böse Feind dem Rat der Stadt Straßburg schlimmen Neid in das Herz: seine Stadt sollte solch Wunderwerk nur einzig und allein haben. Und weil die Herren im Rate glaubten, wenn sie dem Meister Habrecht auch verböten, der Stadt Weichbild zu verlassen, werde er Straßburg dennoch den Rücken kehren; so wurden sie miteinander eins, ihn des Augenlichts zu berauben. Das ward dem Meister angesagt, und wie er es vernahm, schauderte ihn. «Nur einmal noch muß ich mein Uhrwerk sehen», sagte er, «möcht noch was daran bessern, denn ich vermags später nicht mehr, wenn ich nicht sehend bin.»

Das wurde ihm vergönnt und dann stieg der Meister zu seinem künstlichen Prachtwerk hinauf, trat hinein und schaffte was darin, eine kurze Weile. Und hernach haben sie auf dem Rathaus den Meister des Augenlichts beraubt. Aber siehe – da stockte mit einemmale das Uhrwerk. Christus und der Tod und die Alter der Menschen wandelten nicht mehr, das Glockenspiel verstummte, der Hahn krähte nicht, die Uhrglocken tönten nicht, der Zeigerdrache zeigte nicht, die Götter fuhren nicht mehr – alles stand.

Bald aber nach der grausamen Tat wurden Meister Habrechts geblendete Augen aufgetan zum ewigen Licht – und vergebens sandte der Rat nach Künstlern umher, die das

Uhrwerk wieder in Gang bringen sollten. Viele kamen, viele probten und bosselten daran und darin herum, keiner bracht's in Gang, von alter Zeit zu neuer Zeit, immer wieder – sie verdarben mehr als sie gut machten, und so steht im Münster das Uhrwerk heute noch; wunderbar anzuschauen, aber ungangbar, und die Zeiger zeigen noch Tag und Stunde, an denen so grausenhafte Untreue an dem kunstreichen Meister verübt ward. 292

Der Roraffe

Unten an der Orgel im Münster ist eine Steinfratze mit offenem Mund, der Roraffe. In alten Zeiten alljährlich am Pfingstfest, wenn die Landleute von nah und fern hereinzogen ins Münster mit ihren Kreuzen und Fahnen und Kerzen, steckte sich droben an der Orgel irgendein pfiffiger Geselle, eine Pfaff oder Laie, je nachdem es sich eben traf und schickte, hinter den Roraffen und scheute sich nicht, während des Gottesdienstes, während Messe, Amt, Vesper und Komplet, laut aufzulachen, zu brüllen und zu schreien und sogar allerlei schandbare Lieder herabzusingen gegen die Gläubigen im Schiff unten und ihrer und insbesondere der Landleute Einfalt zu bespotten und zu schmähen ohne Ende, ja, er schonte selbst der Stiftsherren und Pfaffen nicht, die da andachtsvoll sangen im Chor.

Jedes Jahr war es ein Hauptspaß für den Roraffen und seine Gefährten, wenn Pfingsten wieder nahte. Voll Ungeduld bereitete er alljährlich seine Lieder und Späße und konnte kaum den Festtag erwarten, wo die armen Bäuerlein in ihrer heiligen Einfalt wieder emporsehen würden zu ihm mit ihren dummen, verblüfften und verdutzten Gesichtern und mit ihren vor lauter Erstaunen weit geöffneten Mäulern.

Erst als der Guller oder Glöckner auf dem Uhrwerk

krähte, verblaßte die Anziehungskraft des Roraffen, und alles lief dem Hahn zu und erlustigte sich an seinem einförmigen und einfältigen Geschrei.

Der Roraffe trieb sein tolles Spiel bis über das 15. Jahrhundert hinaus. Im Jahre 1501 drang noch der berühmte Domprediger Dr. Johannes Geiler von Kaysersberg bei Meister und Rat auf Abschaffung dieses namenlosen Unfuges und der nicht minder ausgearteten Nachtfeste im Münster am Jahresfest der Einweihung der Münsterkirche. Der Roraffe befindet sich heute noch an der Münsterorgel. 293

Kaufhaus, Weinmarkt und Straßburger Münster. Radierung von Wenzel Hollar um 1630 (Ausschnitt)

Der Wind auf dem Münsterplatz

Vor alten, grauen Zeiten geschah es einmal, daß dem Teufel die Lust kam unter den Menschen zu wandeln. So rief er die Winde zu sich, und zu dem wildesten sprach er: «Du sollst mein Pferd sein!» Der Wind brauste vor Freude, und als der Böse aufgesessen war, schnob er gewaltig durch Städte und Dörfer, und die Eichen seufzten im Walde, die Käuzlein ächzten, als der Gottseibeiuns vorüberfuhr. Die Mütter aber sahen ängstlich nach den Kindern in der Wiege, und die Großmütter schlugen das Kreuz, und alle sagten: «Das wütende Heer!»

So kam der ungestüme Reiter auf den Münsterplatz zu Straßburg und sah, daß der Turm schön und lieblich ausgehauen war. Auch seine eigene Gestalt sah der Teufel da und dort unter den Engeln und Heiligen von Stein und dachte bei sich selbst: wie muß das erst inwendig sein! Er stieg von seinem Rosse, befahl dem Winde zu warten, bis er wiederkomme, und stahl sich durch ein offenes Fenster hinein in die Kirche. So etwas hatte er sein Lebtag nicht gesehen. Da war die Kanzel mit allerlei schönen Figuren. An der Orgel freute er sich der tollen Verzerrungen des Roraffen, und unter der Menge, die ab und zu ging, sah er manchem in die Augen, von dem er sich sagte: den bekomme ich auch einmal unter die Hände. Über all dem Schauen bemerkte er nicht, wie plötzlich hell und silbern das Glöcklein im Chor ertönte, wie der Priester die geweihte Hostie in die Höhe hielt und alles Volk anbetend auf die Knie fiel. Herein war der Teufel gekommen, aber hinaus durfte er nicht mehr: durch das Wunder der Hostie war er in einen Pfeiler gebannt, man weiß aber nicht mehr, in welchen.

Draußen ward indessen dem Wind die Zeit lange. Er hub an zu pfeifen um Chor und Fenster und trieb Staubwolken auf. Auch manchem ehrlichen Bürger, der vorüberging, nahm er aus lauter Ungeduld Hut und Mütze weg. Bald

Vögel stürzen vom Himmel. Eine «wunderbarliche Historie», geschehen am 7. Dezember 1526 in der Nähe von Straßburg. Zeitgenössisches Flugblatt

seufzte er klagend, daß er so lange warten müsse, bald tobte er zornig. Der Teufel aber kam nicht!

Bis auf den heutigen Tag hält der Wind treulich Schildwache und treibt es auf dem Münsterplatz immer am ärgsten.

Ein altes Straßburger Sprüchlein lautet heute noch:

Iwer de Minschterplatz ohne Wind,
Durch's Spittelgässel ohne Kind,
Durch d' Kurwegaß ohne Schand un Spott,
Dis isch e groß Gnad vun Gott. 294

Die Meiselocker

D'r bekannt Stroßburjer Uewwernamme kummt nit vom Meiselocke her, er het e-n-anderi Ursach... Fast um dreihundert Johr mueß ich euch in Gedanke zeruckfüehre, ins Johr 1552. Zellemols hat d'r Köenig von Frankreich, d'r Heinrich d'r Zweit, mit'm Kurfüerst Moritz von Sachse-n-e Bund g'schlosse g'het geije de dytsche Kaiser, de Karl de füenfte. Unseri güet Stadt Stroßburg isch in zellere Zyt noch e freiji dytschi Reichsstadt g'sinn, for sich allein Herr un Meister. Do het noch kein Minister von Paris uß ihr köenne G'setz vorschrywe un mit allerlei schöene Versprechung d'Burrjer am Narreseil erumfüehre oder uff de lange Bank nuß schiewe, daß es am Ende doch nix isch gewese-n- als Luft un Nidderwind, wie m'r in unsere Zyte schunn Exempel erlebt hän. Do isch denn d'r wälsch Köenig mit 're-n-Armee komme und het vom Stroßburjer Magistrat de freie Durchmarsch durch d'Stadt begehrt. Unseri güete Vätter hän awwer dem schlimme Fokketyfes nit e räecht getröut un schlau-n- 'm de Durchmarsch rund eweck abb, ohne lang Kumplemente ze mache. Uff diß hin schlaat d'r Köenig 's Laauer uff, druß bi Nidderhuusberje un macht d'r stättische Stadt Stroßburg e Fust. D' Burrjer han sich awwer nit dran g'stöert un schicke-n'-m am e schöene Moerje e Kanone-Köuel nuß in sinn Zelt for e höefliche Grueß. D' Kanon, oder wie m'r's zellemols g'heiße het, d'Feldschlang, wo d'Köuel mir nix, dir nix in's Köenigs Zelt g'spytzt het, het de Namme «Meis» getraaue, denn e jedi Kanon wurrd mit 'me b'sundre Namme getäuft. D'r Köenig bekummt Respekt vor 'me so e harte guete Daa, denkt, do heißt's au: «Schmeck, Fuchs, 's isch Ruewesupp!» un zeigt widder de-n-abg'saijte Hossen-n-ab. Von zellere Zyt an, wo sie mit ihrer Meis so guet gelockt han, traaue d'Stroßburjer de-n-Uewwernamme ‹Meiselokker›. 295

Wagen mit Katzen bespannt

Anno 1633 wurde zu Straßburg ein Junge aus Molsheim, nicht mehr als sechzehn Jahre alt, zum Tode verurteilt, weil er ein erwiesener Teufelskünstler war. Sein Lehrer in der Zauberkunst war ein Jesuit aus Molsheim gewesen, der nebst ihm noch viele andere Jungen verleitet. Der Teufel war einmal zu ihm in die Schule gekommen in Gestalt eines ansehnlichen schwarzen Mannes und hatte ihm Geld verehrt. Dieser Junge konnte sich in allerlei Gestalten verwandeln; so hat er einmal in Gestalt eines Raben sich einer Kuh auf den Rücken gesetzt und sie gebissen, bis sie starb. Er nannte viele Patres Jesuiten, welche auch Teufelskünste getrieben und von denen noch zwei am Leben waren, der eine zu Breisach, der andere zu Schlettstadt. Von diesen und anderen Jesuiten brachte er Briefe nach Benfeld, welches dazumal gerade belagert war; er fuhr nämlich damit durch die Luft auf einem mit sechs Katzen bespannten Wagen. Bei seinem Tode zeigte er große Reue und warnte alle Leute vor den Jesuiten, welche ihn in solch elendigen Stand gebracht. 296

Nach dem Kalender gebaut

Das alte Zabern (Saverne) war von einer Mauer umgeben, die von Abstand zu Abstand von 52 Türmchen überragt war. Dazwischen waren 365 Schießscharten angebracht, die zu je sieben zwischen zwei Türmchen lagen. Auf diese Art und Weise waren zwischen zwei Türmchen ebenso viele Schießscharten wie Tage in der Woche, gerade soviel Türmchen wie Wochen im Jahr und gerade soviel Schießscharten im ganzen wie Tage im Jahr. Diese Anordnung ergab den Ausspruch «Zabern ist nach dem Kalender gebaut». 297

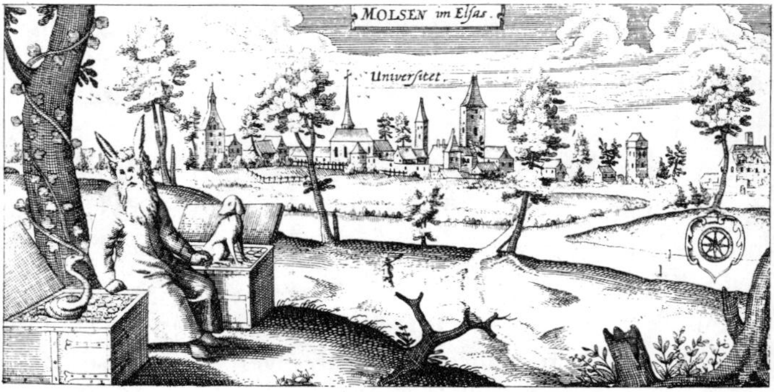

Molsheim mit Universität (Jesuitenschule 1580–1702). Kupferstich aus: Daniel Meisner, Politisches Schatzkästlein, 2. Buch, 3. Teil, Frankfurt 1629

Die Gründung von Hagenau

Einst zog ein Herr in den «Heiligen Forst» auf die Jagd mit vielen Dienern. Diese führten mehrere Koppeln Hunde mit sich, große und kleine. Bald kamen die Hunde auf eine Spur und verfolgten das Gewild: Hirsche, Hindinnen, Rehe und andere Tiere. Aber der Ton des Gebells der Hunde klang durch die Bäume so eigen, daß Herr und Diener sich darüber wunderten.

Sie ritten nach und fanden ihre Rüden an der Motter (Moder) stehen. Sie bellten, aber durch das Wasser konnten sie nicht kommen. Jenseits des Wassers zeigte sich ein großer Hag auf einem Eiland. Hier hatte sich das Wild gelagert, und es war von allem reichlich vorhanden.

Nun aber kamen dem Herrn ganz andere Gedanken ein als die, die Jagd fortzusetzen. An diesem Ort, dachte er bei sich selbst, würde sich eine kaiserliche Feste und Burg nicht übel ausnehmen.

Und bald wurde auch eine königliche und zierliche Burg daselbst erbaut. Es war ein König am Rhein, der auf der Burg

Hagenau, eine der elsässischen Reichsstädte, die 1354 den «Zehnstädtebund» schlossen. Kupferstich aus: Daniel Meisner, Politisches Schatzkästlein, 1. Buch, 1. Teil, Frankfurt 1625

seßhaft war, und er errichtete einen Gerichtshof in der Burg, das hohe Gericht genannt. Diesem mußten Herren und Edelleute gehorsam sein. Dann wurde im Laufe der Zeit ein Städtlein um die Burg her erbaut, Hagenowe (Haguenau) genannt, nach dem Hage, wohin das Wild entronnen war, wie obgemeldet. 298

Kaiser Barbarossa lebendig verzuckt

Der gemein Mann ist beredt worden, man müsse alle Nacht unserm Kaiser zu Triefeld, auch zu Kaiserslautern en Bett machen, darinnen er ruhe, dann er sei zu Hagenaw (Haguenau) in der Burg lebendig verzukket worden, das ist aber Fabelwerk, dann wie es mit diesem frommen Kaiser (welcher nit allerdings des Papsts und der Geistlichen Liedlin singen wollen) ein Ende genommen, bezeugen die Chroniken und Historien, so von ihm geschrieben sind.» Soweit Bernhard Hertzog in der Edelsasser Chronik. 299

Abschied vom Elsaß

Ich wuchs in den Städten auf, wurzelte nicht im Land, in der Bauernscholle. Darum wurde ich nicht in die Sphäre Hebels, Gotthelfs, Hansjakobs, Kellers gedrängt, sondern in die geistige, allgemeine, weitere; darum konnte ich mich schon zu einer Zeit vom Elsaß zu lösen beginnen, als noch kaum einer mit dem Verlust dieses Landes rechnete...

Was war die Synthese des Geistes des Metzer Doms, in dessen gelben Schatten ich geboren war, mit dem des Unterlindenklosters zu Colmar, in dessen Nonnengängen ich aufgewachsen war? Eine Konstruktion, ein Ausweg eines, der in Deutschland nicht ganz zu Haus, in Paris nur zu Gast war, im Elsaß, seinen vertrautesten Städtchen und Bauernhöfen nicht die letzte Gemeinschaft fand, die drüben im Schwarzwald und in Schwaben meinesgleichen, die alemannischen Dichter, ganz besaßen.

Zunächst versuchte ich einen Ausweg, indem ich dem Begriff des größern Alemanniens mich zuwandte. Er wurde zu dem des großen Süddeutschlands, die Schweiz kam hinzu, aber ich werde seiner nicht froh, der Aufbau des Bürgertums ist erschüttert, die Zeit will Neues. Noch weht ein Hauch vertrauter Wärme aus alemannischer Landschaft, aber es ist wie eine persönliche Angelegenheit, Erinnerung, Jugendhauch... 300

Otto Flake (1919)

Eine Idee

Sie wohnen in sechs Staaten, sprechen einen stark gegliederten deutschen Dialekt: Alemannisch, und die Pulsader ihres Gebiets ist der Rhein, den sie Rhi nennen oder Rhin. Das alemannische Gebiet ist eine kulturelle Austauschzone zwischen dem deutschen und dem romanischen Raum, zwischen West- und Mitteleuropa.

Das Elsaß ist von französischer Kultur geprägt. Baden und Allgäu leben im staatsdeutschen Kulturraum. Die Schweiz hat ihre viersprachige Eigenständigkeit. Vorarlberg empfängt seine Impulse aus Wien. Ein Klein-Europa also, heterogen und homogen zugleich, auseinandergerissen durch Staatsgrenzen, verbunden durch die Herkunft, die Sprache und den Rhein.

Die Alemannen sind Lokaldemokraten. Ihre Bauern- und Bürgerrepubliken des Mittelalters sind typisch für diesen Hang zur Demokratie von unten, zur Freiheit auf jeder Ebene. Sie sind nicht geschaffen, Reiche und Nationen zu gründen. Sie fühlen sich nicht dazu berufen, andere zu beherrschen. Sie lieben das Überschaubare und die tiefe Verwurzelung. Was draußen in der Welt geschieht, verfolgen sie mit einer ironischen Skepsis. Was ist sie nun eigentlich, diese Alemannische Internationale? Eine Idee, die Leute aus einem großen, einheitlichen aber dennoch stark gegliederten Raum zusammenbringt zur gemeinsamen Reflexion und Aktion in bestimmten Bereichen... Rückbesinnung auf die eigenen, bodenständigen Werte und weite Öffnung der Horizonte. 301

André Weckmann (1977)

Anhang

Literatur

Alemannenbuch 1919 — Alemannenbuch. Hrsg. Hermann Hesse. Bern 1919 (Seldwyla)

Baader 1851 — Bernhard Baader, Volkssagen aus dem Lande Baden und den angrenzenden Gegenden. Karlsruhe 1851 (Herder). Nachdruck Hildesheim 1973 (Georg Olms)

Baader 1859 — Bernhard Baader, Neugesammelte Volkssagen aus dem Lande Baden und den angrenzenden Gegenden. Karlsruhe 1859 (A. Geßner). Nachdruck Hildesheim 1973 (Georg Olms)

Bechstein 1853 — Ludwig Bechstein, Deutsches Sagenbuch. Leipzig 1853 (Georg Wigand)

Birlinger 1861 — Anton Birlinger, Volksthümliches aus Schwaben. Erster Band: Sagen, Märchen, Volksaberglauben. Freiburg 1861 (Herder)

Birlinger 1862 — Anton Birlinger, Volksthümliches aus Schwaben. Zweiter Band: Sitten und Gebräuche. Freiburg 1862 (Herder)

Bouchholtz 1944 — Fritz Bouchholtz, Elsässische Sagen. Gesammelt und bearbeitet von F. B., Jena 1944 (Eugen Diederichs = Stammeskunde deutscher Landschaften, hrsg. Paul Zaunert)

Grimm 1816 — Brüder Grimm, Deutsche Sagen. Erster Band. Berlin 1816 (Nicolai)

Grimm 1818 — Dito, Zweiter Band. Berlin 1818 (Nicolai)

Künzig 1923 — Johannes Künzig, Badische Sagen. Leipzig-Gohlis 1923 (Hermann Eichblatt = Eichblatts Deutscher Sagenschatz, Bd. 10)

Künzig 1930 — Johannes Künzig, Schwarzwald Sagen (Alemannische Stammeskunde l). Gesammelt und herausgegeben von J. K. Jena 1930 (Eugen Diederichs = Stammeskunde deutscher Landschaften, hrsg. Paul Zauneit). Reprint Düsseldorf/Köln 1965 und 1976 (Eugen Diederichs)

Lachmann 1909	Theodor Lachmann, Uberlinger Sagen, Bräuche und Sitten. Konstanz 1909 (Ernst Ackermann)
Lütolf 1862	Alois Lütolf, Sagen, Bräuche, Legenden aus den fünf Orten Lucern, Uri, Schwiz, Unterwalden und Zug. Lucern 1862 (Frz. Jos. Schiffmann). Repr. Hildesheim 1976 (Georg Olms)
Meier 1852	Ernst Meier, Deutsche Sagen, Sitten und Gebräuche aus Schwaben. Erster und Zweiter Theil. Stuttgart 1852 (J. B. Metzler).
Müller 1926	Josef Müller, Sagen aus Uri. Aus dem Volksmunde gesammelt. Erster Band. Basel 1926 (Schriften der Schweizerischen Gesellschaft für Volkskunde, Bd. 18). Nachdruck Bonn 1978 (Habelt)
Müller 1929	Josef Müller, Sagen aus Uri. Aus dem Volksmunde gesammelt. Zweiter Band. Basel 1929 (Schr. d. Schweiz. Ges. f. Volkskunde, Bd. 20). Nachdruck Bonn 1978 (Habelt)
Panzer 1825	Friedrich Panzer, Bayerische Sagen und Bräuche. Beitrag zur deutschen Mythologie. Zweiter Band. München 1855 (Christian Kaiser). Neuausgabe, hrsg. Will-Erich Peuckert. Göttingen 1954 (Otto Schwartz)
Rochholz 1856/I	Ernst Ludwig Rochholz, Schweizersagen aus dem Aargau. Erster Band. Aarau 1856 (H. R. Sauerländer). Reprint Hildesheim 1982 (Georg Olms)
Rochholz 1856/II	Ernst Ludwig Rochholz, Schweizersagen aus dem Aargau. Zweiter Band. Aarau 1856 (H. R. Sauerländer). Reprint Hildesheim 1982 (Georg Olms)
Rochholz 1862	Ernst Ludwig Rochholz, Naturmythen. Neue Schweizersagen. Leipzig 1862 (B. G. Teubner)
Rothacker 1937	J. B. Rothacker, Süddeutschlands Sagen. Schwäbisch Hall o. J. (1937) (F. F. Haspel'sche Buchhandlung)
Schreiber 1867	Heinrich Schreiber, Die Volkssagen der Stadt Freiburg im Breisgau und ihrer Umgebung. Freiburg 1867 (Fr. Xaver Wangler)

Steinau 1838	Philipp von Steinau (d. i. Ferdinand Philipp Grimm), Volkssagen der Deutschen. Zeitz 1838 (Julius Schieferdecker)
Stöber 1852	August Stöber, Die Sagen des Elsasses, zum ersten Mal getreu nach der Volksüberlieferung, den Chroniken und anderen gedruckten und handschriftlichen Quellen, gesammelt und erläutert. St. Gallen 1852 (Scheitlin & Zollikofer)
Vonbun 1847	J. F. (= Franz Josef) Vonbun, Volkssagen aus Vorarlberg. Wien 1847 (P. P. Mechitharisten)
Vonbun 1889	F(ranz) J(osef) Vonbun, Die Sagen Vorarlbergs. Nach schriftlichen und mündlichen Überlieferungen gesammelt und erläutert. Zweite, vermehrte Ausgabe. Nach der hinterlassenen Handschrift des Verfassers und anderen Quellen erweitert und mit einem Lebensabrisse versehen von Hermann Sander. Innsbruck 1889 (Wagner'sche Universitätsbuchhandlung)
Waibel-Flamm 1898	J. Waibel und Hermann Flamm, Badisches Sagenbuch. Abt. 1: Sagen des Bodensees, des oberen Rheintals und der Waldstädte. Freiburg 1898 (J. Waibel)
Waibel-Flamm 1899	J. Waibel und Hermann Flamm, Badisches Sagenbuch. Abt. 2: Sagen Freiburgs und des Breisgaus. Freiburg 1899 (J. Waibel)
Wolf 1845	Johannes Wilhelm Wolf, Deutsche Märchen und Sagen. Leipzig 1845 (F. A. Brockhaus)
Wolf 1853	Johannes Wilhelm Wolf, Erster Band der Zeitschrift für deutsche Mythologie und Sittenkunde. Göttingen 1853 (Dieterichsche Buchhandlung)

Quellennachweis

Die vorangestellten Ziffern beziehen sich auf die Geschichten in ihrer Reihenfolge. Bei dem jeweiligen Text ist die entsprechende Nummer am Schluß aufgeführt.

1 Robert Minder, Dichter in der Gesellschaft, Frankfurt a. M. 1966, S. 221 und 222

2 Carl J. Burckhardt, Ein Vormittag beim Buchhändler, München 1943, S. 36–38, 43 f.

3 J. P. Hebel, Allemanische Gedichte, Karlsruhe 1803

4 Eugen Fehrle, Badische Volkskunde, Leipzig 1924, S. 94 f.

5 Grimm 1816, Nr. 13, S. 17–19

6 Künzig 1923, Nr. 24, S. 13

7 J. P. Hebel, Der Rheinländische Hausfreund oder Neuer Calender auf das Jahr 1811, Carlsruhe 1812 – Zum «markgräfischen Garten» der Hinweis, daß die Markgrafen von Baden von 1376 bis Anfang des 19. Jahrhunderts eine Residenz in Basel besaßen: den Markgräfler Hof

8 J. P. Hebel, Allemannische Gedichte, Karlsruhe 1803

9 Baader 1859, Nr. 20, S. 15; Künzig 1930, S. 94; Baader 1859, Nr. 22, S. 16

10 J.P. Hebel, Der Rheinländische Hausfreund oder Neuer Calender auf das Jahr 1812, Carlsruhe 1812

11 Waibel/Flamm 1899, S. 145 f.

12 Baader 1851, Nr. 38, S. 32

13 Robert Minder, Dichter in der Gesellschaft, Frankfurt a. M. 1966, S. 223

14 Baader 1859, Nr. 14, S. 9

15 J. P. Hebel, Allemannische Gedichte, Karlsruhe 1803

16 Künzig 1930, S. 321 f.

17 J. P. Hebel, Briefe, ausgewählt und eingeleitet von Wilhelm Zentner, Karlsruhe und Ebenhausen 1976, S. 46 f.

18 Grimm 1818, Nr. 521, S. 247–249

19 Wolf 1845, Nr. 108, S. 216

20 Schreiber 1867, Nr. 3, S. 5

21 Waibel/Flamm 1899, S. 83

22 Baader 1851, Nr. 63, S. 50 f.

23 Schreiber 1867, Nr. 9, S. 17

24 Baader 1851, Nr. 53, S. 45 f.

25 Baader 1851, Nr. 54, S. 46

26 Baader 1851, Nr. 55, S. 46 f.

27 Baader 1859, Nr. 49, S. 35

28 Baader 1859, Nr. 50, S. 36f.
29 Baader 1851, Nr. 52, S. 44f.
30 Schreiber 1867, Nr. 14, S. 27
31 Schreiber 1867, Nr. 28, S. 43f.
32 Baader 1851, Nr. 56, S. 47
33 Baader 1851, Nr. 58, S. 48
34 Schreiber 1867, Nr. 25, S. 41
35 Baader 1851, Nr. 62, S. 50
36 Waibel/Flamm 1899, S. 69f.
37 Waibel/Flamm 1899, S. 86f.
38 Baader 1859, Nr. 36, S. 26
39 Baader 1851, Nr. 43, S. 35f.
40 Baader 1851, Nr. 40, S. 33f.
41 Baader 1859, Nr. 48, S. 34f.
42 Baader 1851, Nr. 39, S. 32f.
43 Zimmerische Chronik, hrsg. K. A. Barack, Band III, Tübingen 1869, S. 604, und Waibel/Flamm 1899, S. 138f.
44 Waibel/Flamm 1899, S. 291f.
45 Baader 1851, Nr. 64, S. 52f.
46 Baader 1851, Nr. 66, S. 53f.
47 Waibel/Flamm 1899, S. 311f.
48 Baader 1851, Nr. 67, S. 54–56 (gekürzt)
49 J. P. Hebel, Allemannische Gedichte, Karslruhe 1803
50 Sebastian Münster, Cosmographia, Fünftes Buch, Basel 1628, S. 960
51 Grimm 1818, Nr. 522, S. 249–253
52 Baader 1859, Nr. 68, S. 48
53 Baader 1851, Nr. 106, S. 94f.
54 Baader 1851, Nr. 107, S. 96f.
55 Baader 1851, Nr. 113, S. 103
56 Meier 1852, S. 448
57 Baader 1851, Nr. 119, S. 113f.
58 Katalog «Bilderbogen – Deutsche populäre Druckgraphik d. 19. J.s», Karlsruhe 1973, S. 70f.
59 Rothacker 1937, S. 102–104
60 Steinau 1838, S. 27–29
61 Baader 1851, Nr. 136, S. 126
62 Baader 1851, Nr. 139, S. 127f.
63 Baader Nr. 83, S. 58
64 Baader 1851, Nr. 142, S. 128–130 (gekürzt)
65 Baader 1851, Nr. 151, S. 134 und 138 (gekürzt)
66 Baader 1851, Nr. 148, S. 133f.
67 Baader 1851, Nr. 143 und 144, S. 130f.
68 Baader 1851, Nr. 171, S. 155f.
69 Baader 1851, Nr. 169, S. 152
70 Baader 1859, Nr. 106, S. 77
71 Baader 1851, Nr. 170, S. 152 (gekürzt)
72 Baader 1851, Nr. 165, S. 149
73 Baader 1851, Nr. 166, S. 149f.
74 Baader 1859, Nr. 99, S. 70f. (gekürzt)
75 Künzig 1930, S. 160, und Künzig 1976, S. VII
76 Grimm 1816, Nr. 59, S. 73–76
77 Steinau 1838, S. 51–53
78 Meier 1852, Nr. 131, S. 119f.
79 Baader 1851, Nr. 32, S. 24f.
80 Baader 1851, Nr. 158, S. 144–146

81 Grimm 1818, Nr. 470, S. 166–168
82 Meier 1852, Nr. 169, 1. und 2., S. 151 f.
83 Meier 1852, Nr. 317, S. 282
84 Meier 1852, Nr. 43, S. 41
85 Meier 1852, Nr. 233, S. 207
86 Alemannenbuch 1919, S. 8
87 Waibel/Flamm, 1899
88 Meier 1852, Nr. 320, S. 285–288
89 Meier 1852, Nr. 151, I., S. 135
90 Meier 1852, Nr. 363, S. 321–323
91 Bechstein 1853, Nr. 901, S. 735 f.
92 Baader 1851, Nr. 100, S. 88 f.
93 Baader 1851, Nr. 102, S. 89 f.
94 Baader 1851, Nr. 70, S. 59 f.
95 Künzig 1923, Nr. 21, S. 12
96 Baader 1859, Nr. 55, S. 39 f.
97 Baader 1851, Nr. 77, S. 67 f.
98 Baader 1859, Nr. 58, S. 41
99 Baader 1859, Nr. 51, S. 37
100 Baader 1859, Nr. 4, S. 3
101 Baader 1851, Nr. 48, S. 39 f.
102 Waibel/Flamm 1899, S. 126
103 Waibel/Flamm 1899, S. 137 f.
104 Waibel/Flamm 1899, S. 126
105 Waibel/Flamm 1899, S. 126 f.
106 Waibel/Flamm 1899, S. 138
107 Waibel/Flamm 1899, S. 139
108 Waibel/Flamm 1899, S. 159
109 Baader 1859, Nr. 30, S. 22
110 Baader 1851, Nr. 31, S. 23 f.
111 Baader 1851, Nr. 27, S. 20 f.
112 Künzig 1930, S. 105 f.
113 Baader 1851, Nr. 13, S. 8 f.
114 Baader 1851, Nr. 47, S. 38 f.
115 Waibel/Flamm 1898, S. 316
116 Waibel/Flamm 1898, S. 300 f.
117 Alemannenbuch 1919, S. 98 f.
118 Bechstein 1853, Nr. 927, S. 754
119 Bechstein 1853, Nr. 928, S. 754 f.
120 Meier 1852, Nr. 193, S. 171–173
121 Wolf 1853, S. 441 (Kap. Ernst Meier, Schwäbische Sitten und Gebräuche)
122 Birlinger 1862, Nr. 46 und Nr. 47, S. 22
123 Meier 1852, Nr. 21, S. 380 f.
124 Baader 1851, Nr. 81, S. 72
125 Birlinger 1874/I Nr. 10, S. 11 f.
126 Birlinger 1861, Nr. 77, S. 59 f.
127 Bechstein 1853, Nr. 944, S. 766 f.
128 Birlinger 1862, Nr. 57, S. 35
129 Birlinger 1862, Nr. 58, S. 43 (gekürzt)
130 Birlinger 1861, Nr. 2, S. 2 f.
131 Birlinger 1861, Nr. 1, S. 1
132 Waibel/Flamm 1898, S. 188 f.
133 Waibel/Flamm 1898, S. 209 f.
134 Baader 1851, Nr. 9, S. 5 f.
135 Waibel/Flamm 1898, S. 331 f.

136 Waibel/Flamm 1898, S. 323f.
137 Künzig 1923, Nr. 120, S. 42
138 Künzig 1923, Nr. 56, S. 17f.
139 Künzig 1923, Nr. 20, S. 12
140 Waibel/Flamm 1898, S. 274
141 Baader 1851, Nr. 8, S. 4f.
142 Baader 1851, Nr. 6, S. 3f.
143 Waibel/Flamm 1898, S. 297f.
144 Grimmelshausen, Des Abenteuerlichen Simplicissimi Ewigwährender Calender, Nürnberg 1670, S. 116, 118, 120
145 Grimmelshausen, ebd., S. 173
146 Wolf 1853, S. 439
147 Wolf 1853, S. 439f.
148 Baader 1851, Nr. 5, S. 2f.
149 Wolf 1845, Nr. 305, S. 429
150 Baader 1851, Nr. 1, S. 1
151 Waibel/Flamm 1898, S. 47
152 Waibel/Flamm 1898, S. 57–59 (gekürzt)
153 Waibel/Flamm 1898, S. 133f.
154 Birlinger 1861, Nr. 237, S. 153
155 Waibel/Flamm 1898, S. 95f.
156 Lachmann 1909, Nr. 10, S. 44
157 Waibel/Flamm 1898, S. 168–171 (gekürzt)
158 Waibel/Flamm 1898, S. 164
159 Waibel/Flamm 1898, S. 150
160 Waibel/Flamm 1898, S. 159f.
161 Waibel/Flamm 1898, S. 243
162 Lachmann 1909, Nr. 40, S. 87f.
163 Birlinger 1861, Nr. 215, S. 139
164 Waibel/Flamm 1898, S. 88
165 Annette von Droste-Hülshoff, Gedichte, Stuttgart und Tübingen 1844
166 Wolf 1853, S. 440
167 Birlinger 1862, Nr. 137, S. 110f.
168 Birlinger 1861, Nr. 227, S. 147
169 Birlinger 1862, Nr. 56, S. 34f.
170 Birlinger 1861, Nr. 6a und 6b, S. 6 f.
171 Meier 1852, Zweiter Theil, Nr. 373, S. 339–341
172 Wolf 1845, Nr. 90, S. 202f.
173 Martin Walser, Heimatkunde, Frankfurt a. M. 1968, S. 51f.
174 Panzer 1855, Nr. 66, S. 53f.
175 Panzer 1855, Nr. 188, S. 118f.
176 Vonbun 1847, S. 62–64
177 Vonbun 1889, S. 92f.
178 Vonbun 1847, S. 18f.
179 Vonbun 1889, S. 247f.
180 Vonbun 1889, S. 93f.
181 Vonbun 1889, S. 152 und 153
182 Vonbun 1889, S. 68f.
183 Vonbun 1889, S. 92
184 Vonbun 1889, S. 153f.
185 Vonbun 1889, S. 150f.
186 Vonbun 1847, S. 1-3
187 Vonbun 1889, S. 34

188 Vonbun 1847, S. 30f.
189 Vonbun 1847, S. 56f.
190 Vonbun 1847, S. 58–61
191 Programmatische Einleitung in den Jahresalmanach «Alpenrosen», 1. Jg. Zürich 1811, und Programm der Kulturzeitschrift «Allmende», Heft 1, Sigmaringen 1981
192 Bechstein 1853, Nr. 3, S. 2f.
193 Waibel/Flamm 1898, Nr. 3, S. 2f.
194 Bechstein 1853, Nr. 4, S. 3f.
195 Wolf 1845, Nr. 138, S. 245f.
196 Steinau 1838, S. 81–83
197 Grimm 1818, Nr. 507, S. 221f.
198 Rochholz 1856/1, Nr. 232, S. 328
199 Wolf 1845, Nr. 98, S. 208
200 Bechstein 1853, Nr. 8, S. 10
201 Steinau 1838, S. 74f.
202 Johann Jacob Fugger, Spiegel der Ehren des höchstlöblichen Erzhauses Österreich, Nürnberg 1568
203 Steinau 1838, S. 72f.
204 Grimm 1818, Nr. 453, S. 130–132
205 Steinau 1838, S. 10–12
206 Wilhelm Mannhardt, in: Zeitschrift für deutsche Mythologie und Sittenkunde. Vierter Band, Göttingen 1859 (Dieterich), Seite 291f.
207 Bechstein 1853, Nr. 38, S. 33–35. Geht zurück auf Johann Fischarts «Das Glückhafft Schiff von Zürich», Preisgedicht 1576
208 Zitiert nach Jonas Fränkel, Gottfried Kellers politische Sendung, Zürich 1939, S. 37, 42, 125
209 Grimm 1816, Nr. 102, S. 161f.
210 Grimm 1818, Nr. 511, S. 226f.
211 Grimm 1818, Nr. 512, S. 227–231
212 Grimm 1816, Nr. 297, S. 385f.
213 Grimm 1818, Nr. 510, S. 225f.
214 Grimm 1816, Nr. 336, S. 436f.
215 Müller 1926, Nr. 70, S. 46f.
216 Müller 1929, Nr. 878, S. 251f.
217 Müller 1929, Nr. 925/7, S. 298
218 Grimm 1816, Nr. 142, S. 212f.
219 Rochholz 1856/1, Nr. 246, S. 14
220 Eduard Renner, Goldener Ring über Uri, Zürich und Freiburg 1976, S. 182f.
221 Grimm 1816, Nr. 217, S. 299f.
222 Meier 1852, Zweiter Theil, Nr. 365, S. 328
223 Alemannenbuch 1919, S. 76
224 Wolf 1845, Nr. 281, S. 405f.

225 Rochholz 1856/1, Nr. 229, S. 321–323
226 Müller 1926, Nr. 102 h, S. 77
227 Bechstein 1853, Nr. 17, S. 17f.
228 Grimm 1816, Nr. 301, S. 389f.
229 Grimm 1816, Nr. 298, S. 386f.
230 Rochholz 1856/1, Nr. 230, S. 323f.
231 Rochholz 1862, 2. Abt., Nr. 15, S. 167
232 Grimm 1816, Nr. 219, S. 301f.
233 Steinau 1838, S. 346–348
234 Rochholz 1854 6/I, Nr. 226, S. 317f.
235 Grimm 1816, Nr. 300, S. 388f.
236 Grimm 1816, Nr. 343, S. 443f.
237 Bechstein 1853, Nr. 18, S. 18f.
238 Grimm 1816, Nr. 347, S. 446
239 Grimm 1816, Nr. 201, S. 276f.
240 Erzählt von Karl Biffiger, aufgenommen von Leza Uffer in Bern am 10. Oktober 1966
241 Grimm 1818, Nr. 514, S. 232f.
242 Bechstein 1853, Nr. 7, S. 9f.
243 Grimm 1816, Nr. 269, S. 359
244 Grimm 1816, Nr. 216, S. 297–299
245 Wolf 1845, Nr. 368, S. 496
246 Bechstein 1853, Nr. 10, S. 12f.
247 Bechstein 1853, Nr. 12, S. 14
248 Rochholz 1856/1, Nr. 231, S. 327
249 Rochholz/1856/1, Nr. 183.2, S. 267f.
250 Rochholz 1856/1, Nr. 184b, S. 270f.
251 Grimm 1816, Nr. 339, S. 439
252 Rochholz 1856/1, Nr. 10, S. 14f.
253 Rochholz 1856/1, Nr. 73, S. 84f.
254 Rochholz 1856/1, Nr. 29, S. 43f.
255 Rochholz 1856/1, Nr. 25, S. 39
256 Rochholz 1856/1, Nr. 81, S. 92
257 Rochholz 1856/1, Nr. 55, S. 68f.
258 Rochholz 1856/1, Nr. 59, S. 75
259 Steinau 1838, S. 64f.
260 Rochholz 1856/1, Nr. 2, S. 1
261 Rochholz 1856/1, Nr. 1, S. 1
262 Rochholz 1856/1, Nr. 174, S. 256
263 Rochholz 1856/1, Nr. 130, S. 160f.
264 Rochholz 1856/11, Nr. 511, S. 379f.
265 Rochholz 1856/11, Nr. 513, S. 285f.
266 Bechstein 1853, Nr. 26, S. 23f.

267 Wolf 1845, Nr. 103, S. 211
268 Baader 1859, Nr. 11, S. 7
269 Wolf 1845, Nr. 328, S. 453 f.
270 Wolf 1845, Nr. 58, S. 176
271 Alemannenbuch 1919, S. 9.
272 René Schickele, Himmlische Landschaft (1933), in: R. S., Werke in drei Bänden. Dritter Band, Köln u. Berlin 1959 (Kiepenheuer & Witsch), S. 549
273 Wolf 1853, S. 399
274 Stöber 1852, Nr. 23, S. 30
275 Stöber 1852, Nr. 37 und 38, S. 46, und Bouchholtz 1944, S. 85
276 Bouchholtz 1944, S. 72 f.
277 Bouchholtz 1944, S. 96–98
278 Bouchholtz 1944, S. 100
279 Stöber 1852, Nr. 98, S. 113; Bouchholtz 1944, S. 399; Th. Hampe, Fahrende Leute (1902), S. 91
280 Bouchholtz 1944, S. 205 f., und Stöber 1858, S. 171 ff.
281 Bechstein 1853, Nr. 36, S. 31 f.
282 Meier 1852, Nr. 137, S. 122 f.
283 Bouchholtz 1944, S. 141 f.
284 Bouchholtz 1944, S. 175
285 Grimm 1816, Nr. 261, S. 350
286 Stöber 1852, S. 201 f.
287 Bouchholtz 1944, S. 101 f.
288 Bouchholtz 1944, S. 64 f.
289 Bechstein 1853, Nr. 31, S. 27 f., und Bouchholtz 1944, S. 57 f.
290 Bouchholtz 1944, S. 231 f.
291 Bechstein 1853, Nr. 34, S. 29 f.
292 Bechstein 1853, Nr. 37, S. 32 f.
293 Bouchholtz 1944, S. 243 f.
294 Bouchholtz 1944, S. 246 f.
295 Bouchholtz 1944, S. 174
296 Wolf 1845, Nr. 140, S. 248
297 Bouchholtz 1944, S. 184
298 Bouchholtz 1944, S. 176 f.
299 Stöber 1852, Nr. 244, S. 315
300 Alemannenbuch 1919, S. 42 und 43
301 André Weckmann, Die alemannische Internationale: eine Idee. In: De Budderflade, Nr. 8, Straßburg 1977 (Auszug)

Zu den Bildern

Aus einem großen Fundus meist regional bestimmter zeitgenössischer Kupferstiche, Holzschnitte, Holzstiche und Lithographien, die sich in sechsjähriger Vorbereitungszeit angesammelt haben, wurden die Abbildungen ausgewählt. Sehr dabei geholfen hat uns die Graphische Sammlung der Zentralbibliothek Zürich, in deren Archiven sich die «Neujahrsblätter der Bürgerbibliothek Zürich« und auch die berühmte Wickiana befinden; dann das Hebel-Museum (Museum am Burghof) in Lörrach und das Rosgartenmuseum Konstanz.

Den früheren Verlagswerken, Künzigs «Schwarzwaldsagen» (1930 und 1976), Bouchholtz' «Elsässische Sagen« (1944) und den «Kulturgeschichtlichen Monographien aus der deutschen Vergangenheit» samt Bilderatlanten wurden signifikante Stücke entnommen.

Als für das Alemannenbuch sehr ergiebig erwiesen sich Gustav Schwabs «Wanderungen durch Schwaben» und Daniel Meisners «Politisches Schatzkästlein« mit seiner Fülle allegorisch-lokaler Szenen. Ferner Heinrich Schreibers «Volkssagen der Stadt Freiburg» und J. R. Wyß' Schweizer «Idyllen, Volkssagen, Legenden«, seltene Beispiele einer adäquat bebilderten Sagensammlung.

Holzschnitte aus Sebastian Münsters «Cosmographia» und Etterlins «Kronica» kommen hinzu, Kupferstiche von Wenzel Hollar bis David Herrliberger, kongeniale Lithographien Josef Jakob Dambachers zu Hebels Kalendergeschichten («Der Rheinländische Bildermann»); Ludwig Richters Bebilderung der «Allemannischen Gedichte» und J. N. Heinemanns Zugaben zu Lucian Reich, «Hieronymus».

Dazu die schwäbischen Physiognomien: Federzeichnungen aus Griesinger, «Silhouetten aus Schwaben» (Stuttgart 1863), Brauchtumsbilder aus Josef Bader, «Badische Volkssitten und Trachten« (Karlsruhe 1843) und dem Europa umspannenden »Festlichen Jahr« des Freiherrn von Reinsberg-Düringsfeld (Leipzig 1863). Nicht zu vergessen die populären Holzstiche aus Scheibles Kompendium «Das Kloster« und seinem «Historisch-Biographischen Universum« (Stuttgart 1842), die *News* aus der «Leipziger Illustrirten» sowie Einblattdrucke, Flugschriften, Spottbilder.

Insgesamt halten wir es mit Hebels Denkschrift «Meine weiteren Gedanken über eine vorteilhaftere Einrichtung des Kalenders» von 1806, wonach «die Absicht, zu belehren und zu nützen, nicht voranstehen, sondern hinter dem *studio placendi* maskiert und desto sicherer erreicht werden sollte». So hat Hebel in bezug auf Umfang, Papierqualität und Bebilderung nicht einer «möglichst kargen Auslage« das Wort geredet, sondern empfohlen, «auf die möglichst reiche Einnahme den größten Gewinn zu berechnen«. Das ist ideeller gedacht, als es zunächst den Anschein hat.

Ortsregister

Inhalt

Der Schwarzwald

Der Bodensee

Vorarlberg

Von St. Gallen bis Zürich

Die drei Urkantone

Berner Land und Oberwallis

Von Luzern bis Basel

Das Elsaß